oekom

Diese Publikation wurde herausgegeben und gefördert von der Akademie Solidarische Ökonomie.

ClimatePartner°

Dieses Buch wurde klimaneutral hergestellt. CO_2-Emissionen vermeiden, reduzieren, kompensieren – nach diesem Grundsatz handelt der oekom verlag. Unvermeidbare Emissionen kompensiert der Verlag durch Investitionen in ein Gold-Standard-Projekt. Mehr Informationen finden Sie unter www.oekom.de.

Bibliografische Information der Deutschen Nationalbibliothek:
Die Deutsche Nationalbibliothek verzeichnet diese Publikation in der Deutschen Nationalbibliografie; detaillierte bibliografische Daten sind im Internet unter http://dnb.d-nb.de abrufbar.

oekom verlag, Gesellschaft für ökologische Kommunikation mbH,
Waltherstraße 29, 80337 München

Satz + Layout: Andrea Pläsier
Umschlaggestaltung: Sarah Schneider, oekom verlag
Umschlagabbildung: Welt am Abgrund © Matthias Haas (Fotolia.com)
Druck: Digital Print Group, Nürnberg

Dieses Buch wurde auf 100%igem Recyclingpapier gedruckt.

ISBN 978-3-86581-304-6

RECYCLED
Papier aus Recyclingmaterial
FSC® C100550
FSC
www.fsc.org

Akademie Solidarische Ökonomie (Hrsg.)
Harald Bender, Norbert Bernholt, Bernd Winkelmann

Kapitalismus und dann?

Systemwandel und Perspektiven gesellschaftlicherTransformation

Inhaltsverzeichnis

Norbert Bernholt

Einleitung

Kritik am Kapitalismus ist populär. Dabei kommt die Kritik keinesfalls nur aus der linken Szene, auch große bürgerliche Zeitungen wie »Die Zeit«, »Frankfurter Allgemeine«, »Frankfurter Rundschau« haben sich im Jahr 2011 immer wieder ausführlich mit diesem Thema beschäftigt.[1] Schaut man sich in den Buchläden um, gibt es mittlerweile eine stattliche Anzahl von kapitalismuskritischen Büchern und Filmen[2]. Selbst Politiker und renommierte Wissenschaftler aus den bürgerlichen Reihen finden starke Worte der Kritik an dem kapitalistischen System.[3] Das System des Kapitalismus befindet sich offensichtlich in einer kritischen Phase. Allzu offensichtlich führt dieses System große Teile der Menschheit in lebensbedrohliche Krisensituationen. Berichte über die Belastung der Umwelt und die Folgen daraus, die sich dramatisch verschärfenden Krisen in der Finanzwelt und nicht zuletzt die zunehmenden Konflikte zwischen Arm und Reich beherrschen mittlerweile die Nachrichten. Jedem ist klar, ein einfaches Weitermachen nach dem Motto »Augen zu und durch« kann und darf es nicht geben. Nun ist die durchaus scharfsinnige Kritik an dem System eine Sache, der Entwurf einer Alternative aber noch eine ganz andere. Glauben die vielen Kritiker und wir alle inzwischen der berühmten und stets wiederholten TINA-Formel (**T**here **I**s **N**o **A**lternative) aus der neoliberalen Ideologie? Ist unser System wirklich alternativlos? Die meisten Menschen sehen die Katastrophe, wollen aber – aus durchaus nachvollziehbaren – Grün-

---

[1] Vgl. Die Zeit: »Was ist die Alternative zum Kapitalismus« Beginn einer mehrteiligen Serie am 10. November 2011
FAZ: »Ich beginne zu glauben, dass die Linke recht hat« Artikel von Herausgeber Frank Schirrmacher in der Ausgabe vom 15. August 2011
FR: »Kapitalismus als Abwicklungsfall« Artikel von Claus Leggewie in der Ausgabe vom 5. Oktober 2011
Le monde diplomatique: »Wir sind der Markt" Artikel von Heiner Ganßmann in der Ausgabe vom 14. Oktober 2011

[2] Das Angebot ist derart groß, dass wir an dieser Stelle auf die Nennung konkreter Titel verzichten. In den Literaturangaben werden viele dieser Bücher und Filme mit angeführt.

[3] Vgl. u.a.: Wolfgang Schäuble, »Sind wir zu satt für Gott?« In: Christ und Welt, Ausgabe 51/2011 oder
Klaus Schwab, Veranstalter des Weltwirtschaftsforums 2012 in Davos (in der SZ v. 26. Januar 2012): »Der Kapitalismus in seiner gegenwärtigen Form passt nicht mehr zur Welt um uns herum«.

den keine einschneidende Veränderung. Bei jedem von uns wecken diese notwendigen Veränderungen Ängste. Wird nicht alles noch viel schlechter? Können wir die Geister, die wir gerufen haben, dann noch bändigen?

Mit diesem Buch wollen wir versuchen, genauer hinzuschauen, wie eine Ökonomie – und damit zumindest ein Stück weit auch die Gesellschaft – jenseits des Kapitalismus aussehen kann. Wir schauen uns die vielen neueren wissenschaftlichen Erkenntnisse aus den Wirtschaftswissenschaften, der Psychologie, der Neurologie, Philosophie, Soziologie und Pädagogik an, führen vieles zusammen und versuchen daraus, die Umrisse eines Systems jenseits kapitalistischer Zwänge zu entwerfen. Wir möchten damit einer eher diffusen Angst vor der Veränderung den konkreten Entwurf einer anderen Ökonomie entgegenstellen. Die Risiken, auf die man sich nunmehr einlässt, kann sich jeder anschauen, einschätzen und abwägen. Natürlich sind wir nicht die einzigen, die sich an den Entwurf einer neuen Ökonomie herantrauen. In Österreich gibt es beispielsweise ein sehr ähnliches Experiment »Gemeinwohlökonomie«, das durch Christian Felber initiiert wurde. Die hier vorgestellte Version einer Solidarischen Ökonomie hat viele Gemeinsamkeiten mit den Entwürfen von Christian Felber.

Was ist und was will die Solidarische Ökonomie?

In Anlehnung an die Tradition einer südamerikanischen Bewegung verwenden wir für unseren Entwurf den Begriff »Solidarische Ökonomie«. Eine Solidarische Ökonomie will das Wirtschaften des Menschen wieder zu seinem eigentlichen lebensdienlichen Sinn bringen. Dazu muss sie die vorherrschende Wirtschaftsweise gewissermaßen *wieder vom Kopf auf die Füße stellen*. Sozial und ökologisch motivierte Reformen der kapitalwirtschaftlichen Prinzipien, wie sie in vielen Ansätzen postuliert werden, verringern im günstigsten Fall für einige Zeit die zerstörerischen Kräfte der kapitalistischen Wirtschaft, sie setzen sie jedoch nicht außer Kraft und führen somit auch nicht zu einer Überwindung des Systems.

Allzu leicht wird heute vergessen, dass das Ziel allen Wirtschaftens in der Bereitstellung von nützlichen Produkten, Dienstleistungen und sinnvollen Arbeitsplätzen zum Wohle der gesamten Gesellschaft besteht und nicht in der Mehrung des Kapitals in der Hand Weniger.

Der in diesem Buch vorgestellte Entwurf einer Solidarischen Ökonomie mag vielen aus der aktuellen Perspektive heraus utopisch erscheinen. Angesichts der in diesem und vielen anderen Büchern beschriebenen Situation sei allerdings noch einmal an die Bedeutung des Wortes »Utopia« erinnert: *»Utopia« der Ort, an dem noch keiner war, zu dem wir aber hinmüssen, um nicht im Alten zu ersticken.* In diesem Sinne benötigen wir dringend Utopien. Dennoch dürfen wir natürlich nicht die Verbindung zur Realität, so wie sie sich jetzt darstellt, verlieren. Wir werden daher anhand von zwei Leitfragen immer wieder den Realitätsbezug der Ausführungen überprüfen.

Erstens: Sind die vorgestellten Entwürfe kompatibel mit einem zeitgemäßen Menschenbild und Zweitens: Sind die Entwürfe ökonomisch realisierbar? In diesem Sinne bezeichnen wir die in diesem Buch vorgestellten Konzepte gerne als eine reale Utopie.

Wie entstand die Akademie Solidarische Ökonomie und was will sie erreichen?

Im Sommer 2007 trafen sich engagierte Christen und Christinnen, die sich zum überwiegenden Teil aus der langjährigen Arbeit im Ökumenischen Netz in Deutschland kannten, um »dem Dogma von der Alternativlosigkeit der neoliberalen kapitalistischen Wirtschaftsweise zu widersprechen und Prinzipien, Strukturen und Modelle einer lebensdienlichen, solidarischen und zukunftsfähigen Ökonomie aufzuzeigen. « In der Folge dieser Initiative gründete sich im Juni 2008 auf der Burg Bodenstein eine »Akademie Solidarische Ökonomie auf Zeit«, in der nun nicht mehr nur Vertreter der Kirchen, sondern ebenso Wissenschaftler, soziale Bewegungen und engagierte Bürgerinnen und Bürger zur Mitarbeit eingeladen waren. Auf mehreren Plenartagungen und in Arbeitsgruppen machten sich in der Folgezeit die Mitglieder der Akademie an die Arbeit, um den oben genannten Zielen gerecht zu werden. Ausgehend von einer fundierten Analyse der bestehenden ökonomischen Strukturen wurden Grundsatzpapiere und sogenannte »Bausteine« erarbeitet, aus denen sich nach und nach der Entwurf einer alternativen Ökonomie herausbildete. Einer Ökonomie, die den Anspruch hat, sich aus den Zwängen einer kapitalistischen Ökonomie befreit zu haben, und sich primär in den Dienst des Wohls aller Menschen stellen will. Nach gut dreijähriger intensiver Arbeit wurden im Oktober 2011 auf einer öffentlichen Tagung die ersten Arbeitsergebnisse vorgestellt und in einer schriftlichen Dokumentation festgehalten. Dieses Buch gibt somit im Wesentlichen die Arbeit einer Gruppe von Menschen wieder, die sich über längere Zeit mit diesen Themen beschäftigt hat. Neben den Autoren sind vor allem Dr. Johannes Bickel, Simone Brietzke, Wolfgang Fabricius, Dr. Hans-Jürgen Fischbeck, Werner Gebert, Prof. Roland Geitmann, Lutz von Grünhagen, Klaus Mertens, Herbert Hahn, Rainer Hanemann, Dr. Christoph Körner, Hans-Dietrich Oberländer, Rainer Rodenwald, Peter Schönhöffer, Klaus Simon, Dr. Klaus Wazlawik und Klaus Winkelmann zu nennen, die durch ihre Beiträge wesentlich an der Entstehung der Texte zu diesem Buch beteiligt waren.

Dieses Buch bedeutet natürlich keinesfalls das Ende der Akademiearbeit. Diese hat sich mittlerweile neu aufgestellt und arbeitet mit einer neuen Schwerpunktbildung und einer neuen Organisationsstruktur weiter.[4]

Ein Werkstattbericht

Es versteht sich, dass der hier vorgestellte Entwurf kein fertiges und in sich abgeschlossenes Konzept darstellen will. Es ist aber viel erreicht, wenn er die Augen und die Sinne öffnen kann für einen breiten gesellschaftlichen Diskurs über eine dem Menschen dienende Ökonomie. Eine andere Wirtschaft ist möglich! Die meisten Veränderungen wird es dann erst durch die im Prozess sich ergebenden Resultate geben. Wir beschreiben somit hier den Start eines sich dann ständig korrigierenden und verbessernden Prozesses. Der in diesem Buch vorgestellte Entwurf gibt den Diskussionsstand zu einem bestimmten Zeitpunkt wieder. Wenn Sie diese Texte lesen, werden die Autoren vielleicht schon an einigen Stellen differenzierter oder sogar anders argumentieren. Darum versteht sich dieses Buch als ein Werkstattbericht. Vieles kann in diesem ersten Bericht nur angedeutet werden, viele Aspekte fehlen. Wir wünschen und hoffen, damit eine Diskussion beleben zu können, in die sich viele Menschen einmischen werden. Denn wir sind der Überzeugung, dass nicht das Wissen einzelner Personen, sondern nur das Wissen und die Erfahrungen eines großen Kollektivs letztendlich die Weisheit hervorbringen kann, die nötig ist, um sich wirklich auf das Experiment einer neuen Ökonomie einzulassen. In und mit diesem Buch werden viele Fragen auftauchen, die wir noch nicht beantworten können oder die in diesem Buch keinen Platz zur Beantwortung gefunden haben. Wir würden es begrüßen, wenn Sie sich durch die-

[4] Detaillierte und aktuelle Informationen zur Arbeit der Akademie finden Sie auf unserer Homepage (www.akademie-solidarische-oekonomie.de).

ses Buch angeregt und ermutigt fühlen, sich an der weiteren Diskussion zu beteiligen. So können aus diesem ersten Band weitere Bände entstehen, in denen Ihr Wissen, Ihre Erkenntnisse und die Ergebnisse aus den Diskussionen einfließen können. Die so entstandenen Werkstattberichte werden Teil des Prozesses, den wir anstoßen wollen. Wenn Sie sich in die Diskussion einmischen wollen, wenden Sie sich über unsere Homepage an uns (www.akademie-solidarische-oekonomie.de), bringen Sie Ihre Erfahrungen und Ihr Wissen in die Arbeit der Akademie ein!

Aufbau des Buches – Was erwartet Sie?

Auch wenn das hauptsächliche Anliegen dieses Buches nicht in einer weiteren Analyse des kapitalistischen Systems liegt, ist uns wichtig, im 1. Kapitel die grundsätzlichen Fehler dieses Systems aufzuzeigen, um damit klar vor Augen zu führen, dass uns letztendlich nur ein radikaler Paradigmenwechsel aus den vielen und immer wieder beklagten Dilemmata herausführen kann. Das 2. Kapitel befasst sich zunächst mit den grundlegenden Mythen und Aussagen des alten Systems und erörtert dann in den einzelnen Abschnitten grundlegende Aussagen und Leitvorstellungen, die letztendlich für die Ausgestaltung einer Solidarischen Ökonomie prägend sind. Von welchem Menschenbild geht der Kapitalismus aus? Entspricht dieses Bild den heutigen wissenschaftlichen Erkenntnissen und welche Konsequenzen hat das moderne Menschenbild für unser Zusammenleben und die Art und Weise unseres Wirtschaftens? Mit diesen Fragestellungen stößt man unweigerlich auf die Welt des Marktes. Kritik am Mythos Markt ist keineswegs populär. Wer zu diesem Themenkomplex seinen Kopf zu weit aus dem Fenster hält, muss mit eisigem Gegenwind rechnen. So wird die Frage, wie es die Solidarische Ökonomie mit dem Markt halte, häufig zur Gretchenfrage hochstilisiert. Im 3. Kapitel wird es konkret. Der notwendige Paradigmenwechsel und die Strukturveränderungen werden in den zentralen Bereichen der Wirtschaft, dem Geld- und Finanzwesen, der Eigentumsordnung und der Unternehmensverfassung durchkonjugiert. Dieser Paradigmenwechsel kann sich nur vollziehen, wenn sich parallel in allen Bereichen der Wirtschaft neue Strukturen und neue Prozessabläufe bilden. Exemplarisch beschreiben wir die Umrisse einer neuen Arbeitskultur und eines neuen Steuer- und Sozialsystems und gehen dann auf die wichtige Frage der Einbindung des Konzepts einer Solidarischen Ökonomie in einer globalisierten Welt ein. Im letzten Abschnitt des 3. Kapitels weisen wir auf die

Geschichte und die gegenwärtige Praxis der Genossenschaften hin. Wesentliche Elemente des in diesem Buch vorgestellten Ansatzes einer Solidarischen Ökonomie sind hier bereits in die Praxis umgesetzt.

Spätestens an dieser Stelle wird sich mancher Leser / manche Leserin fragen, was es denn nütze, diese schöne neue Welt zu beschreiben, wenn kein Mensch weiß, wie wir dort hingelangen sollen. Dieser in der Tat sehr schwierigen Frage des gesellschaftlichen Wandels versuchen wir uns im 4. Kapitel zu stellen. Wie kann eine Transformation, also ein Übergang von der kapitalistischen in eine Solidarische Ökonomie gestaltet werden? Es ist nicht auszuschließen, dass Ihre Hilfe dazu nötig ist.

I. Ausgangssituation

Bernd Winkelmann

1 Sackgasse »Kapitalismus«

Eine Emnid-Umfrage im Auftrag der Bertelsmann-Stiftung 2010 zeigte, dass fast 90 % der deutschen Bevölkerung eine »andere Wirtschaftsordnung« fordern.[5] Doch bei näherem Hinsehen zeigt sich, dass es eine große Unklarheit, Desorientierung und heftigen Streit darüber gibt, wie und in welcher Richtung eine neue Wirtschaftsordnung gehen könnte: Wiedergewinnung der Sozialen Marktwirtschaft, Wandlung zur »ökosozialen Marktwirtschaft« oder »Grüner Kapitalismus« oder gar nicht mehr Kapitalismus? Aber was ist Kapitalismus und was wäre eine Alternative?

In diesem Kapitel versuchen wir die Frage zu klären, ob und in welcher Weise Kapitalismus als eine entscheidende Ursache für die Krisenentwicklung unserer Zeit gesehen werden kann. Dabei reicht es nicht, die vordergründigen Erscheinungen zu bedenken. Es sind vielmehr die zugrunde liegenden Prinzipien, Ordnungsstrukturen, Glaubenssätze und die Ideologie der kapitalistischen Wirtschaftsweise zu analysieren und im Zusammenhang unserer gegenwärtigen Zivilisationsentwicklung zu verstehen.

1.1 Die Zivilisationskrise unserer Kulturepoche

Was ist los in unserer Welt? Wenn man aus den vordergründigen Wahrnehmungen aussteigt und im gebührenden Abstand nach der gesamtgesellschaftlichen Entwicklung fragt, sehen wir tiefgreifende **Grundparadoxien und Widersinnigkeiten** unserer Kulturepoche:

Einerseits erleben wir eine enorme Steigerung des Produktionspotentials, des Geldvermögens und der Reichtümer, der wissenschaftlichen, auch ökologischen, Erkenntnisse und der technischen Fähigkeiten – das alles in einem Tempo und in einer Höhe, wie es das in der bisherigen Menschheitsgeschichte noch nie gegeben hat.

---

[5] »Financial Times Deutschland« vom 15.3.2011

Andererseits erfahren wir keine Lösung, sondern eine massive Zuspitzung gesellschaftlicher Grundprobleme: die wachsende Schere von Arm und Reich, von Überproduktion an Nahrungsmitteln und Hungerkatastrophen, die wachsende Fremd- und Selbstausbeutung im Arbeitsprozess, Ausgrenzung aus Arbeit, ertragreichem Lohn und sozial-kultureller Anteilhabe, wachsende Umweltzerstörung, neue kriegerische Konflikte u.a.m.

Ohne hier mit vielen Zahlen und Fakten ins Einzelne zu gehen, sollen im Folgenden die gravierendsten Paradoxien unserer gegenwärtigen Entwicklung genannt werden.[6]

Die Reichtums- Armutsparadoxie

- Das *Privatvermögen in Deutschland* ist bis 2008 jährlich im Durchschnitt um 7 % gewachsen, es liegt gegenwärtig bei ca. 8,1 Bio €. Davon besaß das reichste Zehntel 2010 fast 65 % des Nettogeldvermögens. Die ärmeren 50 % verfügen über knapp 3 % des Gesamtvermögens – diese mit zunehmender Scherenentwicklung.[7]
- Die *Einkommen* der Manager, Vorstände, Banker, Unternehmer u. ä. liegen bis zu dem 500-fachen der Durchschnittslöhne. Die Niedrigstlöhne liegen zum Teil unter dem Existenzminimum.
- Der Protest der »Occupy«-Bewegung »Wir sind 99 %!« in den USA ist keine übertriebene Polemik, sondern Tatsache: In den USA verfügt etwa 1 % der Bürger über 60 % des Gesamtvermögens; 99 % verfügen über den Rest; davon lebt etwa ein Sechstel an oder unter der Armutsgrenze.
- Das *Welt-Bruttosozialprodukt* ist seit 1991 um über das Zweifache gestiegen. Das reichste Fünftel verfügt heute über 83 %, das ärmere Vierfünftel

[6] Die meisten folgenden Daten aus: Armuts- und Reichtumsbericht der Bundesregierung Deutschland 2004 und 2008; – Jahrbuch Gerechtigkeit »Armes reiches Deutschland« 2005; – Statistisches Bundesamt und Deutsche Bundesbank: Ergebnisse der Gesamtwirtschaftlichen Finanzierungsrechnung für Deutschland 1991 bis 2008; – Weltsozialbericht 2005; – Studie des Worldwatch Institute Washington 2010: »Transforming Cultures: From Consumerism to Sustainability«; – Meadows, Dennis: »Grenzen des Wachstums. Das 30-Jahre-Update« 2009; – BUND und Brot für die Welt: »Zukunftsfähiges Deutschland in einer globalisierten Welt« Studie des Wuppertal Instituts 2008 u. a.

[7] Grafik (nächste Seite) und Zahlen dazu ausführlicher im Wochenbericht des DIW Berlin Nr. 4/2009 S. 56,59. Das Nettovermögen privater Haushalte setzt sich zusammen aus: Sachvermögen (z. B. Grundeigentum), Gebrauchsvermögen (z. B. Hausrat, Gold), Geldvermögen sowie Beteiligungsvermögen (z. B. Aktien) minus Verbindlichkeiten (z. B. Kredite).

der Weltbevölkerung verfügt über 17% des Welteinkommens. Vor 15 Jahren war das Verhältnis noch 80 % zu 20 %.

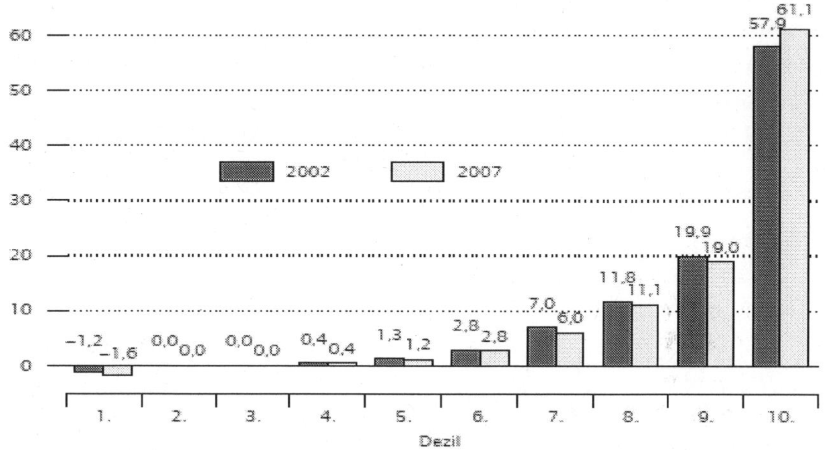

Abb. 1: Verteilung des Nettogeldvermögens in Deutschland 2007

- Das Potential der gegenwärtigen *Welternährungsproduktion* könnte bis zu 12 Mrd. Menschen ernähren. Doch 2010 lebten über eine Milliarde Menschen in Hunger und Unterernährung. Mehr als 20.000 Kinder starben täglich an den Folgen des Hungers.

Die Geldparadoxie

- Die Geldmenge des realwirtschaftlichen Geldes (»Echtgeld«) wächst reichlich (s. o.) und würde reichen, die Realwirtschaft am Laufen zu halten. Viel schneller wächst allerdings die Menge des fiktiven Geldes der Geldmarktpapiere auf den spekulativen Finanzmärkten (»Künstliches Geld«). Dieses fiktive Geld wird durch spekulativen Geldhandel geschaffen und lag 2009 bei 850 % des Weltbrutto-Sozialprodukts, also etwa achtmal höher als die realwirtschaftlichen Werte.[8]

[8] Text und Grafik (nächste Seite) nach Attac-Rundbrief »Finanzkrise. Eine Basisinformation von Attac-Stuttgart«, Januar 2009, auch bei Jahnke, www.jjahnke.net und andere Quellen

- Dieser *spekulative Geldhandel* führt zu Fehlsteuerungen der Geldanlagen. Er manipuliert und destabilisiert damit die Realwirtschaft, riskiert platzenden Geldblasen, zwingt Staaten zu steuerfinanzierten »Rettungsschirmen«, um die Finanzmärkte »zu beruhigen«. Das führt auch realwirtschaftlich starke Länder an die Grenze des Staatsbankrotts, obwohl deren Realwirtschaft gut funktioniert.

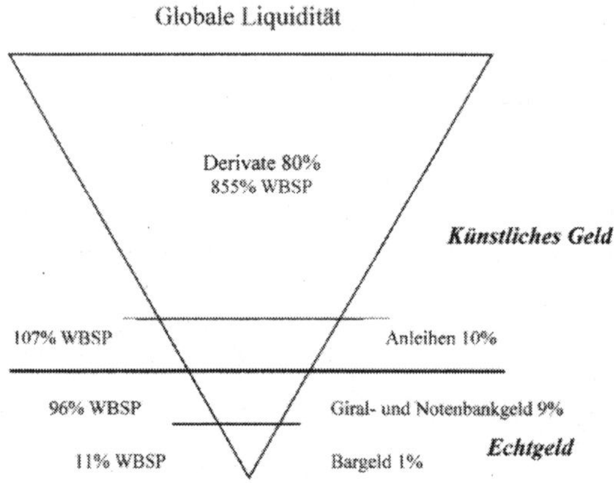

Abb. 2: Die Geldpyramide der Welt steht Kopf

- Somit wird der ursprüngliche Dienstleistungscharakter der Finanzinstitute auf den Kopf gestellt: nicht sie haben der Realwirtschaft und dem Gemeinwohl zu dienen, sondern treiben diese vor sich her und plündern sie aus. Schon Henry Ford stellte fest: *»Es ist gut, dass die Menschen des Landes unser Banken- und Geldsystem nicht verstehen, denn sonst, so glaube ich, hätten wir morgen früh eine Revolution«.* [9]

Die Arbeitsparadoxie

- Die *Arbeitsproduktivität* stieg in Deutschland von 1960 bis 2000 um das Vierfache, das Bruttoinlandprodukt (BIP) um das Zehnfache. Die rasant steigende Arbeitsproduktivität der letzten 150 Jahre wurde nicht nur in mehr Geld, sondern auch in größeren »Zeitwohlstand« umgesetzt. So sank

[9] Nach Max Otte »Stoppt das Euro-Desaster!«, S. 13.

die gesetzliche *Arbeitszeit* von 1885 bis 1985 von ca. 70 Wochenstunden auf 40 bis 35 Wochenstunden.[10]

- Trotz steigender Arbeitsproduktivität und Entlastung durch Maschinenarbeit steigt paradoxerweise seit Mitte der 80er-Jahre die übliche Regelarbeitszeit wieder auf 40 bis 45 und mehr Wochenstunden.
- Dem stehen etwa 20 % der Erwerbspersonen gegenüber, die aus nachhaltiger regulärer Erwerbsarbeit ausgeschlossen bzw. in prekäre Arbeitsverhältnisse gezwungen werden, von den sie nicht leben können.

Die Umweltparadoxie:

- Das gravierendste Datum der ökologischen Krise ist der weltweite *Umweltverbrauch* (berechnet z.B. als »ökologischer Fußabdruck«). Er liegt gegenwärtig mit 20 bis 30% über dem ökologisch vertretbaren Maß, in Deutschland bei dem Vierfachen, in den USA bei dem Zehnfachen des ökologisch Verträglichen – dies mit steigender Tendenz. Das heißt, dass bei Weiterlaufen dieser Entwicklung die Grundlagen unserer Existenz in naher Zeit zusammenbrechen.
- Fachleute und Politiker haben erkannt: Wenn die Erdtemperatur nicht über 2 Grad ansteigen soll, müsste der jährliche CO_2-Ausstoß bis 2050 weltweit auf 2 bis 3 t pro Kopf gesenkt werden.[11] In Deutschland liegt der CO_2-pro-Kopf-Ausstoß gegenwärtig bei 11 t, in den USA bei über 20 t.
- Entgegen dem Kyoto–Protokoll und den Beschlüssen verschiedener folgender Umweltkonferenz ist der weltweite CO_2-Austoß gegenüber 1990 nicht um 5 % gesunken, sondern bis 2010 um 10,6 % gestiegen und allein von 2009 zu 2010 um etwa 6 % gewachsen.[12] Trotz großer Bemühungen brachte die internationale Umweltkonferenz 2011 in Durban keinen Durchbruch einer notwendigen Umkehr.
- Eine von Al Gore veranlasste *Studie* besagt, dass in den *USA* bei einer Investition in Dimension des US-Apolloprogramms (Mondraumflug) in den

---

[10] Vgl. Artikel »Arbeitszeit« in RGG; auch in »Kleine Geschichte der Arbeitszeit«; www.vsp-vernetzt.de/soz-0907

[11] Siehe www.agenda21-treffpunkt.de/daten/treibhausgase.htm; auch »Welt-online« vom 27.4.2010

[12] Nach Studie des Worldwatch Institut Washington 2010: »Transforming Cultures: From Consumerism to Sustainability«, Quelle Tagesspiegel vom 14.1.2010; Thüringer Allgemeine 18.11. 2005; Spiegel online vom 4.11.2011.

60er Jahren in 10 bis 20 Jahren ein Umstieg auf 100 % regenerativer Energie möglich wäre. Seine Programmentwürfe wurden abgelehnt.

Die Rüstungs- und Kriegsparadoxie:

- Mit dem Zerfall des Ostblocks 1990 fielen die Hauptgründe für den weltbeherrschenden Rüstungswettlauf zwischen Ost und West weg. Doch an die Stelle einer neuen weltweiten Friedenspolitik traten *neue Kriege und Militärstrategien.* Die neuformulierte NATO-Strategie von 1991 beschloss militärische Einsatzmöglichkeiten gegen eine *»Unterbrechung der Zufuhr lebenswichtiger Ressource«.* Das Weißbuch der Bundeswehr beschreibt 2006 »Auslandseinsätze der Bundeswehr zur Verteidigung deutscher Wirtschaftsinteressen« als neues strategisches Ziel. Entsprechend stieg der Rüstungsetat der BRD von 2006 zu 2009 um ca. 10 %, von 2009 auf 2010 um 5,6 %. Rüstungsexporte sind weltweit 2005 bis 2009 um 22 % gestiegen. Deutschland liegt mit 11% des weltweiten Rüstungsexports nach den USA und Russland an dritter Stelle. [13]
- Diese Zahlen, die nahezu einer mobilisierungsähnlichen Situation gleichen, widersprechen dem Friedensgebot des Grundgesetzes der BRD, Art. 26: *»Handlungen, die geeignet sind und in Absicht vorgenommen werden, das friedliche Zusammenwirken der Völker zu stören, sind verfassungswidrig... Sie sind unter Strafe zu stellen«.* Bezeichnend ist, dass über Rüstungsexporte das Bundesamt für Ausfuhrkontrolle und Wirtschaft entscheidet, d.h. die Wirtschaftspolitik, nicht die Sicherheits- und Friedenspolitik (Außenministerium) der Bundesrepublik hat hier das Sagen. Offensichtlich wird die »Friedenspolitik« der BRD durch die Dominanz der Wirtschaftsinteressen in eine Militarisierungspolitik verwandelt.

Im Ganzen ist zu sehen: Es gibt in unserer Welt eine tiefe Spaltung und ein extrem großes Ungleichgewicht zwischen den wenigen, die von diesen Widersinnigkeiten profitieren, und den vielen – einschließlich der Natur – die Opfer dieser Schieflage sind. Wie lange wird es möglich sein, dieses Ungleichgewicht zu stabilisieren?

Dieses fragile Gleichgewicht wird durch weitere sich gegenseitig verstärkende Faktoren zunehmend destabilisiert. Zu ihnen gehören vor allem:

---

[13] Quellen: Rüstungsexportbericht Stockholmer Friedensforschungsinstitut Sipri 2010; Rüstungsexportbericht GKKE 2009; Arbeitsmappe Friedensdekade 2010 und 2011.

- die weitere Bevölkerungsexplosion in den wenig entwickelten Ländern,
- das nacheifernde Wirtschaftswachstum der Schwellen- und Entwicklungsländer mit entsprechenden sozialen Polarisierungen und zunehmenden Ressourcen- und Umweltbelastungen,
- drohender Zusammenbruch einer primär auf Erdöl basierenden Energieversorgung (Peak Oil) in 10 bis 20 Jahren,
- Erschöpfung weiterer natürlicher Ressourcen (Peak Every-thing) und Nahrungsmittelverknappung,
- zunehmender Kampf der Industrie- und Schwellenländer um das vorhandene Land (»Land-grabbing«) und um die knapper werdenden Rohstoffe; Ausbruch von Kriegen um Ressourcen,
- Hungerkatastrophen, große Migrationsströme und Armutsaufstände in besonders betroffenen Ländern, Diktaturen und Nichtregierbarkeit einzelner Staaten,
- Verlust von Orientierungswissen, Verfall sozialethischer Werte und Verhaltensweisen ganzer Bevölkerungsschichten.

Abb. 3: Das fragile Gleichgewicht der Welt

In der Krisenentwicklung insgesamt sind zwei Dinge besonders gravierend:

Erstens vollziehen sich viele Progressionen mit einer sich steigernden und beschleunigenden Tendenz. Meinhard Miegel spricht hier von einer **»Stichflammenentwicklung«:** Während sich in früheren Jahrhunderten Entwicklungen langsam wie eine Lichterkette ausbreiteten, schießen sie heute wie eine Stichflamme auf und drohen alles zu verbrennen. [14]

Zweitens ist die Ohnmacht der Politik offensichtlich: die politischen Machtträger sind trotz klarer Einsichten, vieler gutgemeinter Willensbekundungen und Handlungsansätze bisher nicht in der Lage, die Entwicklung umzusteuern.

Ein unbefangener Blick führt zu folgenden **ersten Schlussfolgerungen**:

1. Die Menschheit steht heute in einer Zivilisationskrise, die ihre Existenz bedroht.

2. Da Wirtschaften ein Umgang mit den menschlichen und natürlichen Ressourcen ist, liegt die Ursache dieser Zivilisationskrise offensichtlich in der Art unseres Wirtschaftens.

3. Ein Ausweg aus dieser Zivilisationskrise kann nur durch das Stellen der Systemfrage gefunden werden: Was sind die systemischen Ursachen dieser fehlgesteuerten Art unseres Wirtschaftens?

4. Da es eher einen Überhang als Mangel an Reichtümern und Potentialen gibt, kann es bei der Bewältigung der Krise nicht um die Schaffung von noch mehr Wachstum und Reichtum gehen, sondern um einen grundlegend anderen Umgang mit Ressourcen und Vermögen und um eine fundamentale Umorientierung hin zu einer *»lebensdienlichen und nachhaltigen Wirtschafts- und Lebensweise«.* [15]

1.2 Prinzipien, Ordnungsstrukturen und Glaubenssätze des Kapitalismus

In diesem Kapitel behaupten wir, dass die Hauptursache unserer Zivilisationskrise die kapitalistische Wirtschaftsweise ist. Wir wissen, dass ein bloßer »Antikapitalismus« bei einem Teil der Menschen immer noch viel Abwehr hervorruft. Doch wird diese Behauptung verständlich, wenn »Kapitalismus« nicht als ideologisches Schlagwort missbraucht wird, sondern wenn das **Wesen kapitalistischer Wirtschaftsweise** mit ihren grundlegenden Prinzipien, Ordnungsstrukturen und Glaubensätzen erkannt wird. In ihnen liegen die mentalen und strukturellen Systemfehler dieser Ökonomie.

---

[14] Miegel: »Exit. Wohlstand ohne Wachstum« 2010, S. 78

[15] »Nachhaltige Wirtschafts- und Lebensweise« ist die Formel, auf die sich die Konferenz der Vereinten Nationen über Umwelt und Entwicklung (United Nations Conference on Environment and Development – UNCED) 1992 in Rio geeinigt hatte.

1.2.1 Die Prinzipien und Zielsetzungen kapitalistischer Wirtschaftsweise

Kapitalismus ist nicht gleich Marktwirtschaft. Marktwirtschaft ist der Austausch von Waren und Dienstleistungen im Wechselspiel von Angebot und Nachfrage und kann, wie wir zeigen werden, auch anders als mit kapitalistischen Mechanismen funktionieren.

Kapitalistisch wird die Marktwirtschaft erst durch die Dominanz zweier Prinzipien:

- durch das **kapitalwirtschaftliche Prinzip**, d. h. durch die Mehrung des Kapitals als Ziel des Wirtschaftens,
- durch das **Privatisierungsprinzip,** d. h. durch das Streben, möglichst alle Wertschöpfung zu privatisieren.

Zusammengenommen erwächst aus diesen beiden Prämissen das Hauptmerkmal kapitalistischer Wirtschaftsweise: die **Akkumulation des gesellschaftlich geschaffenen Mehrwertes in Privatverfügung.**

Darin wird ein Grundzug des Kapitalismus deutlich: Nicht Teilen und Inklusion, sondern Aneignung und **Exklusion** anderer Ansprüche und anderer Menschen. Und damit wird zugleich der ursprüngliche und natürliche Sinn des Wirtschaftens auf den Kopf gestellt: die Ermöglichung eines »guten Lebens« (Aristoteles), konkret die Bereitstellung sinnvoller Güter, Dienstleistungen und Arbeitsplätze für möglichst alle Bürger und zur Förderung des Gemeinwohls.

Galten in früheren Jahrhunderten noch die Gewinne als Mittel zum Zweck, wurde bereits im Aufblühen des Kapitalismus im 19. Jahrhundert das Mittel zum Zweck gemacht: die Mehrung von Kapital, die Gewinn- und Renditenmaximierung wird dominierendes Ziel des Unternehmertums. Das führt zu der Widersinnigkeit, dass Kapital nicht der umfassenden Befriedigung der Menschen dient, sondern dass die wirtschaftlichen Anstrengungen und Leistungen der Menschen der Vermehrung des Kapitals zu dienen haben. Der Einsatz wirtschaftlichen Kapitals zur verbesserten Befriedigung von Bedürfnissen wird dabei zum sekundären Faktor und wird den Zufällen des Marktes überlassen.

Die konsequente Umsetzung dieser Prinzipien wirkt wie ein Virus in alle gesellschaftlichen Bereiche hinein und hat geradezu zwangsläufig die Umsetzung weiterer Prinzipien und Zwänge zur Folge:

1. Das **Verwertungsprinzip:** *Alles* muss zur Geldvermehrung verwertet werden, »muss sich rechnen«: Natur, Mensch, Kunst und Kultur, Sport, Religion usw. Aus dem Verwertungsprinzip folgt eine durchgreifende Monetarisierung des Lebens.

2. Das **Konkurrenzprinzip:** Wirtschaften findet im Gegeneinander statt, im gegenseitigen Übervorteilen, im Verdrängen und Ausschalten möglicher Konkurrenten.

3. Das **Profitmaximierungsprinzip:** Der höhere Profit schlägt die Konkurrenz. Deshalb müssen alle kapitalwirtschaftlichen Akteure maximale Profite anstreben und realisieren.

4. Das **Wachstumsprinzip:** Renditedruck, Konkurrenzwettlauf und Zinserwirtschaftung erzwingen permanentes Wachstum.

5. Das **Externalisierungsprinzip:** Abschieben von Risiken und sozialen und ökologischen Kosten auf die Allgemeinheit, auf die kommende Generation und auf die Natur zum Senken der eigenen Produktionskosten und zum Vorteil im Wettbewerb – dies nach der Maxime: *»Sozialisieren der Risiken und Verluste, Privatisieren der Gewinne«.*

6. Das **Deregulierungsprinzip:** weitgehendes Hinausdrängen staatlicher Regelungen und die Forderungen des »freien Spiels ökonomischer Kräfte«.

1.2.2 Ordnungs- und Strukturfehler kapitalistischer Wirtschaftsweise (strukturelle Ebene)

Aus den benannten Prinzipien haben sich auf struktureller Ebene gravierende Systemfehler entwickelt. Es sind die für den Kapitalismus wesentlichen **Abschöpfungs-, Bereicherungs-, Verdrängungs- und Externalisierungsmechanismen und Strategien.** Sie schöpfen die Leistungen anderer Menschen und der Natur zu Gunsten der Kapitalbesitzer ab, führen zu deren exorbitanten Bereicherung, verdrängen mögliche Konkurrenten und schieben nicht profitables »Humankapital« ins Abseits; sie externalisieren Kosten nach draußen. Dabei verformen sie wesentliche Teilsysteme der Wirtschaft in der Art, dass sie eben diese Funktionen wahrnehmen. Dies geschieht z. B.

- in einem **Finanzwesen**, das mit spekulativem Geldhandel (neue »Finanzprodukte«), in abschöpfenden Funktionen im Bankwesen und mit leistungslosen Gewinnen im Zinswesen die Akkumulation von Geld bei den Kapitaleignern ermöglicht;
- in einer **Eigentumsordnung**, die erstens die Akkumulation des gemeinsam geschaffenen Mehrwertes in alleiniger Privatverfügung der Kapitaleigner möglich macht, die zweitens Privateigentum an Grund und Boden und an großen Immobilien zur leistungslosen Abschöpfung anderer Leistung nutzen kann;

- in einer **Unternehmensverfassung**, in der Ausbeuten und ethikloses Handeln, Verdrängung vom Markt, Zerstörung und feindliche Übernahme von anderen (kleineren) Betrieben zum System gehört;
- in **Marktregeln**, die ein Abschieben der sozialen und ökologischen Kosten (externalisieren) ermöglichen;
- in einem **»Entlohnungssystem«,** das einerseits Spitzenlöhne weit über jedes Leistungsvermögen möglich macht (das 20- bis 500-fache der Durchschnittslöhne) und andererseits in prekäre Niedrigstlöhne drängt.
- in einem **Steuer- und Sozialsystem**, das die Unternehmens- und Kapitaleinkommen entlastet, die Einkommen der Lohnabhängigen zunehmend belastet und den solidarischen, paritätischen Ansatz des Bismarckschen Sozialsystems zunehmend aufgibt (»Kopfpauschale« u. a.);
- in einer **neoliberalen Deregulierung der Märkte**, die die reichen Länder gegenüber Entwicklungsländern bevorteilen (Agrarexportsubventionen, einseitiger Protektionismus u. a.) und Teile der Weltbevölkerung in Verelendung führen oder in Verelendung halten.

Machen wir uns das Wirken der Abschöpfungs- Bereicherungs-, und Externalisierungsstrategien kapitalistischer Wirtschaftsweise noch einmal an einigen besonders signifikanten Beispielen deutlich.

Zu sehen ist, wie die Ansammlung höchster Vermögenswerte in Privathand weniger, deren Renditestreben und das spekulative Anlegen dieser Geldwerte zur Finanzkrise 2008 und ihren Irrsinnigkeiten bis heute geführt hat. Das spekulative Aufkaufen und Zurückhalten von Lebensmitteln und Rohstoffen auf dem Weltmarkt haben zu künstlichen Engpässen und extremen Preissteigerungen und somit zu Armut und Hunger geführt. Ebenso zerstört der Export von subventionierten Lebensmitteln, Textilien u. a. aus den reichen Industrieländern die Märkte in den Entwicklungsländern. In den Entwickelten Ländern vernichten die feindliche Übernahme von Betrieben und sonstige Monopolisierungsstrategien der Konzerne die Vielfalt der Unternehmen (»Kannibalisierungstendenzen« im Kapitalismus[16]). Das Primat der Renditensteigerung zu Gunsten der Kapitaleigner zwingt zur Ausweitung des Niedriglohnbereichs und der Dumpinglöhne, zur Entlassung von Beschäftigten (»Entlassungsproduktivität«), zur Verlagerung von Betrieben in Billiglohnländer; es führt so viele Menschen in Arbeitslosigkeit und prekäre Arbeitsverhältnisse und überfordert

[16] So Radermacher in »Balance oder Zerstörung«, S. 36f.

damit die Sozialleistungen des Staates. Die aus wirtschaftlichen Profitinteressen forcierte Rüstungswirtschaft und Rüstungsexporte provozieren gegen jede politische Vernunft hochgefährliche militärische Konflikte (Ressourcenkriege, Bürgerkriege, internationaler Terrorismus u. ä.).

Deutlich ist, dass die benannten Mechanismen und Strategien genau den Zielen und Prinzipen kapitalistischer Wirtschaftsweise dienen und zu den oben genannten zerstörerischen Auswirkungen und Deformationen unserer Kulturepoche führen.

Hier muss allerdings ein Einwand gehört werden, nämlich der richtige Hinweis, dass nicht die ganze Wirtschaft mit diesen Praktiken und Mechanismen agiert. Noch gibt es viele Unternehmer, die aus ethischen Gründen gegenzusteuern versuchen.[17] Verschiedene gesetzliche Auflagen versuchen, Grenzen zu ziehen. Es gibt in Entwicklungsländern durchaus Wohlstandszuwächse. Auch das Soziale Netz federt in Deutschland schlimmste Not noch ab. Und es gibt trotz aller Krisen eine hohe Leistungsfähigkeit der Wirtschaft. Diese liegt aber weniger in den kapitalistischen Prinzipien und Mechanismen des Wirtschaftens, sondern vor allem in den hochentwickelten Technologien, in der hohen Produktivität und Effizienz moderner Wirtschaftsweise, in der Qualifikation und dem Fleiß der Menschen. Die kapitalistischen Antriebe forcieren zwar den Entwicklungsdruck, zerstören aber vielfältige Potentiale, Ressourcen und Gemeingutreichtümer und führen zu den genannten Perversionen des Wirtschaftens.

Zudem muss gesehen werden, dass die kapitalistischen Prinzipien und Mechanismen die ausgleichenden Funktionen der »Sozialen Marktwirtschaft« zunehmend ausgehebelt haben und systembeherrschend geworden sind – eben so, dass politische Regulierungs- und Zähmungsversuche an ihrer Übermacht scheitern und die Wirtschaft zunehmend räuberische Funktionen annimmt. Selbst liberale Ökonomen und Wissenschaftler wie Franz Josef Radermacher sprechen von der dem kapitalistischen System innewohnenden Tendenz der »Brasilianisierung«: Spaltung der Gesellschaft in 10 bis 20 % Superreiche, die über 65 % des BIP verfügen, das Absinken der Mittelschicht nach unten und das Anwachsend des verarmten unteren Drittels.[18]

---

[17] Dokumentiert z. B. in Joachim Galuska »Pioniere für einen neuen Geist in Beruf und Business. Spirituelle Dimension im wirtschaftlichen Handeln« 2004

[18] Franz Josef Radermacher »Globalisierung gestalten« S. 32ff.

Erst wenn die grundlegenden Systemfehler des Wirtschaftens erkannt und die abschöpfenden und ausgrenzenden Mechanismen aus dem Wirtschaften herausgenommen und durch neue, solidarische und nachhaltige Systemansätze, Regelwerke und Strukturen ersetzt werden, kann es eine grundlegende Wende zu einer gemeinwohlorientierten Wirtschaft geben.

1.2.3 Glaubenssätze, Ideologie, Irrtümer und Halbwahrheiten kapitalistischer Wirtschaftsweise (Mentale Ebene)

Es fragt sich, warum sich trotz leichter Einsehbarkeit dieser Zusammenhänge die kapitalistische Wirtschaftsweise bislang so hartnäckig behaupten konnte. Grund hierfür sind tief eingewurzelte Glaubensätze, Ideologien, Mythen und Halbwahrheiten, die von den Profiteuren dieser Wirtschaftsweise äußerst geschickt propagiert werden und sich bis ins Unterbewusstsein der Menschen eingegraben haben. Ihre wichtigsten sind:

- **Eigennutz und Konkurrenz** würden wie von einer *»unsichtbaren Hand geleitet«* zum Wohlstand aller führen (Adam Smith 18. Jahrhundert).
- Der **Markt** löse in sich und automatisch sich selbst stabilisierend alle beteiligungsrelevanten Fragen in höchstmöglicher Effektivität.
- Die **Liberalisierung des Marktes**, der Rückzug des Staates aus der Wirtschaft und seine »Verschlankung« würden die beste wirtschaftliche Entwicklung bringen (»Selbstheilende Kräfte des Marktes«).
- **Freier Welthandel und freier Kapitalverkehr** würden automatisch zum Vorteil für alle Beteiligten wirken (David Ricardo 18. Jahrhundert).
- Die **Privatisierung und Kommerzialisierung** aller Güter des Lebens brächte höchste Effizienz und größten Wohlstand.
- **Kapitalanhäufung und Reichtum** in der Hand weniger würden die unteren Bevölkerungsschichten mit nach oben ziehen (»Pferdeapfeltheorie« von Margret Thatcher).[19]
- Ständiges **exponentielles Wachstum** der Wirtschaft sei nötig, denn erfolgreiches Wirtschaften sei nur im ständigen Wachstum möglich und nötig.
- Das **Bemessen** von Fortschritt und des gesamtgesellschaftlichen Wohlergehens sei mit einem wachsenden **Bruttoinlandprodukt** (BIP), also mit einem steigenden Material-, Energie- und Geldumsatz, sachgemäß.

---

[19] Die »Pferdeapfeltheorie« besagt: es müssen die starken Zugpferde einer Kutsche (die »Leistungsträger« der Wirtschaft) gut gefüttert werden, damit die Spatzen (das Volk) in den Pferdeäpfeln noch einige Körner finden.

- **Kapitalismus und Demokratie** würden einander bedingen und nur im Miteinander gedeihen.

Wie im Abschnitt »Ende des Mythos Markt« ausgeführt, wird deutlich, dass diese Behauptungen pseudoreligiösen Charakter haben. Sie wirken wie unhinterfragte Glaubenssätze und rechtfertigen den Kapitalismus als *»die beste aller Wirtschaftsordnungen«*. Das Tückische ist, dass diese Ideologien den Charakter von Halbwahrheiten haben, d. h. sie gaukeln etwas vor, was nur bei einseitiger Sicht wahr zu sein scheint: Wahr, richtig und gut sind die Dinge für den, der aus ihnen seine Vorteile zieht. Die zerstörerischen Funktionen für den jeweils anderen und für das Gemeinwohl werden aber ausgeblendet.

Sowohl die einfache Logik als auch die Empirie zeigen sehr eindeutig, dass der Markt ohne jede Regelung einer ganz anderen Gesetzmäßigkeit erliegt, nämlich der **disproportionalen Gesetzmäßigkeit des Marktes:** Bei einem nur geringen Anfangsunterschied zwischen dem Stärkeren und Schwächeren erwächst im Fortgang gewissermaßen automatisch und unaufhaltsam eine Bevorteilung des Stärkeren und eine Benachteiligung des Schwächeren. Der Stärkere kann aus seinen Vorteilen ständig weitere Vorteile erwirken, die dem Schwächeren ständig weiter Benachteiligungen einbringen – und zwar umso mehr, je stärker der Vorteil durch die Kapitalform entpersönlicht wird und als anonyme Kraft weiter für den Stärkeren wirken kann, dessen Stärke sich darin potenziert.

1.2.4 Der Materialistische Grundirrtum und das sozialdarwinistische Menschenbild

Allerdings sind die Glaubenssätze und Verhaltensweisen kapitalistischen Wirtschaftens in der Menschheitsgeschichte nicht neu. Als Gefährdung des Humanum hat es sie von Anbeginn der Menschheit gegeben, vor allem mit der Einführung der Arbeitsteilung, des Tauschhandels und der Geldwirtschaft. So stieg z. B. mit der Erfindung der Geldwirtschaft der Betrug auf den Märkten des alten Athen so an, dass der Beruf des »Polizisten« ursprünglich als Marktwächter erfunden werden musste.

Hinter den Glaubenssätzen, Irrtümern und Ideologien kapitalistischer Wirtschaftsweise steht ein alter »materialistischer Grundirrtum«, mit dem sich die Menschheit schon immer auseinandersetzen musste. Es ist die Illusion, Leben und Glück seien im Haben und Immer-mehr-Haben, im Erobern und Unterwerfen zu finden.

Die Weisheiten der Menschheit, die Bibel, die Religionen und Philosophien haben stets gewusst, dass dies eine zerstörerische Verkennung des Lebens ist. Und es war eine ihrer größten ethischen Herausforderungen und Anstrengungen, diesem Irrtum immer wieder entgegenzutreten.

Abb. 4: Die Leere in der Fülle

Das Verheerende der kapitalistischen Ideologien und Praktiken ist, dass sie diesen Grundirrtum **zum System, zum Leitprinzip menschlichen Lebens** machen.[20] Dieses geschah und geschieht nicht durch eine Staatsideologie, die klar definiert und postuliert wird und der dann auch klar widerstanden werden kann, wie es gegenüber der kommunistischen Staatsideologie möglich war. Es gibt zwar neoliberale Wirtschaftstheorien, entsprechende Wissenschaftler, Lehrer und Schulen, die die oben benannten neoliberalen Glaubenssätze theoretisch begründet und ausformuliert haben (z. B. Friedrich August von Hayek und Milton Friedman. Doch die Massenwirksamkeit dieser Glaubenssätze liegt in der latenten oder auch gezielten Verbreitung des sozialdarwinistischen Menschenbildes und Lebensverständnisses. Es besagt: Der Mensch sei ein auf Egoismus, materielle Bereicherung, Neid, Konkurrenz, und Aggressivität hin angelegtes Wesen. Nur im Ausleben dieser Gaben könne er überleben. Die Gaben von Solidarität, Teilen und Verzichten, Nächstenliebe, Verantwortung

[20] Grundlegend dargestellt durch Erich Fromm in »Haben oder Sein«.

und spiritueller Sinngebung werden abgewertet und im besten Fall ins rein Private oder Religiöse abgeschoben.

Die Kombination des sozialdarwinistischen Menschenbildes mit dem praktisch gelebten Kapitalismus und der oben benannten Wirtschaftsideologie führten und führen dazu, dass der Egoismus und das Streben nach Reichtum, das Austricksen und Übervorteilen des anderen, Konkurrenzdenken, Ellbogenmentalität, Aggression und Gewalt auf allen Ebenen des Lebens und der Gesellschaft zum selbstverständlichen Leitbild und verbreiteten Lebensstil unserer Zivilisation geworden sind. Deutlich wird dies im herrschenden Mainstream, in Medien und Werbung, in den stereotypen Rollen und Kulissen der Unterhaltungsindustrie, im »Kampf um Arbeitsplätze«, in der Kindererziehung usw.

Solange dieses Menschenbild und Lebensverständnis dominant bleiben und propagiert werden, ist eine von Egoismus, Konkurrenz und Verantwortungslosigkeit gekennzeichnete Wirtschaftsweise unüberwindbar. Insofern sind Menschenbild und Lebensverständnis Schlüsselfragen für die Ermöglichung einer lebensdienlichen Ökonomie und einer zukunftsfähigen Zivilisation.

1.3 Beispiel Wachstumsirrtum

Es gibt wohl keinen Bereich, in dem bei kritischer Betrachtungsweise die mentale Verblendung und strukturelle Fehlentwicklung des kapitalistischen Systems so deutlich wird wie im Dogma eines ständigen Wirtschaftswachstums. Darum soll im Folgenden an der Wachstumsfrage, exemplarisch für das Ganze die Sackgassenentwicklung des Kapitalismus genauer betrachtet werden.

Was ist Wachstum?

Wachstum ist ein wesentliches Merkmal der Evolution und findet sich überall in Natur und Gesellschaft. Auch in der Ökonomie spielt Wachstum eine zentrale Rolle und gehörte bislang zu den selbstverständlichsten Zielgrößen der Unternehmen und der Volkswirtschaft. Diese Selbstverständlichkeit wurde 1972 durch die Studie des Club of Rome »Grenzen des Wachstums« das erste Mal schwer erschüttert. Angesichts des vermeintlichen Siegeszuges neoliberaler Wirtschaftsweise triumphierte dann aber bis in einzelne Gruppierungen der Grünen Partei hinein das Vergessen.

Um die unabdingbaren Grenzen wirtschaftlichen Wachstums zu verstehen, müssen folgende Zusammenhänge erkannt werden.

Es sind **drei Arten** des Wachstums zu unterscheiden:

a) Lineares Wachstum: hier wächst ein Bestand pro Zeiteinheit linear mit einem gleichbleibenden absoluten Betrag (Wachstums-***Größe***). Beispiel: Zuwachs der Autoproduktionszahl um 30.000 Stück in jedem Jahr.

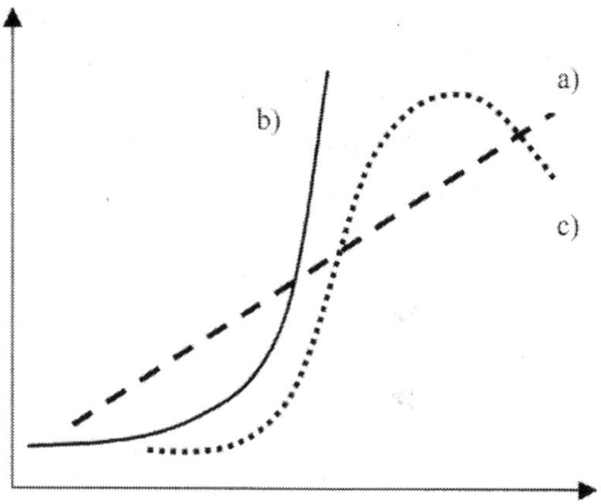

Abb. 5: Wachstumskurven

b) Exponentielles Wachstum: hier wächst ein Bestand pro Zeiteinheit mit einem Prozentsatz von z. B. 3 % (Wachstums-**Rate**) exponentiell – exponentiell, da der Zuwachs der zurückliegenden Zeiteinheit in den Ausgangswert der folgenden Zeiteinheit mit hineingerechnet wird. Das führt zu einem ständigen Anwachsen der Stückzahl. Beispiel: Zuwachs der jährlichen Autoproduktion um 3 % ergibt ein exponentielles Wachstum mit einer Verdopplungsrate von z. B. ursprünglich 30.000 Autos im ersten Jahr auf 60.000 Autos im vierundzwanzigsten Jahr.

c) Natürliches Wachstum ist ein Vorgang, wie ihn die Natur vorgibt. Ein Baum z. B. wächst anfangs mit steigenden Zuwächsen (exponentiell), danach über lange Zeit gleich (linear), bis schließlich eine Sättigungsphase erreicht ist, in der das Wachstum abebbt. Am Ende überwiegen die abbauenden Kräfte und machen einer nächsten Generation Platz.

Schon die einfache Logik sagt, dass es auch in der Wirtschaft kein ständiges exponentielles Wachstum geben kann: Die Erde wäre in relativer kurzer Zeit mit den sich ständig verdoppelnden Gütern zugeschüttet. Die Statistik weist nach, dass es im Zeitverlauf der Realwirtschaft immer nur ein lineares Wachstum mit fallenden Wachstumsraten gibt.

Das BIP – eine unsinnige Bemessung von Wohlstandsentwicklung

Ein zweiter Widersinn dieses Denkens liegt in der Bemessung des Wirtschaftswachstums. Es wird mit dem Bruttoinlandprodukt (BIP) bemessen, das die Größe der Warenproduktion und Dienstleistungen nach Abzug von Vorleistungen und Importen in Geldwerten misst. Das Paradoxe dieser Messung ist, dass es nur die Größe des Durchsatzes, nicht die Qualität misst. So ergibt Zerstörung und Wiederaufbau nach Naturkatastrophen oder Kriegen eine hohe Wachstumsrate, während ein Fortschritt durch Erfindung ressourcensparender Produkte die Wachstumsrate senkt und nach dieser Bemessung negativ ausfällt.

Ein weiterer Widersinn liegt darin, dass diese Bemessung nur Geld- und Materialdurchsatz misst, nicht aber die Qualitäten wie das soziale Wohlergehen, Kultur und Bildung, die Intaktheit der Natur, die Gesundheit und Lebenszufriedenheit der Menschen u. ä. – also das, was unsere eigentliche Lebensqualität ausmacht. Schon seit 1990 fordert UNO die Bemessung der Entwicklung mit ganzheitlichen Indizes z. B. mit einem »Neuen Wohlfahrtsindex« oder »Human Development Index« und ähnlichen Indizes, die die benannten Werte mit einbeziehen. Bisher hat nur der kleine Himalaja-Staat Bhutan an Stelle des BIP das »Brutto-Sozialglück« gesetzt. Dass dies für die Wohlfahrt der Menschen viel wesentlicher ist, hat die Glücksforschung in verschiedenen Studien nachgewiesen: die größte Lebenszufriedenheit liegt in Ländern mit mittlerem Durchschnittseinkommen, z. B. in Costa Rica, Dänemark, Skandinavien und Island. Das reiche Deutschland liegt erst an 30. Stelle. Ab einem Jahreseinkommen von über 20.000 Dollar steigt der Glückspegel kaum noch.[21] Es ist eine alte Erfahrung, dass übermäßiger Reichtum fast immer die moralischen und Persönlichkeitswerte eines Menschen zerstört. Dass dennoch vielfach nach weiterem materiellem Wachstum gestrebt wird, liegt an dem, was oben mit dem »materialistischen Grundirrtum« umschrieben wurde und die Ideologien des Kapitalismus tagtäglich verkündigen: die Illusion, mit einem »immer Mehr« glücklicher zu werden.

Voraussetzungen wirtschaftlichen Wachstums

Weitere grundlegende Unklarheit gibt es bei den unabdingbaren Voraussetzungen wirtschaftlichen Wachstums. Wachstum kann es nur bei offenen

[21] Studie des World Values Survey von 2010 nach »Thüringer Allgemeine« vom 26.5.2010

Wachstumsfeldern geben. Diese sind: 1. ungesättigte Märkte, 2. Bevölkerungswachstum, 3. neue Aufbauphasen, 4. unbegrenzte Ressourcen (Rohstoffe und Aufnahmefähigkeit von Abprodukten). Diese können zeitweise offen sein wie in Deutschland nach dem zweiten Weltkrieg oder in Entwicklungsländern wie in China, Brasilien u. a. – scheinbar, denn die ökologischen Ressourcen sind auch dort schon lange nicht mehr offen, d. h. eigentlich nicht weiter belastbar.

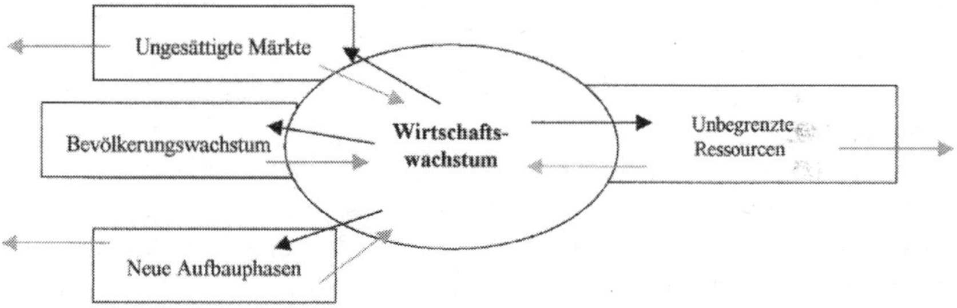

Abb. 6: Wachstumsfelder offen oder geschlossen

Sind die Wachstumsfelder nahezu oder überwiegend geschlossen, wie in den hochindustrialisierten Ländern, gibt es einen Wachstumsstau. D.h. die Wirtschaft kann nicht weiter in die geschlossenen Felder hineinwachsen. Hier wäre eine Wirtschaftsweise geboten und vernünftig, die sich wohl ständig weiter entwickelt und die Menschen ausreichend und gut versorgt, die aber quantitativ nicht ständig weiter wachsen muss. Genau das aber kann die kapitalistische Wirtschaftsweise nicht.

Die oben genannten Prinzipien und Mechanismen kapitalistischer Wirtschaftsweise machen deutlich, dass Wirtschaftswachstum ein unabdingbarer Teil des kapitalistischen Systems ist. Vor allem das Profitmaximierungsprinzip und das Konkurrenzprinzip erzwingen einen Wachstumswettlauf: Wer nicht mit wächst oder schneller wächst, fällt raus. Und dies geschieht abrupter je enger die Wachstumsfelder sind, also hier ein Ausweichen kaum noch möglich ist. Denn Kapitalismus ohne Wachstum *»fällt um wie ein Fahrrad, das nicht mehr rollt«.*

Systemische Crashtendenzen und Wachstumsfalle

Die Versuche, gegen die natürlichen Begrenzungen fortlaufendes Wachstum so oder so zu erzwingen, führt unweigerlich in Crashsituationen. Dass ein unbegrenztes wirtschaftliches Wachstum in einen ökologischen Crash führt, ist fast durchgängig anerkannt: ein weiteres Überschreiten des ökologisch verträglichen Fußabdrucks, wie es in den Zahlen und Fakten oben (S. 19) skizziert wurde, führt die Menschheit in eine selbstmörderische Zukunft.[22]

Weniger bedacht und verstanden werden bisher die **sozialen und ökonomischen Crash-Tendenzen**, die im Wachstumszwang des kapitalistischen Systems liegen. Wird bei annähernd geschlossenen Wachstumsfeldern Wachstum durch weitere Rationalisierung, durch Arbeitsplatzabbau, Absenken der Löhne, Überforderung des Sozialstaates erzwungen, kommt es zu einer sich negativ verstärkenden Rückkopplung von Überproduktion, Arbeitslosigkeit und Präkarisierung eines wachsenden Bevölkerungsanteils und dadurch zur weiter sinkenden Kaufkraft und zu übersättigten Märkten. Dies soll nun wieder mit weiterer Rationalisierung aufgefangen werden, aber genau das verstärkt die Ausweglosigkeit der **»Wachstumsfalle«.** [23]

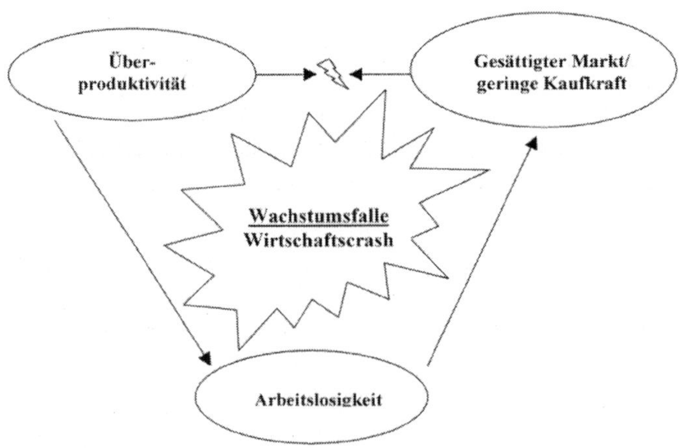

Abb. 7: Wachstumsfalle

[22] Manfred Linz »Was wird aus der Wirtschaft?«, S. 15

[23] So schon skizziert bei Hans-Peter Martin, Harald Schumann: »Die Globalisierungsfalle« 1997; auch bei Wolfgang Kessler: »Weltbeben. Auswege aus der Globalisierungsfalle« 2004

Diese Wachstumsfalle ist mehr als nur der bekannte Zyklenverlauf von Konjunktur und Rezession. Es ist die von Maynard Keynes beschriebene *»endogen bedingte Wachstumsabschwächung«* in hochentwickelten Volkswirtschaften mit einem fortlaufenden Absinken der Wachstumsraten.[24] Zu beachten ist hier allerdings, dass das zunächst nur ein langsameres Wachsen ist, noch kein Überwinden der systemischen Wachstumszwänge bedeutet. Und zu beachten ist, dass der in der Globalisierung gesuchte Ausweg den Weg in die Wachstumsfalle bzw. soziale und ökonomische Crashsituationen nur verlängert, nicht verhindert. Denn schon jetzt beginnt unsere Welt ein begrenztes »Dorf« zu werden. Wachstum kommt überall an seine gesetzmäßigen Grenzen.

Vermeintliche Wege aus der Wachstumsfalle

Um trotz enger oder geschlossener Wachstumsfelder wachsen zu können, werden verschiedene Auswege aus der Wachstumsfalle gesucht.

Der eine ist der **Weg nach innen**: ein weiteres Wachstum nach innen erzwingen. Dies kann wiederum auf zwei Wegen geschehen: einmal durch Entsättigung der Märkte, dies z. B. durch Wecken neuer Bedürfnisse mittels Werbung, durch immer schnellere Produktion neuer Produkte, durch künstliches Kurzlebighalten der Produkte u. ä. Zum anderen geschieht es durch Rationalisierung der Produktion, d.h. es werden Produkte durch Technisierung, durch Abbau von Arbeitskräften (»Entlassungsproduktivität«) und durch Lohnabsenkung in billigerer und größerer Stückzahl auf den Markt geworfen, so zu weiterem Kaufen verführt und zugleich die Konkurrenten verdrängt, um dann die Preise wieder anzuziehen und den Markt zu beherrschen. Die Folgen sind klar: einmal strukturelle Arbeitslosigkeit, Lohndumping, Zunahme von Armut und Präkariat, soziale Spannungen usw., zum anderen zunehmende Monopolisierung der Unternehmen, Zerstörung der Marktvielfalt.

Ein anderer Weg, neues Wachstum anzukurbeln, ist die Vision eines **»Green New Deal«**: durch Umstieg auf hocheffiziente, umweltfreundlichen Energie- und Material sparende Technologien könne es im Übergang zum »solaren Zeitalter« weiteres größeres Wachstum geben – dies durch einen großen Bedarf an neuen Techniken, Gütern, Branchen und Arbeitsplätzen. Sie

---

[24] Nach Karl Georg Zinn »Rezeptionslücken des Keynesianismus«, Hamburg 2008. Vgl. auch Maynard Keynes Buch »Allgemeine Theorie der Beschäftigung, des Zins und des Geldes« 1936 oder den Aufsatz »Das Langzeitproblem der Vollbeschäftigung« 1934.

würden Umweltverbrauch und Umweltbelastungen mindern und zugleich neue Wachstumsschübe und neue Arbeitsplätze bringen. Damit könnte man zugleich ein weiteres Wachsen an Wohlstand absichern, in dem mit einem Fünftel bis zu einem Zehntel Ressourceneinsatz nicht nur der heutige Wohlstand gesichert wird, sondern für die ganze Menschheit fortentwickelt werden kann.[25]

Jedoch werden in dieser Sicht zwei Dinge ausgeblendet: erstens, dass es auch hier nach großen Boom-Phasen in absehbarer Zukunft eine Sättigung der Märkte und ein Wegrationalisieren von Arbeitsplätzen gibt. Und zweitens gibt es hier den sogenannten **Rebound-Effekt**, auch »Bumerang-Effekt« genannt. Gemeint ist zunächst auf materiellem Gebiet die Tatsache, dass die ökologische Qualifizierung des Produkts durch eine Mengenzunahme des Produkts unter dem Strich den Effekt wieder zunichtemacht, z. B. sparsamere Autos und Flugzeuge, aber gerade dadurch Zunahme von PKW- und Flugverkehr; oder vermehrter Computereinsatz, aber entgegen den Erwartungen kein papierloses Büro usw.

Neben dem materiellen Rebound-Effekt kommt es zudem zum psychologischen Rebound-Effekt: Sich ein umweltschonendes Auto kaufen, beruhigt das Gewissen, führt damit aber zu stärkerem Individualverkehr. Oder: Mehr Bioprodukte kaufen kann zu einem größeren Flächenverbrauch führen. Kritische Ökonomen sind sich zunehmend darin einig, dass zu einer Effizienzstrategie die Suffizienzstrategie hinzukommen muss: *»Mit weniger besser leben«*.[26]

Der weitere Weg, dem Wachstumsstau zu entgehen, ist der Weg nach außen: die Globalisierung der Wirtschaft. Konkret: Eroberung neuer, offener Absatzmärkte in anderen Regionen, Verlagerung der Unternehmen in Länder mit scheinbar unerschöpften Ressourcen, billigsten Arbeitskräften und geringsten ökologischen und sozialen Auflagen. Auch hier sind die Auswirkungen klar zu sehen: wirtschaftliche Regression im Ursprungsland, schwere Umweltschäden und ausbeutende menschenverachtende Arbeitsplätze in den eroberten Ländern.

---

[25] Ernst Ulrich von Weizsäcker, Karlson Hatgroves, Michael Smith: »Faktor Fünf: Die Formel für nachhaltiges Wachstum« 2010

[26] z.B. Niko Paech in »Nachhaltigkeit zwischen ökologischer Konsistenz und Dematerialisierung: Hat sich die Wachstumsfrage erledigt?« Manfred Linz »Was wird dann aus der Wirtschaft? Suffizienz, Wirtschaftswachstum und Arbeitslosigkeit«

Ein vierter Weg, den Wachstumsstau zu umgehen, ist die Flucht der Großunternehmen an die Börse, d. h. in das Geldanlagen- und Spekulationsgeschäft. Hier werden, wenn es gut geht, Renditen von 10-20 % erzielt, weit mehr als in der Realwirtschaft. Wenn es schief geht, kann das ein realwirtschaftlich gutes Unternehmen über Nacht in den Ruin stürzen und mit ihm viele Mitarbeiter und ihre Familien.

Wachstumstreibende Faktoren und Mechanismen

Wie kann nun generell der Wachstumszwang in der Wirtschaft überwunden, ein sozial und ökonomisch nachhaltig stabiles Wirtschaften und ein notwendiges Schrumpfen des Umweltverbrauchs erreicht werden?

Das ist nur möglich, wenn präzis die wachstumstreibenden Faktoren der kapitalistischen Wirtschaftsweise erkannt und durch nachhaltig wirkende ersetzt werden. Folgende wachstumstreibende Faktoren sind erkennbar:

Auf der mentalen Ebene ist es erstens der oben beschriebene materialistische Grundirrtum des Menschen, im „immer Mehr" Leben und Glück finden zu wollen. Daraus folgend zweitens die systemische Verankerung des Kapitalmehrungsprinzips, des Verwertungs- und Konkurrenzprinzips als treibender Motor allen Wirtschaftens. Und drittens sind es die entsprechend stützenden Glaubenssätze, die Ideologie und die Verblendungen kapitalistischer Wirtschaftsweise.

Auf der strukturellen Ebene sind es die ebenfalls schon beschriebenen Ordnungs- und Strukturfehler des kapitalistischen Systems vom Finanzwesen über die Eigentumsordnung bis zur kapitalistischen Unternehmensverfassung und den entsprechenden Marktregeln.

Ein besonderes Augenmerk muss auf die Fehlkonstruktionen *im* Geldsystem gelegt werden. Hier ist der Zins die entscheidende wachstumstreibende Kraft, vor allem der Zins auf Investitionskrediten, bei denen der Kapitalgeber den Zinserlös reinvestiert, um wieder und wieder den neuerlichen Zinsertrag zu vereinnahmen bzw. zinsbringend zu reinvestieren. Während der Kapitalgeber sich dabei in steigendem Maße bereichert, da er fortlaufend vom Zinseszinseffekt der Zinserträge profitiert, wird die Realwirtschaft in Höhe eben dieser Bereicherung abgeschöpft. Sie kann diesen Aderlass nur durch Wachstum von Produktivität und Umsatz ausgleichen. Hans Christoph Binswanger stellt fest:

»Verzinsung verlangt eine Vermehrung des vorhandenen Bestandes an Geld«, das durch Wachstum des Unternehmens erbracht werden muss.[27]

Zur Fehlkonstruktion des Zinssystems gehört die **spekulative Finanzwirtschaft.** Vor allem haben die Hedgefonds und der aus Buchwerten abgeleitete Derivatehandel eine starke, die Realwirtschaft abschöpfende und wachstumstreibende Kraft. Wo es im ursprünglichen Aktienwesen noch eine Beziehung zwischen Unternehmenswert und Wert der Unternehmensanteile gab, handelt das »moderne« Investmentbanking nicht mehr mit realen Werten, sondern mit Erwartungen künftiger Zustände oder Ereignisse, die gleichwohl in Bilanzen verbucht, verbrieft und wiederum gehandelt werden. Der Anleger kann durch elektronische Kommunikation in Sekundenschnelle weltweit in ein anderes lukratives Geschäft springen, dem alten Unternehmen sein Kapital entziehen und durch bewusst gestreute Spekulationsgerüchte die Kurse nach oben oder unten treiben und entsprechend abschöpfen. Dies treibt die realwirtschaftlichen Unternehmen regelrecht vor sich her und zwingt sie zum rücksichtslosesten Wirtschaften mit weiteren Wachstumszwängen und den oben benannten sozialen und ökologischen Verwerfungen.

Klarheit muss gegenüber falschen Wachstumsbegründungen bzw. Versprechungen gefunden werden. Einmal ist es die Behauptung, die Überwindung der Arbeitslosigkeit braucht Wirtschaftswachstum. Das ist nur bei offenen Wachstumsfeldern möglich. Aber die Arbeitslosigkeit in den Industriestaaten ist primär nicht konjunkturbedingt (schwache Konjunkturphase), sondern systemisch bedingt. Sie liegt in der oben benannten Spannung zwischen Überproduktivität und gesättigten Märkten bzw. geringer Kaufkraft. Z. B. wäre bei einer Steigerung der Arbeitsproduktivität von nur 1,5 % zur Beschäftigungssicherung ein Wirtschaftswachstum von 3 % oder mehr erforderlich. Die Behauptung, dass technischer Fortschritt und Produktivitätszuwächse nicht nur alte Arbeitsplätze vernichten, sondern neue schaffen, die die Zahl der verlorenen Arbeitsplätze übertrifft, hat sich somit als Illusion erwiesen. Das Gegenteil ist der Fall: während in Deutschland von 1991 bis 2003 das Bruttoinlandsprodukt inflationsbereinigt um gut 16 % gewachsen ist, ist die Arbeitslosigkeit und der Niedriglohnbereich in dieser Zeit um ca. 50 % gewachsen. Es entsteht ein

---

[27] Hans Christoph Binswanger: »Die Wachstumsspirale«, Marburg 2006, S.314

»Jobless Growth«, ein durch rationalisierte Produktionsweise strukturell bedingtes Wachsen der Arbeitslosigkeit.[28]

Ebenso verhält es sich mit der Behauptung, durch Wachstum Armut im eigenen Land und weltweit überwinden zu können. Dies solle der sogenannte **»Trickle-down-Effekt«** bewirken: das Hinuntertröpfeln von Reichtum in die unteren Schichten. Die Fakten, die oben unter »Reichtumsparadoxie« genannt wurden, widerlegen das eindeutig: Wachstum hat bislang die Kluft zwischen Arm und Reich nicht verringert, sondern vergrößert. Dafür sorgt schon der **exponentielle Abstandsmechanismus**: Bei einem gleichen prozentualen Anstieg wird der Abstand zwischen oben und unten automatisch größer. Wenn z. B. das jährliche Einkommen für alle um 3 % wächst, würde ein Monatseinkommen von 10.000 € nach 12 Jahren bei 15.000 € liegen; ein Monatseinkommen von 1.000 € würde nach 12 Jahren bei 1.500 € liegen – der Einkommensabstand wäre von 9.000 € auf 13.500 € gestiegen. In der Realität: 1960 lag das Pro-Kopfeinkommen des reichsten Fünftel der Weltbevölkerung 30-mal über dem Pro-Kopf-Einkommen des ärmsten Fünftels. Fünfunddreißig Jahre später lag das Pro-Kopfeinkommen des reichsten Fünftels 80-mal über dem Pro-Kopf-Einkommen des ärmsten Fünftels.

Ein grundlegender Paradigmenwechsel und Systemumbau stehen an

Um den zerstörerischen Tendenzen der kapitalistischen Wachstumsökonomie nicht zu erliegen, müsste eine **Postwachstumsökonomie** entwickelt werden.[29] Dies wäre eine Gleichgewichts- und Gerechtigkeitsökonomie, in der einzelne Bereiche der Wirtschaft und die Wirtschaft insgesamt in bestimmten Aufbauphasen durchaus wachsen können. Doch bei Erreichen eines Sättigungsgrades – und fortlaufend schon vorher – geht das Wachsen in qualitative Entwicklung über: Qualitätsprodukte, Wachsen des sozialen Ausgleichs, der kulturellen, zwischenmenschlichen, geistigen und spirituellen Lebensqualitäten. Dabei muss allerdings der materielle Verbrauch insgesamt drastisch schrumpfen.

Unabdingbare Voraussetzung für solch eine Postwachstumsökonomie wäre die Herausnahme der kapitalistischen Prinzipien, Glaubensätze und Mechanismen aus dem Wirtschaften der Menschen und das Implementieren nachhaltiger, lebensdienlicher und solidarischer Prinzipien und Strukturen. Dies

[28] Vgl. Manfred Linz »Was wird aus der Wirtschaft?«, S.15
[29] Wie sie vor allem Niko Paech entwickelt, siehe Anmerkung oben S. 37

kann nur durch einen tiefgreifenden Paradigmenwechsel in den Herzen und Köpfen der Menschen geschehen und mit einem grundlegenden Umbau des Wirtschaftssystems. Voraussetzungen und Möglichkeiten hierfür werden in den folgenden Abschnitten erläutert.

II. Vision einer Ökonomie im Dienste der Menschen

Norbert Bernholt

1 Die Frage des Menschenbildes

Bei Diskussionen über eine neue Wirtschaftsweise taucht unweigerlich die Frage auf, was der Mensch denn eigentlich sei und was er wolle. Die gängige Meinung lautet dann häufig, die meisten Menschen seien nun mal vornehmlich auf ihren eigenen Vorteil und die Durchsetzung ihrer individualistischen Interessen bedacht. Die kapitalistische Wirtschaftsweise sei deshalb so erfolgreich, weil sie genau diese quasi gottgegebene Eigenschaft des Menschen erkannt habe und mittels des Marktes in konstruktive Bahnen letztlich zum Wohle der Allgemeinheit gelenkt habe. Nun wird niemand, der sich in dieser Welt umschaut, abstreiten können, dass Menschen einen starken Drang zum Egoismus haben. Zweifel kommen freilich, ob dieser Hang nun Gott gewollt, bzw. einem Naturgesetz gleich kommt, und ob die Ergebnisse dieses Handelns wirklich so effektiv und gemeinwohlfördernd seien. Fragt man dieselben Menschen, was sie denn glücklich und zufrieden mache, nennen nahezu alle Befragten Begriffe wie »gute menschliche Beziehungen«, »Freundschaft«, »Mitgefühl«, »für andere da sein«, »Nähe zur Natur« o. ä. Hier offenbart sich ein Widerspruch unserer Kultur. Für alle Prozesse, die in irgendeiner Weise der Wirtschaft zuzuordnen sind, und dieser Anteil wächst unaufhörlich in einem kapitalistisch geprägten System, gilt der Egoismus als leitendes Prinzip, für alle sonstigen Bereiche gelten andere Leitvorstellungen. Man muss sich den Menschen im Kapitalismus als ein gespaltenes Wesen vorstellen.

1.1 Schwachpunkte des Menschenbildes in den westlichen Industrieländern

Das dem Menschenbild einer kapitalistischen Wirtschaftsweise zugrunde liegende Konzept liest sich als eine Anleitung zum Unglücklich sein. Es weist, unserer Ansicht nach, entscheidende Fehler auf, die zu verheerenden Fehlentwicklungen für die gesamte Menschheit führen können.

1. Es scheint sehr fraglich, inwieweit es gelingen kann, dass Menschen in kürzester Zeit, je nach Kontext, sich vornehmlich egoistisch motiviert verhalten um dann, in einem anderen Kontext, emphatisch und solidarisch zu sein. Während der Arbeit müssen sich die Beschäftigten den auf Gewinn orientierten Regeln der Wirtschaft beugen. Am Abend ist der gleiche Mensch der/die solidarisch empathische Familienvater/Familienmutter und Mitglied einer örtlichen Bürgerinitiative, die sich für den Erhalt eines Naturschutzgebietes einsetzt. Man muss schon ein(e) virtuose(r) Lebenskünstler(in) sein, um mit diesem Konflikt gut leben zu können.

2. Das in der Ökonomie übliche Konstrukt des homo oeconomicus verkürzt das menschliche Sein auf seine egoistische Eigenschaft. Andere Eigenschaften bleiben in diesem Modell unberücksichtigt, da sie für die Entscheidungen der Menschen von nicht untergeordneter Bedeutung seien. Die Motivation für menschliches Handeln wird im Wesentlichen durch seine Vernunft und seinen Egoismus begründet. Auch wenn dieses Konstrukt mittlerweile ausdifferenziert worden ist, bleibt der Kern, nämlich das individuelle Nutzenmaximieren, erhalten. Selbst Mitgefühl und Empathie sind in dieser Sichtweise nichts weiter als nüchternes Kalkül des Egoisten. Aus dieser Sichtweise ist dann im Laufe des letzten Jahrhunderts ein sozialdarwinistisches Menschenbild entwickelt worden, demzufolge nur die diejenigen zu belohnen seien, die sich im gesellschaftlichen Kampf gut durchsetzen können. Vor allem der Neoliberalismus um Hayek und Friedman hat wiederholt die Notwendigkeit des Kampfes über den Markt für die Evolution der Menschheit betont.

3. Die naturwissenschaftlich begründete Festschreibung bestimmter menschlicher Eigenschaften, hier der Egoismus, macht dynamische Veränderung des Menschenbildes unmöglich. Andere Konstrukte, die die Wissenschaften anbieten, werden in ihrer Konsequenz nicht zur Kenntnis genommen. Es liegt auf der Hand, dass dieses Menschenbild wenig mit Wissenschaft aber viel mit Machtpolitik zu tun hat.

4. Im Unterschied zu vielen asiatischen Kulturen, sind viele Menschen in den westlichen Industrieländern noch immer auf ein autonomes Individuum fixiert, das die Gesellschaft und die Sachwelt prägen könne. Andere Kulturen sehen dies gerade umgekehrt, Individualitäten bilden sich erst durch Erfahrungen mit der sachlichen und personellen Umwelt. Statt eines interkulturellen Austausches ist jedoch eher ein Beharren auf der eigenen Position zu beobachten.[30]

---

[30] Um Missverständnissen vorzubeugen, sei explizit darauf hingewiesen, dass wir keinesfalls den Umgang mit den Menschenrechten etwa in China oder Japan als vorbildlich darstellen wollen. Im Gegenteil sehen wir den enormen Fortschritt, den die Aufklärung in den westlichen Ländern

Unabhängig von den offensichtlichen Schwachpunkten kann sich das zurzeit vorherrschende Menschenbild als die passende Adaption zur kapitalistischen Wirtschaftsweise behaupten. Dieses Menschenbild ist im Sinne der Herrschenden und Gewinner dieses Systems, die damit ihre Herrschaftsgewalt rechtfertigen können. Zugleich schafft dieses System eine große Mehrheit von Verlierern, die gezwungen sind, ihr Leben den eindimensionalen Gesetzen des Marktes zu anzupassen. Wer dieser Spielregel nicht folgt, muss Nachteile in Kauf nehmen oder sich so verbiegen, dass er einigermaßen erfolgreich »mitspielen« kann. Notgedrungen muss sich der weitaus größte Teil der Menschheit anpassen. Allerdings bleibt diese Fremdbestimmung nicht ohne Folgen:

1. Für den einzelnen Menschen: Die Zahl der psychosomatischen Krankheiten steigt unaufhörlich.[31]

2. Für das soziale Miteinander: In ihrem Kampf um das Dasein verlieren die Menschen die Fähigkeit des Mitfühlens und Mitempfindens. Soziale Fragen, soziale Schicksale werden verdrängt und – was noch schlimmer ist – der Unfähigkeit des jeweils Betroffenen zugeschrieben.

3. Für das Überleben der Gattung: Menschen werden unfähig, Verantwortung für die selbst verursachte Zerstörung ihrer Umwelt zu übernehmen und zerstören damit systematisch die Lebensgrundlage für die kommenden Generationen.

---

für die freiheitlichen Bürgerrechte bewirkt hat. Chinesische Dissidenten fordern zurzeit genau diese Freiheitsrechte, die Freiheit des Einzelnen, als Meinungsfreiheit und als politische Freiheit ein. Das Aufgehen des Einzelnen im Kollektiven hat zwar bspw. in Japan zu einer hohen Identifikation mit den Unternehmen (z. B. bei Toyota) geführt und hierdurch auch weltweite Konkurrenzvorteile geschaffen, aus unserer Sicht trägt – unter der Bedingung eines weltweiten Kapitalismus – jedoch gerade dieser kollektive Geist zu einer nicht unerheblichen Ausbeutung der Beschäftigen bei. Auf einem anderen Blatt steht, dass Asien dem westlichen Abendland in der Entwicklung der Spiritualität voraus zu sein scheint. Soziokulturelle Entwicklungen und Religion (Buddhismus) sind allerdings zwei verschiedene Dinge, die auseinandergehalten werden müssen. In diesem Buch können diese Zusammenhänge nicht weiter untersucht werden. Sie sollten jedoch in einer der folgenden Bände intensiv bedacht werden.

[31] Vgl. OECD-Bericht »Sick on the job? - Myths and realities about mental health and work«, Paris 26.1.2012

1.2 Das Menschenbild in einer solidarisch organisierten Gesellschaft

Zunächst ist noch einmal festzuhalten, dass sich das Menschenbild nicht mit naturwissenschaftlichen Methoden objektiv und auf unbestimmte Dauer bestimmen lässt. Es basiert auf den Erkenntnissen z. B. der Biologie, der Neurobiologie und der Verhaltensforschung,[32] aber ebenso auf normativen Aussagen, die explizit die kulturell bedingten Potenziale, also die (evolutionäre) Entwicklung und Veränderbarkeit des Menschen mit einbeziehen.

Entsprechend können Menschenbilder auch innerhalb einer Kulturgemeinschaft verschieden sein. Da für die jeweiligen Menschen und Menschengruppen die Frage des Menschenbildes geradezu Identität stiftend ist, ist eine tolerante und sich gegenseitig wertschätzende Haltung die Voraussetzung für jede Diskussion zu diesem Thema.

Wir können an dieser Stelle nicht auf die große Diskussion um das Wesen des Menschen eingehen. Wir wollen uns darauf beschränken, zwei aktuelle und in großen Teilen der Wissenschaften akzeptierte Ansätze skizzenhaft vorzustellen.[33]

1.2.1 Das Menschenbild nach Erich Fromm

Ein für die solidarische Ökonomie entscheidender Entwurf beruht auf den Ausführungen von Erich Fromm in »Haben oder Sein«.[34] Diese Schrift ist zugleich eine entschiedene Absage an das kapitalistische Menschenbild: Er unterscheidet zwei sich ergänzende Existenzweisen:

Das Leben im Habenmodus: Der Mensch definiert sich weitgehend darüber, was er besitzt. (Güter, Bildung, Geld, Ansehen, Kinder, Beruf, ...).

Dieser Besitz ist zum Teil lebensnotwendig und sinnvoll. Man kann diesen Besitz – und damit auch die eigene Existenz – relativ einfach erfassen, handhaben und in Worte kleiden. Das Leben in diesem Modus erlaubt klare Bezugspunkte und Zielsetzungen.

---

[32] z. B. Bauer, Joachim »Prinzip Menschlichkeit«, München 2008; Hüther, Gerold, »Bedienungsanleitung für ein menschliches Gehirn«, Göttingen 2010, 10. Auflage

[33] Es wäre an dieser Stelle interessant und sinnvoll, weitere Ansätze, wie die von Ken Wilber vertretene Theorie einer integralen Vision von Mensch und Gesellschaft zu verfolgen. Diese Diskussion müssen wir allerdings auf einen der folgenden Bände verschieben.

[34] Erich Fromm »Haben oder Sein« 1979

Auf der anderen Seite ist das Leben in diesem Modus außerordentlich starr und unbeweglich. Besitz ist nicht lebendig (sondern statisch). Menschen können alle Formen von Besitz schnell verlieren, sie müssen beständig um diesen Besitz kämpfen, daraus entwickelt sich konsequenterweise ein hohes Bedürfnis nach Sicherheit und Stabilität. Die extremen Folgen dieses Denkens sind Habgier, Kriege, brutale Unterdrückung zum Erhalt des Besitzes u. ä. Der marktwirtschaftliche Kapitalismus steht mit seinen zentralen Kategorien: Privateigentum – Profit – Eigennutz ganz im Zeichen des *Habenmodus*. Der Mensch des *Habenmodus* muss aus seinem übersteigerten Sicherheitsbedürfnis und Besitzdenken heraus immer mehr haben; Neid und Konkurrenz stimulieren ihn zu höchsten Leistungen; er ist käuflich, kämpft rücksichtslos und zerstört damit zahllose andere Werte. Ein Held des *Habenmodus'* ist ein griechischer Held wie Odysseus.

Das Leben im Seinmodus: Menschen definieren sich weitgehend darüber, was sie empfinden, was sie denken und fühlen. Menschen erleben sich als dynamische, veränderbare und lebendige Wesen. Menschen sind fähig, aktiv zu genießen und zu empfangen. Empathie, Nächstenliebe und das Eingebundensein in den Kosmos, sowie das Streben nach einer spirituellen Sinnfindung sind zentrale Begriffe des Lebens in einem Seinmodus.

Die Seinsform des Menschen sucht die Gemeinschaft, fühlt sich ihr verpflichtet, weil er ohne ein gelingendes Zusammenleben mit anderen Menschen und der gesamten Schöpfung nicht lebensfähig ist. Dies sind uralte Erkenntnisse über das Wesen des Menschen, die in den großen Religionen und Philosophien verankert sind und offensichtlich durch neuere naturwissenschaftliche Erkenntnisse der Hirnforschung bestätigt werden.[35] Ein Held des *Seinmodus* ist Jesus.

Leben im Spannungsfeld zwischen Haben und Sein: Der Mensch hat die Fähigkeit und den Wunsch zum Egoismus, Materialismus und zur Aggressivität. Diese Fähigkeiten werden in jedem menschlichen Leben benötigt.

Der Mensch hat ebenso die Fähigkeit und den Wunsch zur Empathie, zum Leben in der Gemeinschaft, zur gelebten Solidarität. Er hat ein Verlangen danach, Verantwortung zu übernehmen, ein sinnhaftes Leben zu führen und

---

[35] z. B. Walter Bauer »Prinzip Menschlichkeit« 2006

Raum für seine Spiritualität zu haben.[36] Menschliches Leben findet in einem permanenten Veränderungsprozess zwischen diesen Polen statt. Es gibt Menschen, die von Ihrer Disposition eher dem Haben-, andere die eher dem Seinmodus zuneigen.

Für eine Gesellschaft ist es lebenswichtig, beide Modi zu kultivieren und zu fördern. Ohne die Haben-Seite würde der Mensch die Fähigkeit zur Selbstbehauptung verlieren. Diese Fähigkeit muss jedoch eingebettet sein in die Sphäre des Seins, sie muss aus diesen Eigenschaften heraus geleitet und getragen werden, da sonst keine Gemeinschaft entwickelt werden kann, ohne die wiederum der Mensch nicht lebensfähig ist. Hier liegen zentrale Aufgaben des Bildungssystems, der Kirchen und der Kultur.

1.2.2 Das Menschenbild aus der Sicht der relationalen Theorie[37]

Seit Beginn des 20. Jahrhunderts gibt es Strömungen in der Philosophie und der Psychoanalyse, die sich von einer individualtheoretischen Deutung des Subjekts trennen und das Subjekt nicht als Ausgangspunkt sondern eher als sich fortwährend veränderndes Ergebnis eines komplexen Beziehungsgeflechts begreifen. In diesem Zusammenhang ist dann von einem intersubjektiven oder relationalen Menschenbild die Rede. Bedeutende Vertreter dieses Ansatzes sind der Soziologe Norbert Elias, Martin Buber, Stephen Mitchell, Jürgen Habermas u. a.

Menschliche Existenz ist nicht denkbar ohne den Bezug, bzw. die Beziehung zu anderen Menschen und Dingen. Schon die Zeugung des Menschen ist Resultat einer Beziehung. Ein Säugling oder auch ein Kind benötigt existentiell die Beziehung zu der Mutter oder entsprechenden anderen Menschen. Umgekehrt suchen diese anderen Menschen, insbesondere die Eltern, den Kontakt, die Beziehung zu dem Kind. Es handelt sich also nicht um eine einseitige Beziehung. Dieses Begehren nach Beziehung kann über das ganze Leben hinweg plausibel nachgewiesen werden.[38] Das westliche Denken aus der Tradition der Aufklärung blendet diese Tatsache vielfach aus. Der Ausgangspunkt dieses

---

[36] Sowohl die neueren Erkenntnis aus der Hirnforschung (vgl. etwa Hüther und Bauer) als auch die Berichte aus der Glücksforschung (vgl. hierzu u. a. Stefanie Schramm »Kann man Glück lernen?« In: »Die Zeit« vom 2.1. 2012) bestätigen diese Seite des Menschen.

[37] Die Ausführungen zu diesem Abschnitt beziehen sich weitgehend auf das Buch von Tobias Künkler »Lernen in Beziehung« Bielefeld 2011

[38] Vgl. hierzu die Ausführungen bei Künkler, S. 539ff

Denkens ist das einzelne, im Prinzip abgeschlossene Subjekt. Diesem Primat des Subjekts vor der Beziehung wird von vielen Philosophen und Psychoanalytikern das Primat der Beziehungen entgegengehalten. Nicht allein das isolierte Individuum und gelebter Egoismus machen den Menschen lebensfähig, sondern die erfahrene Beziehung, Gemeinschaft und Empathie. Descartes abgewandelt hieße das: »*Ich nehme teil, also bin ich*«. Die Gemeinschaft wird nicht von Individuen geschaffen, sondern erst in erfahrener Gemeinschaft kommt das Individuum zur Welt. Die Beziehung wird demnach nicht als eine nachträgliche Verbindung zwischen zwei bereits bestehenden Individualitäten betrachtet, sondern man geht davon aus, dass die Individuen erst durch die vorausgegangene und gegenwärtige Beziehung geschaffen wurden. Die Beziehung schafft sozusagen die Wirklichkeit.[39] Wie kann man sich dieses Beziehungsgeflecht, in das jeder Mensch hineingeboren wird, vorstellen? Menschliches Dasein befindet sich der relationalen Theorie zufolge stets in einem Spannungsfeld, das sich aus den drei Polen Subjekt, andere Menschen und der Dingwelt ergibt. Dabei ist eine ständige Rückkoppelung zwischen den einzelnen Polen (die genau genommen keine Pole im statischen Sinne sind, sondern wiederum Beziehungsgebilde) wesentlich: Menschliche Existenz ist gekennzeichnet durch die fortwährende Interaktion zwischen diesen Polen, wobei keinem dieser Pole eine Art Substanz beigemessen wird. Diese Pole sind ja wiederum das Ergebnis eines relationalen Prozesses. Die Identität befindet sich bildlich gesprochen in dem Zwischenraum dieser drei Pole.

---

[39] Auffallend ist die Parallelität dieses sogenannten relationalen Denkansatzes mit den Entwicklungen der Quantenphysik zu Beginn des 20. Jahrhunderts. Hier geht es auch nicht mehr primär um die Erforschung der Teilchen – als Bausteine der Materie – sondern um die Relationen, die Beziehung zwischen diesen Teilchen, als sich wechselseitig konstituierende Energiefelder. Außerhalb westlicher Tradition spielt die Kategorie des »Zwischen« eine bedeutende Rolle im östlich asiatischen Denken z. B. in der Kategorie des Chi. Die moderne Physik des 20. Jahrhunderts hat die bei uns immer noch vorherrschende mechanische Denkweise ad absurdum geführt. Es wurden zwar die technischen Möglichkeiten (Atomphysik, Mikroelektronik,...) entschlossen vorangetrieben, die Implikationen für das menschliche Sein aber eher verdrängt. In den Worten von Hans-Peter Dürr: »Wir versuchen heute, die Probleme des 21. Jahrhunderts mit dem Denken des 19. Jahrhunderts zu lösen, das kann nur im Graben enden.« In: H .P. Dürr: Warum es ums Ganze geht. Frankfurt 2011, S. 9.

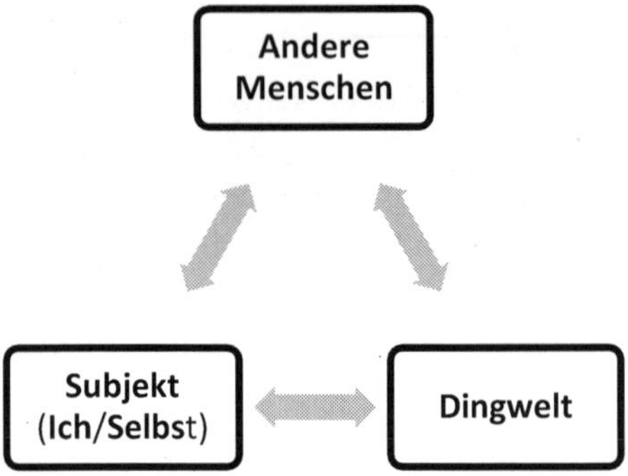

Abb. 8: Identität in der Sichtweise der relationalen Theorie

Norbert Elias betont in diesem Zusammenhang die radikale Wandelbarkeit des Menschen, der eben im Laufe seines Lebens nicht verschiedene Veränderungsprozesse durchläuft, sondern ein Veränderungsprozess *ist.* Die Entstehungsgeschichte des Selbst wird damit zu einer Beziehungsgeschichte.

Empirische Belege zu diesem Menschenbild werden in jüngerer Zeit u.a. von Michael Tomasello vorgelegt[40], der in zahlreichen Experimenten nachweist, dass Kinder von sich aus kooperativ und hilfsbereit sind, ohne davon persönliche Vorteile zu erwarten. Sie haben kein Interesse an individuellen Erfolgen, sie wollen vielmehr ihre Erfahrungen und Gefühle mit anderen teilen. Er spricht in diesem Zusammenhang von einem »Wir-Modus« in dem die Kinder denken und handeln. Nicht irgendeine materielle Belohnung sondern die in dieser Situation gelungene Beziehung entscheidet über das Verhalten der Kinder.

1.3 Umrisse einer solidarischen Kultur

Das einseitige und statische Menschenbild, das der kapitalistisch organisierten Gesellschaft zugrunde liegt, ist nicht vereinbar mit dynamischen und offenen Konzepten, die seit über 100 Jahren in der Philosophie und Psychologie diskutiert werden. Das Menschenbild einer solidarisch organisierten Gesellschaft führt zu einer Kultur, die die Ganzheitlichkeit und die Prozesshaftigkeit

[40] Vgl. hierzu: Tomasello, Michael »Warum wir kooperieren«, Berlin 2010

menschlichen Seins in den Mittelpunkt stellt. Es gilt, eine Kultur zu schaffen, die die Fähigkeit zur Empathie der Menschen fördert und sie damit öffnet für das, was um sie herum ist. Dies betrifft die anderen Menschen, die Dingwelt (z. B. unsere Erde) und auch Spiritualität der Menschen.

Die Öffnung bewirkt, dass das Leid und die Not des Anderen die Menschen berühren und sie zum solidarischen Handeln führt.[41] Menschen bzw. Gemeinschaften, die verdrängen und verschließen, schaden sich auf die Dauer selber. Dies sind uralte Weisheiten, die sich in vielen alten Texten finden.[42] So lautet eine uralte Regel menschlicher Zivilisation: *»Was du willst, das dir die Leute Gutes tun, das tue ihnen auch«* oder später bei Kant: *»Handle nur nach derjenigen Maxime, durch die du zugleich wollen kannst, dass sie ein allgemeines Gesetz werde«*[43] Seit Beginn der Zivilisation haben sich Menschen ethische und sozial leitende Regeln für das Leben in der Gemeinschaft gegeben, so dass wir hier durchaus von einer sozialethischen Bestimmung des Menschen sprechen können. Diese Regeln drücken die Erfahrung aus, dass es den Menschen erst dann nachhaltig gut geht, wenn es auch den anderen und der Gemeinschaft gut geht. Jede Gesellschaft hat Rahmenbedingungen zu schaffen, in denen diese uralten Weisheiten, die durch neue Erkenntnisse nur bestärkt werden, auch gefördert werden. Die Öffnung bewirkt die Wahrnehmung und nicht die Verdrängung der Zerstörung der Umwelt, in der wir leben.

Die hier beschriebene Kultur eines ganzheitlichen und offenen Menschenbildes bedeutet nicht das Ende von Konflikten und von Verbrechen. Die Prozesshaftigkeit schließt Irrtümer und Unrecht nicht aus.

Unübersehbar lehrt uns die Geschichte, dass alle – auch die positiven – Errungenschaften immer wieder Angriffen und Unterwanderungen unterliegen. Menschen sind als soziales und gesellschaftliches Wesen auch zu Krieg, Massenmord und Ausbeutung fähig. Entscheidend ist, eine Kultur zu schaffen, die die Empfänglichkeit für die benannte sozialethische Wertebestimmung fördert und Rahmenbedingungen menschlichen Zusammenlebens zu entwickeln, in denen zerstörerische Eigenschaften systematisch bestraft und begrenzt werden und lebensdienliche Eigenschaften gefördert und belohnt

---

[41] Klassische Texte hierfür die Erzählung vom »Barmherzigen Samariter«, Lukas 10,30ff.

[42] Vgl. z. B. »Was nützt es dem Menschen, wenn er auch die ganze Welt gewinnen würde, aber an seiner Seele Schaden erleidet«. Mt.16, 26

[43] Kant, Akademie-Ausgabe Bd. IV, 421

werden. Dieser Anspruch lässt sich nur in einem permanenten gesellschaftlichen Meinungsbildungsprozess umsetzen.

1.4 Konkretisierung am Beispiel »Schulischer Bildung«

Neben der Familie ist die Schule eine Institution, die entscheidend zur Prägung der Menschen beiträgt. Im Rahmen eines kapitalistisch orientierten Systems befindet sie sich dabei in einer paradoxen Situation. Einerseits soll und will sie die Persönlichkeit bilden und stärken, andererseits muss sie in ihrer Selektionsfunktion die Schüler nach Gewinnern und Verlierern sortieren, so dass am Ende die Ungleichheit innerhalb der Gesellschaft wieder reproduziert wird.

Zur Wahrnehmung ihrer zentralen Aufgaben geht das staatliche Bildungswesen von einem individualistischen Ansatz unter den Bedingungen eines rigiden Wettbewerbs aus. Konkurrenz und die Verwertbarkeit der erworbenen Kompetenzen stehen von Beginn einer Schullaufbahn im Mittelpunkt des Interesses. Weitgehend unabhängig von den persönlichen Voraussetzungen der Schüler(innen) wird ein bestimmter Kanon an Wissen und Kompetenzen vorgeschrieben, den die Schüler(innen) im Laufe der Schulzeit zu erfüllen haben. Die vermittelnde Instanz sind die Lehrer(innen), die als Repräsentanten des Systems mehr oder weniger autoritär dafür zu sorgen haben, den Schüler(innen) den Unterrichtsstoff zu vermitteln. Eigene Gestaltungsmöglichkeiten haben die Schüler(innen) – (auch in einem handlungsorientierten Unterricht) – kaum. Sie werden bei diesem Unterfangen durchaus individuell gefördert, wer den Standards aber nicht entspricht, wird durch schlechte Zensuren und den damit verbundenen Konsequenzen bestraft. Den Regeln des individuellen Wettbewerbs folgend, werden von Beginn der Schulzeit an Gewinner und Verlierer produziert. Bei allen Verlierern, und das sind nicht wenige, sinkt in der Folgezeit die Motivation nach kurzer Zeit gegen Null. Alle Motivationstheorien sind sich einig, dass Druck von außen (hier der Wettbewerb mit anschließender Selektion) nachhaltig demotiviert. Für das Leben haben die Schüler(innen) allerdings gelernt, dass es Gewinner und Verlierer geben muss. Letztlich liegt es an dem Einsatz des Individuums, welcher Gruppe er/sie sich zuordnen will. (»Das Leben ist keine Hängematte«). Die damit verbundenen Emotionen (Selbstwertgefühle) muss er/sie ebenso individuell mit sich ausmachen.

Das Gegenbild zu dieser Art der Bildung, ist ein Ansatz, der von Beginn an nicht die Individualisierung sondern die Kooperation, (d. h. vor allem die Öffnung aller zu den Mitmenschen und zur dinglichen Umwelt) in den Vordergrund stellt. Nicht die Lehrkraft, sondern eine Gruppe, bestehend aus Lehrern, Schüler(innen) und Eltern stellt sich gemeinsam der Aufgabe, bestimmte Kompetenzen zu erwerben. Auch wenn es zu Konkurrenzsituationen kommen wird, werden diese nicht systemisch als Mittel zum Aufbau von Leistungsdruck missbraucht. Zensuren spielen erst in den oberen Klassen eine Rolle. Es gibt nur sehr wenige Schulen in Deutschland, die ein derartiges Konzept verfolgen und von Beginn an auf Kooperation setzen. Hierzu gehören viele integrierte Gesamtschulen. Zum Erstaunen vieler Bildungsforscher sind die Schüler/innen in diesen Schulen nicht nur wesentlich zufriedener, sie schneiden auch im Zentralabitur und in den Vergleichstests (z. B. PISA) besser ab, als die herkömmlichen Gymnasien.[44] Wir werten dies als Hinweis, dass die hier vorgetragenen kooperativen Verhaltensweisen nicht nur bessere Leistungen hervorbringen, sie machen die Beteiligten auch glücklicher und zufriedener.

Inwieweit ist das Modell der Kooperation auch für die Wirtschaft übertragbar? Dieser Frage werden wir im Folgenden nachgehen. Dazu müssen wir allerdings einige klärende Sätze zu dem Begriff »Solidarische Ökonomie« voranstellen.

Norbert Bernholt

2 Leitvorstellungen und Prämissen einer Solidarischen Ökonomie

2.1 Das Anliegen und die Wurzeln der Solidarischen Ökonomie

Solidarische Ökonomie ist eine Wirtschaftsweise, die Wirtschaften nicht als Konkurrenz, sondern als kooperativen Prozess zum Nutzen der ganzen Gesellschaft gestalten will. Dies setzt selbstverständlich voraus, dass wirtschaftliche Prozesse sich an grundlegenden Werten wie die Einhaltung der Menschenrechte und der Pflege und Erhaltung der Natur orientieren. Dieser Anspruch

[44] Vgl. hierzu die Homepage der IGS Göttingen. Diese Schule wurde im Jahr 2011 als beste Schule Deutschlands ausgezeichnet.

ist der Ausgangspunkt für den programmatischen Begriff »Solidarisch«, der in den Texten dieses Buches an vielen Stellen ausdifferenziert wird. In dem Buch »Solidarische Ökonomie im globalisierten Kapitalismus«[45] schreiben Dagmar Embshoff und Sven Giegold: *»Solidarische Ökonomie (SÖ) bezeichnet Formen des Wirtschaftens, die menschliche Bedürfnisse auf der Basis freiwilliger Kooperation, Selbstorganisation und gegenseitiger Hilfe befriedigen. Das Prinzip der Solidarität steht dabei im Gegensatz zu Orientierung an Konkurrenz, zynischer Eigenverantwortung und Gewinnmaximierung in kapitalistischen Wirtschaften. Solidarität in der Wirtschaft bedeutet, sich an den Bedürfnissen der KooperationspartnerInnen zu orientieren. Damit emanzipieren sich die AktuerInnen von der durch den Markt vorgegebenen Handlungslogik (...) Solidarische Ökonomie kann sich als humanere Ergänzung kapitalistischer Marktwirtschaften verstehen oder das Ziel der Überwindung des Kapitalismus verfolgen.«*

Viele, die sich für die Idee einer Solidarischen Ökonomie engagieren, sind oder waren in anderen sozialen Bewegungen aktiv. Solidarische Ökonomie ist aus verschiedenen gesellschaftlichen Strömungen erwachsen. Wichtige Wurzeln findet man in

- der Genossenschaftsbewegung
- dem konziliaren Prozess, einer 1983 in Vancouver ins Leben gerufenen Bewegung der Kirchen, die sich weltweit für Gerechtigkeit, Frieden und Bewahrung der Schöpfung einsetzt.
- der Umwelt- und Friedensbewegung mit ihren Ursprüngen in den 70er/80er-Jahren des letzten Jahrhunderts.
- der großen Bewegung der Globalisierungskritiker im Umfeld von attac.
- dem Widerstand vieler Bürgerinnen und Bürger aus der ehemaligen DDR, die sich dort gegen das diktatorische System aufgelehnt haben, die aber auch im Kapitalismus keine überzeugende menschenfreundliche und lebensdienliche Alternative sehen können.

Der notwendige Systemwandel

Das in diesem Buch vorgetragene Verständnis von Solidarität ist unseres Erachtens nicht mit den Grundsätzen einer kapitalistischen Wirtschaftsweise vereinbar. Solidarische Ökonomie, wie wir sie verstehen, kann unter den Rahmenbedingungen einer kapitalistischen Wirtschaftsweise nicht realisiert

---

[45] Giegold, Sven / Embshoff Dagmar (Hrsg.) »Solidarische Ökonomie im globalisierten Kapitalismus«, Hamburg 2008, S.12f

werden und fordert in der Konsequenz die Überwindung des kapitalistischen Systems ein. Die dazu notwendigen Überlegungen sollen im Rahmen dieses Buches zumindest auf zwei Ebenen durchdacht werden.

Auf der **strukturellen Ebene** sind einerseits praktische solidarische Projekte zu initiieren und zu fördern, andererseits gesetzliche Rahmenbedingungen zu entwerfen, die ein dauerhaftes, ein solidarisches Wirtschaften erst ermöglichen. Hierzu gehören beispielsweise gesetzliche Regelungen zu partizipatorischen Unternehmensstrukturen und zu einer neuen Finanzordnung.

Auf der **mentalen Ebene** ist der Systemwandel durch eine geeignete Öffentlichkeitsarbeit zu unterstützen, in der die vielen Mythen des kapitalistischen Systems entlarvt werden und die realen Möglichkeiten einer neuen lebensdienlichen Ökonomie im Bewusstsein der Menschen verankert werden.

2.2 Verbindende Prämissen vieler alternativer Ökonomieansätze

Es gibt eine Reihe alternativer Ökonomieansätze, die von vergleichbaren Überlegungen, wie den in diesem Text vorgestellten, ausgehen. Zu unserem Bedauern haben diese unterschiedlichen Ansätze jedoch noch keine gemeinsame Stimme gefunden. Dennoch muss an dieser Stelle herausgestellt werden, dass trotz vieler unterschiedlicher Einschätzungen und Ansichten in einer Fülle von Detailfragen es für viele Initiativen einen Konsens in grundlegenden Fragen gibt, aus dem heraus sich ein breites Feld für Vernetzungen und Kooperationen ergeben könnte. Weitgehende Einigkeit besteht unserer Ansicht bei den folgenden Prämissen einer alternativen Ökonomie:

1. Anerkennung der Menschenwürde und der Grundrechte eines jeden Menschen. Die Geltung der Menschenwürde und der Menschenrechte, wie sie in der Allgemeinen Erklärung der Menschenrechte, der Europäischen Menschenrechtskonvention und dem Grundgesetz der Bundesrepublik proklamiert werden, sind auch in der Wirtschaft und in den wirtschaftlichen Strukturen durchzusetzen.

2. Wirtschaften muss in einem umfassenden Verständnis den Prinzipien der sozialen, ökologischen und ökonomischen **Nachhaltigkeit** folgen.

- Die soziale Nachhaltigkeit bezieht sich auf das gegenwärtige und zukünftige Wohlergehen aller in einer Gemeinschaft lebenden Menschen.
- Die ökologische Nachhaltigkeit bezieht sich auf das gegenwärtige und zukünftige Wohlergehen des gesamten Lebens auf der Erde.

- Die ökonomische Nachhaltigkeit berücksichtigt, dass Unternehmen aus eigener Kraft heraus die grundsätzliche Möglichkeit haben, sich fortwährend zu regenerieren und so über Generationen bestehen bleiben können.

3. Bei allen wirtschaftlichen Prozessen gilt grundsätzlich das Primat des Gemeinwohls vor der Berücksichtigung anderer ökonomischer oder gesellschaftlicher Sonderinteressen.

2.3 Zielvorstellungen einer Solidarischen Ökonomie

Erste Differenzen mag es nun geben, wenn man sich daran macht, die noch sehr allgemein formulierten Prämissen zu konkretisieren. Das heißt, genauer zu formulieren, was und wohin wir eigentlich wollen. Welche Ziele haben wir mit einer Systemveränderung im Auge? Anschließend werden wir im Kapitel 3 an die Vorstellung und Erarbeitung konkreter Handlungsschritte gehen können.

In der folgenden Grafik (Abbildung 9) zeigen wir im Überblick grundlegende Zielvorstellungen (innerer Kreis) und daraus folgend weitere – uns bedeutsam erscheinende – Zielvorstellungen (im äußeren Kreis) eines Systemwandels. Natürlich erhebt diese Zusammenstellung keinen Anspruch auf Vollständigkeit, sie gibt allerdings die Richtung vor.[46]

Ziel 1: Zu einer wertegeleiteten Wirtschaft zurückfinden. Die neoliberale kapitalistische Wirtschaftsethik macht den Markt und den damit verbundenen Konkurrenzkampf zum Maß aller Dinge. Der Markt sei das einzig geeignete Instrument zur Herstellung einer allgemein akzeptierten Gerechtigkeit, da jeder die Chance habe, sich hier zu bewähren. Die Umsetzung von Werten, wie Fürsorge für die Mitarbeiter, Förderung des Gemeinwohls, Erhaltung einer gesunden Umwelt etc. wird in der neoliberalen Theorie den evolutionären Kräften des Marktprozesses überlassen. Ethische Ansprüche des Staates, der Gewerkschaften, der Kirchen, sozialer Verbände und anderer zivil-

[46] In diesem Abschnitt geht es um eine überblickartige Darstellung. Manches mag in diesem Abschnitt noch allzu holzschnittartig und mitunter geradezu naiv wirken. Bevor die kritische Leserin / der kritische Leser aber ein vorschnelles Urteil fällt, möchten wir darauf hinweisen, dass alle in diesem Abschnitt aufgeführten Ziele an anderen Stellen in diesem Buch ausführlicher behandelt und erläutert werden. Wir bitten die Leserin und den Leser daher, sich an den jeweils anderen Stellen auf die hier vielleicht allzu provokanten Zielformulierungen einzulassen.

gesellschaftlicher Kräfte werden als unzulässige Störungen des Marktes angesehen und als »ideologisch« gebrandmarkt und abgelehnt. Diese aus unserer Sicht zynische und menschenverachtende Sichtweise lehnen wir ab. Wenn aber – wie jüngst in der Finanzkrise – der Markt offensichtlich versagt, wird der Staat zu Hilfe gerufen, um damit den Steuerzahler in Haft zu nehmen für unverantwortliche Risiken, die Finanzmarktakteure eingegangen sind. Auf den Staat besinnen sich die Profiteure des Marktgeschehens immer wieder gerne, wenn es um die Beseitigung der vom Markt errichteten Schäden geht. Die Marktakteure (dazu gehören u. a. die Finanzspekulanten und Unternehmen, aber auch die Konsumenten) werden durch den Hinweis auf die angeblichen Gesetzmäßigkeiten des Marktes immer wieder dazu verleitet, sich zu ihrer gesamtgesellschaftlichen ethischen Verantwortung für ihr Handeln zu bekennen.

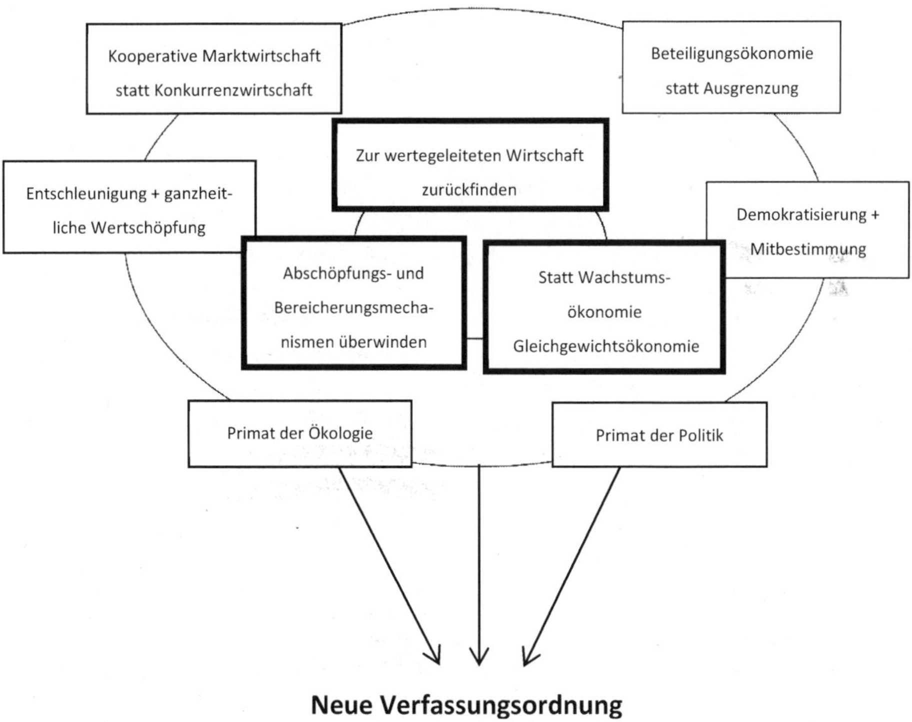

Abb.9: Zielvorstellungen einer Solidarischen Ökonomie

Eine Gesellschaftsordnung, in der der größte Teil des gesellschaftlichen Lebens, nämlich die Wirtschaft, derart aus ethischen und sozialen Verantwortungen ausgeklammert ist, muss zu den oben benannten Widersprüchen und zerstörerischen Entwicklungen führen und Menschen auch psychisch und sozial krank werden lassen. Darum ist es die erste Prämisse einer lebensdienlichen Ökonomie, wieder zu einer Wirtschaft zurückzukehren, die sich an grundlegenden Werten, wie sie in diesem Abschnitt beschrieben werden, orientiert.

Ziel 2: Das Wirtschaften auf das Erreichen eines Gleichgewichts statt auf Wachstum ausrichten. Die zwanghaft auf Wachstum orientierte Wirtschaftsweise muss in eine Gleichgewichtsökonomie überführt werden. In einer Gleichgewichtsökonomie gibt es weiterhin dynamische Entwicklungen, die aber nicht zwanghaft zum fortwährenden (quantitativen) Wachstum führen, sondern sich immer wieder in ein ökologisch und sozial verträgliches Maß flexibel einpendeln. Unternehmen müssen Anreize erhalten, ihre Unternehmensstrategie an dem Ziel der optimalen Betriebsgröße und nicht am Wachstum auszurichten (vgl. Ausführungen zur Unternehmensverfassung).

Ziel 3: Die Abschöpfungs- und Bereicherungsmechanismen überwinden. Da die Abschöpfungs-, Bereicherungs- und Externalisierungsmechanismen der kapitalistischen Wirtschaftsweise die Hauptkräfte der Ungerechtigkeit und Zerstörungen sind, sollten sie auf allen Ebenen überwunden werden. Zentrale Ansatzpunkte hierfür sind:

- Die Überwindung der Akkumulation des Mehrwertes in alleiniger Verfügung der Kapitaleigner
- Eine leistungsgerechte Überschussbeteiligung aller am Unternehmen Beteiligten
- Ein Finanzsystem und eine Eigentumsordnung, die leistungslose Abschöpfung unmöglich machen
- Gesetze und Regeln, die die ökologischen und sozialen Folgekosten im Produktionsprozess und in der Wirtschaftsrechnung berücksichtigen (internalisieren)
- Eine (Welt)Handelsordnung, die ein Übervorteilen des Schwächeren verhindert und auf ausgeglichene Handelsbilanzen abzielt.

Ziel 4: Die Wirtschaft entschleunigen und eine ganzheitliche Wertschöpfung anstreben. Seit etwa 250 Jahren vollzieht sich die wissenschaftliche, technische und ökonomische Entwicklung der Menschheit in einem nie da gewesenen, sich ständig beschleunigenden, explosiven Tempo. Eine der gravierendsten Triebfedern dieser Entwicklung ist der kapitalistisch organisierte Markt und die damit eng verbundene Ideologie einer ständigen materiellen Wohlstandssteigerung.[47]

Sowohl die Logik wie auch die empirischen Wahrnehmungen zeigen, dass diese »Stichflammenentwicklung«[48] nicht endlos verlängert werden kann, sondern kollabieren muss – dies nicht nur aus ökologischen Gründen des begrenzten Erdraumes, sondern auch aus psychischen, ethischen, sozialen und geistigen Gründen. Der Mensch kann weder emotional noch in seiner persönlichen Lebensgestaltung, noch im Wahrnehmen von Verantwortung diesem Tempo und der sich potenzierenden Fülle nachkommen. Wir wollen damit nicht dem Stillstand oder der Rückwärtsentwicklung das Wort reden, setzen uns aber für eine Entschleunigung auf praktisch allen Ebenen ein. Man denke nur an den rasenden, von keinem mehr zu überschauenden technischen Fortschritt, an die Informationsanhäufung oder den steten Drang zu mehr materiellem Wohlstand. Die von uns gewünschte Richtung führt uns fort von dem *»Immer schneller, immer höher, immer mehr«* hin zu einem deutlich verlangsamten, verträglichen Maß und zu einer verstärkt qualitativen Entwicklung des Lebens.

Die Entschleunigung steht in einem engen Zusammenhang mit dem Konzept einer ganzheitlichen Wertschöpfung. Es dreht sich in der Solidarischen Ökonomie nicht mehr alles um die materielle Wertschöpfung, sondern vielmehr um die geistige, seelische, emotionale, kulturelle, soziale, zwischenmenschliche Wertschöpfung und Wertebildung. Bei vielen Menschen gibt es eine große latente Sehnsucht nach eben diesen Werten. Diese sind allerdings nur in das tägliche Leben zu integrieren, wenn es uns gelingt, das Leben zu entschleunigen um dadurch die notwendigen Freiräume zu schaffen.

---

[47] Vgl. hierzu auch Fritz Reheis in »Entschleunigung. Abschied vom Turbokapitalismus« 2004

[48] Der Soziologe Meinhard Miegel umschreibt die frühere Entwicklung mit dem langsamen Aufleuchten von »Lichterketten«, die gegenwärtige Entwicklung mit einem Aufflammen einer »Stichflamme«, die in die Katastrophe führt, in Miegel »Exit. Wohlstand ohne Wachstum«, S.76ff.

Der Vorwurf, dass eine Solidarische Ökonomie weniger effizient arbeite, kehrt sich somit in den immensen Vorzug um, dass das langsamere Tempo, die Besinnung auf eine ganzheitliche Wertschöpfung, endlich die Freiräume für menschliche Beziehungen, Muße und Selbstbesinnung, für kooperatives, kreatives, humaneres und naturverträglicheres Arbeiten und Leben schaffe. Zu den konkreten Schritten in Richtung auf eine Entschleunigung gehören für uns beispielsweise:

- Überwindung des BIP als Bemessungsgrundlage des gesellschaftlichen Wohlergehens, dafür Einführung ganzheitlicher Indizes, die neben den ökonomischen Parametern auch ökologische und soziale Parameter, Gesundheitsentwicklung, Zeitwohlstand, kulturelle Entwicklung u. a. bemessen (»Brutto-Sozialglück«, »Human Development Index«, Gemeinwohlprodukt u. ä.)
- Eine drastische Reduzierung der Regelarbeitszeit
- Eine Reduzierung des Überangebots von Waren
- Eine Fortentwicklung neuer Technologien, die sich primär an den Bedürfnissen der Menschen ausrichtet und nicht an den Renditeaussichten. Dieser Grundsatz kann in bestimmten Fällen zu einer erheblichen Beschleunigung in der Entwicklung neuer Technologien führen, er dürfte in den meisten Bereichen aber eher zu einer gravierenden Entschleunigung beitragen
- Förderung des Orientierungswissens, Rücknahme der Informationsüberflutung
- Bejahung eines geringeren materiellen Wohlstandes der Wohlhabenden (*»Mit weniger besser leben«*)

Ziel 5: Menschen in die Wirtschaftsprozesse einschließen statt ausschließen (Inklusion statt Exklusion). Die heutige Wirtschaftsweise ist eine Ökonomie der Ausgrenzung. Das Verdrängen oder Vernichten des möglichen Konkurrenten, die Konzentration der Entscheidungsgewalt in den Händen einer Minderheit, die Gewinnsteigerung durch Abbau von Arbeitsplätzen (»Entlassungsproduktivität«), die Akkumulation des Mehrwertes in Verfügung der Kapitaleigner und die fehlende Berücksichtigung der ökologischen und sozialen Kosten der Allgemeinheit grenzen Andere aus dem ökonomischen Prozess permanent aus. Dabei ist eine nachhaltige Ökonomie nur durch das Zusammenwirken, also die Hereinnahme, aller am ökonomischen Prozess Beteiligten zu verwirklichen. Die Solidarische Ökonomie will strukturell die

Interessen der Natur, derjenigen, die an der Produktion mitwirken, die Konsumenten, sowie die Interessen der Allgemeinheit in die wirtschaftlichen Prozesse einschließen. Eine Voraussetzung der Inklusion ist für uns die soziale Grundabsicherung aller Mitglieder der Gesellschaft, damit sich alle entsprechend ihrer Möglichkeiten und Interessen am gesellschaftlichen und wirtschaftlichen Geschehen beteiligen können. (vgl. Abschnitt: »Grundlagen und Konturen eines solidarischen Steuer- und Sozialsystems«)

Ziel 6: Kooperatives statt konkurrierendes Verhalten fördern. Die kapitalistische Wirtschaftsideologie behauptet, dass der auf Konkurrenz basierende Markt die hohe Leistungsfähigkeit und große Effizienz des Systems hervorbringe. Nun kann Konkurrenz zwar hohe Leistungen freisetzen, zugleich erzeugt sie aber auch Angst, schafft viele Verlierer und engt damit Kreativität und Entfaltungsmöglichkeiten eines großen Teils der Bevölkerung ein. Wie ausgeführt, zeigen neuere sozialpsychologische und neurobiologische Forschungen, dass gegenseitige Wertschätzung und Kooperation zu stärkerer Motivation und zu einer größeren Entfaltung der menschlichen Potentiale führen als Konkurrenz.[49] Darum sollen Arbeits- und Marktbedingungen geschaffen werden, in denen das Konkurrenzprinzip des Wirtschaftens durch das Prinzip der Kooperation überwunden wird. Die Arbeitsbedingungen in den Betrieben sollen so gestaltet werden, dass hier vor allem das kooperative Zusammenwirken gepflegt wird. Auch der Markt ist nach den Prinzipien der Kooperation zu gestalten.[50] Dabei soll es durchaus Elemente eines fairen Wettbewerbs geben, diese zielen aber nicht darauf ab, Verlierer zu produzieren, sondern gemeinsam ein Ergebnis zu erreichen, an dessen Umsetzung und Erfolgen dann alle beteiligt sind.

Ziel 7: Demokratie und Mitbestimmung in der Wirtschaft verwirklichen. Die hoch entwickelten Staaten sind stolz auf ihre Demokratie und auf das Zusammenspiel von politischer Freiheit und Demokratie. Das sind kostbare Werte. Umso erstaunlicher ist es, dass Prinzipien und Regeln der Demokratie in dem größten Bereich öffentlichen Lebens, der Wirtschaft, weitgehend ausgeschlossen werden. Es gibt zwar einige in der Sozialen Marktwirtschaft

---

[49] Vgl. neben den Ausführungen hierzu in diesem Buch auch Felber »Gemeinwohl-Ökonomie. Das Wirtschaftsmodell der Zukunft«, S.44 f.; 79 ff.

[50] Vgl. hierzu ausführlich den Abschnitt »Das Ende des Mythos Markt«

erkämpfte demokratische Elemente in der Wirtschaft, z. B. die Tarifpartnerschaft, Mitarbeitervertretung durch Betriebsräte, bestimmte Mitbestimmungsgesetze u. ä. Doch geraten diese im Zug der Neoliberalisierung der Wirtschaft immer mehr ins Hintertreffen und in den entscheidenden Fragen regieren fast ausschließlich die Kapitaleigner und ihre Manager unter weitgehendem Ausschluss demokratischen Mitwirkens aller Beteiligten und der öffentlichen Kontrolle. Dies bedeutet nicht nur das Ausschalten von demokratischen Grundregeln in der Wirtschaft, sondern eine Unterhöhlung der gesamtgesellschaftlichen Demokratie. Denn unkontrolliertes Agieren großer Wirtschaftsmächte ignoriert nur allzu oft die demokratische Willensbildung des Volkes bzw. der Betroffenen (Beispiel: die Auseinandersetzung um den Atomenergieausstieg oder die Bankenrettung).

Es sind Institutionen und Gesetze zu schaffen, in denen die Partizipation aller am Unternehmen Beteiligten gesichert wird, in der leitende Funktionen in der Wirtschaft den demokratischen Wahlprinzipien unterstellt werden, und eine öffentliche Kontrolle der grundlegenden Wirtschaftsabläufe gesichert ist.

Ziel 8: Die Erhaltung der Umwelt als wertvolles Gut achten. Das einzigartige Ökosystem unserer Erde ist Grundvoraussetzung allen Lebens, auch des menschlichen Lebens. Der Mensch kann nur eingebunden und in Übereinstimmung mit dem ökologischen Netzwerk der Erde leben und überleben. Die heute verheerend um sich greifende Gefährdung dieses Ökosystems hat einen Stand erreicht, der das weitere Leben auf der Erde in absehbarer Zukunft erheblich gefährdet. Nimmt man den ökologischen Fußabdruck als Messgröße, beansprucht jeder Deutsche mit einem durchschnittlichen Fußabdruck von 5,1 ha (USA 8,0 ha) bereits das Vielfache dessen, was die Erde ökologisch (1,8 ha) regenerieren kann.[51] Bleibt es trotz gegenwirkender Bemühungen bei der immer noch vorherrschenden Tendenz weiterer Umweltzerstörungen, könnte der Mensch von der Natur als »Parasit« ausgestoßen werden; menschliches Leben auf der Erde wäre dann nur eine sehr kurze Episode in der Evolution des Lebens gewesen.[52]

Es gehört zu den grundlegenden Prämissen einer Solidarischen Ökonomie, Strukturen zu schaffen, die dazu führen, dass Wirtschaften das Leben auf der

---

[51] Quelle: www.footprintnetwork.org/atlas

[52] Vgl. Hoimar von Ditfurth in »So laßt uns denn ein Apfelbäumchen pflanzen. Es ist soweit.«

Erde schützen und fördern kann. Dieses Gebot der ökologischen Nachhaltigkeit muss ein entscheidender Prüfstein für die Beurteilung aller Maßnahmen und Handlungsweisen im Rahmen einer Solidarischen Ökonomie sein.

Ziel 9: Das Primat der Politik vor der Wirtschaft achten. Wie schon unter »Demokratie und Mitbestimmung in der Wirtschaft« beschrieben, können große wirtschaftliche Machtzusammenschlüsse demokratische Willensbildung und deren Durchsetzung empfindlich stören und verhindern. Die üblichen Mittel hierfür sind Drohungen oder Versprechungen durch die Wirtschaft, ein mit allen Mitteln ausgestattetes Lobbyistentum bis hin zur gezielten Korruption.

Damit diese »Ohnmacht der Politik« überwunden werden kann, und es möglich wird, die Wirtschaft in den Dienst der Gesellschaft zu stellen, muss ein Primat der Politik und des Rechts gegenüber der Wirtschaft hergestellt und gesichert werden. Das heißt nicht die Installation eines Staatssozialismus und einer zentralistischen Planwirtschaft. Es heißt vielmehr, dass der demokratisch legitimierte Staat in die Lage versetzt wird, Rahmenbedingungen und Regeln zu setzen, die ein effizientes Wirtschaften innerhalb der Bedingungen des Gemeinwohls, der sozialen Gerechtigkeit und der ökologischen Nachhaltigkeit ermöglichen. Hierzu sind auf den jeweiligen Ebenen Institutionen und öffentlich-rechtliche Einrichtungen zu schaffen, durch die es auch für die Wirtschaft möglich und sinnvoll wird, ihr Handeln an den Regeln umfassender Nachhaltigkeit und des Gemeinwohls zu orientieren. Das übergeordnete Erfordernis des »Primats der Politik« muss deshalb mit kooperativen Umsetzungsformen »vor Ort« einher gehen, bei dem die Betroffenen gemeinsam Wege entwickeln, gesellschaftliche Vorgaben auch zum Wohl des Unternehmens umzusetzen.

Ziel 10: Eine neue Verfassungsordnung erstellen. Aus all dem vorher Gesagten ergibt sich die Notwendigkeit, die ökonomischen und ökologischen Prämissen einer lebensdienlichen Ökonomie in die Verfassungsordnung unseres Gemeinwesens einzuarbeiten. Die Systematik unseres Rechtssystems, die jede Gesetzgebung an die Verfassung, insbesondere an den Grundrechtskatalog und die Staatsziele bindet, erfordert bei der systematischen Umsetzung der hier vorgestellten Ziele zumindest eine teilweise Änderung der Verfassung. Neben den individuellen und politischen Grundrechten sind nun auch wirtschaftliche Grundrechte in der Verfassung als Staatsziele zu verankern - konkret das Nachhaltigkeitsgebot und das Gemeinwohlgebot der Wirtschaft sowie das demokratische Gestaltungs- und ökonomische Teilhaberecht aller.[53] Dieser Prozess könnte durch einen breiten öffentlichen Diskurs mit dem Ziel eines neuen »Gesellschaftsvertrages« in Gang gesetzt werden.[54]

Norbert Bernholt

3 Das Ende des Mythos Markt – Möglichkeiten eines kooperativen Wettbewerbs

3.1 Markt ist nicht gleich Markt

Märkte sind keine Erfindung des Kapitalismus. Bereits im antiken Athen gab es einen eigens markierten Bereich, in dem Händler ihre Waren anboten. Speziell dazu ernannte Beamte sorgten dafür, dass auf dem Markt Ordnung herrschte, genaue Maße und Gewichte verwendet wurden und kein Falschgeld im Umlauf war. Auf dem Markt verübte Straftaten wurden von speziellen Gerichten geahndet.[55] Vermutlich haben viele, die den Begriff Markt heute verwenden, einen derart organisierten Tausch vor Augen. Der Handel ist aber mittlerweile bedeutend komplizierter geworden, und damit auch eine Bestimmung des Begriffes Markt. Dieser entpuppt sich bei genauerer Betrachtung als ein überaus schillerndes Wesen. Adam Smith, häufig als Vater der freien Marktwirtschaft tituliert, hatte beispielsweise einen ganz anderen Markt vor Augen, als die sogenannten Klassiker am Ende des 19. Jahrhunderts. Wenn August v. Hayek über den Markt schreibt, meint er wiederum einen anderen Markt als heutige Ökonomen wie der Nobelpreisträger Ronald

[53] Vgl. schon heute den Wortlaut der Bayrischen Verfassung in Art. 151: »Alle wirtschaftliche Tätigkeit dient dem Gemeinwohl«

[54] Der von Jean-Jacques Rousseau 1762 geprägte Begriff des »Gesellschaftsvertrages« wird in der Diskussion heute aufgenommen, um grundlegend Ziele, Rechte und Pflichten einer lebenswerten und zukunftsfähigen Gesellschaft neu zu definieren; vgl. Joschka Fischer: »Für einen neuen Gesellschaftsvertrag. Eine politische Antwort auf die globale Revolution« 1998

[55] Vgl. Swedberg, Richard, Vorwort in: Beckert, Diaz-Bone, Ganßmann (Hrsg.) »Märkte als soziale Strukturen«, S. 14, Frankfurt 2007

Coase.[56] Man kann also wohl davon ausgehen, dass, wenn in den hoch emotional besetzten Debatten über »den Markt« diskutiert wird, die Teilnehmer keinesfalls immer von der gleichen Sache reden. Im Zusammenhang dieses Buches legen wir eine Beschreibung in Anlehnung an R. Czada zugrunde, demzufolge Märkte sich selbst steuernde Einrichtungen sind, die mehrere Käufer und Verkäufer zum Zweck eines freiwilligen Tausches beliebiger Güter zusammenführen. Idealtypischer Weise müssen

- alle Markteilnehmer einen freien Zugang haben
- die Marktteilnehmer sich auf gleicher Augenhöhe gegenüber stehen, also über das gleiche Machtpotential verfügen
- sich alle Marktteilnehmer utilitaristisch verhalten, d. h. ihr individualistisches Nutzenkalkül richtet sich zweckbestimmt auf das Tauschobjekt.[57]

Notwendige Voraussetzung für einen funktionierenden Markt ist ein freier Wettbewerb. Die Beteiligten begeben sich also mehr oder weniger freiwillig in eine Konkurrenzsituation, um daraus für sich einen – wie auch immer gearteten – Vorteil zu erzielen. Daraus ergeben sich aus volkswirtschaftlicher Perspektive gesehen zwei zentrale Funktionen des Marktes:

1. Der Markt ist ein Instrument zur Herausbildung eines allgemeinen Tauschwertes bzw. Preises. Auf diesen Aspekt hat insbesondere die klassische Ökonomie des 19. Jahrhunderts besonderen Wert gelegt und in diesem Zusammenhang durch – mitunter vollkommen unrealistische – Modellbildungen die Mathematisierung der Ökonomie wesentlich vorangetrieben. Wenn heute vielfach von den Gesetzmäßigkeiten des Marktes die Rede ist, stammt diese Argumentation zumeist aus dieser Denkrichtung.

2. Mit Hilfe der auf den Märkten ermittelten Preise werden nun Signale an die Marktteilnehmer gegeben, die für eine effiziente Allokation der Ressourcen und Güterdistribution sorgen.[58] Wie bereits erwähnt, funktioniert eine Güterverteilung über den Markt nur, wenn sich die Beteiligten daraus einen Vorteil versprechen können. Im Kapitalismus besteht dieser Vorteil vor allem in dem Gewinn, den der Anbieter über den Markt erzielen kann. Da der Anbieter, um weiterhin im Wettbewerb bestehen zu können, diesen Gewinn in aller Regel wieder reinvestiert, erzeugt der Markt eine enorme Wachstumsdyna-

---

[56] Vgl. Czada, Rolan »Markt« in: Benz, Lütz u. a. (Hrsg.) »Governance – ein Handbuch« Wiesbaden, 2006, S. 70ff

[57] Vgl. ebda. S.68

[58] Vgl. Swedberg, Richard S. 16ff

mik. Die Anbieter werden getrieben, immer die neueste und effizienteste Technik zu verwenden.[59]

Hier liegt eine entscheidende Herausforderung für den Entwurf einer solidarischen Ökonomie. Wenn große Bereiche Güterverteilung und die Ressourcenallokation weiterhin über den Markt organisiert werden sollen, benötigen wir Wettbewerb, dem sich die Beteiligten allerdings nur stellen werden, wenn sie sich daraus Vorteile versprechen können. Kann dieser Wettbewerb so gestaltet werden, dass er durchaus effektiv ist, aber nicht mehr die Wachstumsdynamik kapitalistischer Märkte erzeugt? Darauf müssen wir weiter unten zu sprechen kommen.

3.2 Märkte und soziale Beziehungen

Zuvor sei ein weiterer wichtiger Aspekt zur Funktionsfähigkeit des Marktes erwähnt, nämlich die Frage der sozialen Beziehungen zwischen den Marktteilnehmern. Es ist für das Verhalten der Anbieter und Nachfrager von entscheidender Bedeutung, ob die beiden sich Aug in Aug gegenüberstehen, wie es auf dem antiken Markt in Griechenland oder auf jedem Wochenmarkt des 21. Jahrhunderts der Fall ist, oder ob die Marktteilnehmer in vollkommener Anonymität, beispielsweise im Rahmen der Institutionen eines internationalen Finanzmarktes, ihren Handel treiben. Wenn Käufer und Verkäufer sich kennen, werden sie zunächst einmal schlicht größere moralische Skrupel haben, das Gegenüber in irgendeiner Weise zu betrügen und sich auf dessen Kosten unfaire Vorteile zu verschaffen. Darüber hinaus müssen die Beteiligten damit rechnen, sich am nächsten Tag wieder zu begegnen. Sie werden dann zur Rechenschaft gezogen, andere Marktteilnehmer werden mit in die Auseinandersetzung einbezogen, das unfaire Verhalten des Betrügers spricht sich herum, und er muss auf die Dauer mit erheblichen Nachteilen rechnen. Zumindest grobes unfaires Verhalten zeugt unter diesen Bedingungen einfach von Dummheit. Bemerkenswert ist, dass der griechische Staat es dennoch für notwendig gehalten hat, eigens Regeln zu bestimmen und Beamte zu bestellen, die für einen ordentlichen und fairen Markt sorgen. Selbst ein kleiner,

[59] Mit der enormen Dynamik erweckt der Markt allerdings gleichzeitig ein selbstzerstörerisches Potential. Durch die fortlaufende Produktion von Marktverlierern zerstört der Markt letztendlich die Gesellschaft und damit auch das innovative Potential. Die Geschichte belegt diese ambivalente Dynamik des Marktes regelmäßig.

durch persönliche Beziehungen gekennzeichneter, Markt erfordert immer einen starken und aktiven Staat. Dies wissen auch neoliberale Fundamentalisten, auch wenn sie stets nach weniger Staat rufen.

Mit dem aufkommenden Kapitalismus werden viele Märkte anonymer. Man kennt seine Geschäftspartner kaum noch oder gar nicht mehr. Polanyi spricht von einer sozialen Entbettung der Märkte, in denen nun affektive, soziale Handlungsmotive weitgehend durch pures individualistisches Nutzenkalkül verdrängt werden[60]. Betrügereien, Versuche, den Marktteilnehmer zugunsten des eigenen Vorteils zu übervorteilen, können jetzt relativ risikolos und ohne große moralische Hemmschwellen vorgenommen werden. Anonyme Märkte stehen somit in der ständigen Gefahr durch Gier, übertriebenen Eigennutz und Betrügereien den Gegenüber und letztlich sich selbst zu zerstören. Die soziale Entbettung der Märkte in den kapitalistischen Marktwirtschaften hat deshalb immer wieder die Errichtung starker rechtlicher und sozialmoralischer Regelwerke zur Eindämmung der Betrügereien notwendig gemacht.

Als ein Musterbeispiel des anonymisierten Marktes können heute weite Teile der internationalen Finanzmärkte angesehen werden. Die Handlungspartner kennen sich nicht. Die Verkaufs- bzw. Ankaufsentscheidungen werden aufgrund mathematischer Modelle getroffen, die ein Computer in Sekundenschnelle durchrechnen kann. Soziale Erwägungen haben in diesen Modellen keine Bedeutung, das Handeln der Akteure ist überwiegend auf kurzfristige Mitnahmeeffekte ausgerichtet. Allerdings hat man seit jeher auch in den großen internationalen Unternehmen die Vorteile eines kooperativen Verhaltens gesehen. Dieses wird zum Teil durch die Gesetzgeber (Kartellämter) versucht zu unterbinden, zum Teil wird kooperatives Verhalten auch als Bestandteil des modernen Qualitätsmanagements akzeptiert. Wenn z. B. Beispiel die Mehrzahl der Unternehmen heute bestrebt ist , dauerhafte und verlässliche Lieferantenbeziehungen herzustellen, und damit die Lieferanten nicht mehr in einen fortwährenden Preiskampf schickt, ist dies nichts weiter, als die Vorteilhaftigkeit des kooperativen Verhaltens auszunutzen. Verkäufer und Käufer profitieren von diesem Verhalten. Im schönen Neudeutsch ist dann von einer Win-Win-Situation die Rede.

Eine Solidarische Ökonomie ist natürlich bestrebt, möglichst viele Märkte mit verbindlichen sozialen Beziehungen zu schaffen, selbst wenn dies in einer

---

[60] Vgl. Czada, S. 68

globalisierten Welt nicht vollständig realisierbar sein dürfte. Allerdings ergibt sich aus der Sicht der Solidarischen Ökonomie sowohl aus den angeführten sozialen Aspekten als auch aus den Geboten der ökologischen Nachhaltigkeit die unbedingte Notwendigkeit .für eine strukturelle Förderung kleiner und regional verankerte Märkte.[61]

An dieser Stelle sei aber auch noch einmal explizit darauf hingewiesen, dass es in einer Solidarischen Ökonomie eine Reihe von Gütern geben wird, bei denen der Markt als Instrument der Verteilung gänzlich ungeeignet ist.

3.3 Grenzen des kapitalistischen Marktes

Märkte werden im Kapitalismus wie heilige Kühe im Hinduismus behandelt. Die Märkte, genauer die Marktteilnehmer, können machen was sie wollen, sie müssen sich keiner ernsthaften Rechenschaft unterziehen. Die kapitalistische Wirtschaftsideologie behauptet, ein freier Markt, auf dem sich die Menschen in einem konkurrierenden Wettbewerb gegenüberstehen, sei das ideale Instrument um bestmögliche Leistungen, hohe Effizienz und Gerechtigkeit innerhalb einer Gemeinschaft zu erzielen. Der Markt sorge dafür, dass sich der jeweils Beste durchsetzen kann, und da jeder die Chance habe, sich an diesem Wettbewerb zu beteiligen, sorge dieses Verfahren zudem auch für ein gerechtes Ergebnis für alle Beteiligten. Auf Dauer komme es so zu einer optimalen Entwicklung für die gesamte Gesellschaft. Hayek nennt diese Entwicklung kulturelle Evolution[62]. Diesem Zusammenspiel von Eigennutz, Konkurrenz und Markt wird eine geradezu gottähnliche Bedeutung zugeschrieben (»die unsichtbare Hand«). Märkte erhalten Eigenschaften wie lebendigen Personen. Sie sind nervös, zurückhaltend oder euphorisch. Märkte können auch angreifen oder angegriffen werden. Die Tatsache, dass Märkte ein von Menschenhand erfundenes System sind, hinter dem sich einerseits viele Menschen verstecken können, dem andererseits auch viele ausgeliefert sind, wird in den Medien und auch in der Fachliteratur gemeinhin verschwiegen. Schlimmer noch, der Marktmechanismus wird in vollkommener Ausblendung der Realität immer wieder als ein unumstößliches Naturgesetz dargestellt. Wer an dieser

[61] Vgl. hierzu auch die Ausführungen im 3. Kapitel Abschnitt 5, Ökosoziale Globalisierung, Regionalisierung und Subsistenzwirtschaft

[62] Vgl. Hayek »Recht, Gesetzgebung und Freiheit«, Bd.3, S. 210 ff.

Gesetzmäßigkeit zweifelt, wird öffentlich als naiv und inkompetent gebrandmarkt.

Angesichts der enormen Probleme, die der kapitalistisch organisierte Markt generiert, ist es allerdings kaum verständlich, warum die Menschen weiterhin an dem Modell des Marktes mit einem konkurrierenden Wettbewerb festhalten.

- Schon die einfache Logik verweist auf ein zwangsläufiges Versagen des Marktes. Bei einem nur geringen Anfangsunterschied zwischen dem Stärkeren und Schwächeren führt dies im Fortgang unaufhaltsam zur Bevorteilung des Stärkeren. Diese disproportionale Gesetzmäßigkeit des Marktes bedingt, dass die Vorteile der Gewinner immer größer werden, die Position der Verlierer dagegen wird immer schwächer. Es kommt zu einer Spaltung der Gesellschaft.
- Märkte verursachen verheerende Fehlsteuerungen. Es gibt viele Bereiche, in denen Märkte offensichtlich versagen. Hierzu gehören z. B. weite Bereiche der Landwirtschaft, des Gesundheitswesens, der Wasserversorgung, der Finanzmarkt oder der Arbeitsmarkt.
- Auf Konkurrenz ausgerichtete Märkte erzeugen bei den Marktteilnehmern häufig einen enormen Leistungsdruck, dem nur wenige dauerhaft gewachsen sind. Die Folge sind zahlreiche psychische und psychosomatische Krankheiten. Zudem wissen wir, dass die gnadenlose Konkurrenz die Masse der Menschheit nicht nur unglücklich sondern vielfach krank macht. Noch nie war die Zahl der psychischen und psychosomatischen Krankheiten so hoch wie gegenwärtig.[63]
- Unter den Rahmenbedingungen einer kapitalistisch organisierten Ökonomie sind Märkte in Bezug auf ökologische und soziale Nachhaltigkeit blind.
- Kapitalistisch organisierte Märkte stürzen gerade die Menschen in ein Dilemma, die sich mental in dem Haben-Modus, dem im Kapitalismus dominierenden Modus (vgl. Menschenbild), einrichten möchten. Auf der einen Seite versprechen die Märkte durch ihre angebliche Gesetzmäßigkeit eine große Sicherheit. An Gesetze kann man sich halten, man kann wohl kalkuliert sein eigenes Verhalten darauf einstellen. Auf der anderen Seite tragen Märkte zu einer ständigen Verunsicherung des Lebens bei. Men-

---

[63] Vgl. SZ vom 27.9.2011, »Burnout – Hier tickt eine gesellschaftliche Zeitbombe« oder OECD-Bericht: »Sick on the job? - Myths and realities about mental health and work«, 26.1.2012

schen sind fortwährend mit der Gefahr konfrontiert, aus diesem oder jenem Markt ausgeschlossen zu werden, den Gesetzmäßigkeiten nicht mehr zu entsprechen und nicht mehr mithalten zu können. Da die Gesellschaft diese Exklusion den Betroffenen selbst zuschreibt, befinden sich die meisten Menschen in einem fortwährenden und oft verzweifelten und aussichtslosen Kampf, ihre Stellung am Markt, bzw. ihren Besitzstand, zu wahren. In dieser Logik ist es auch nachvollziehbar, wenn viele Menschen geradezu eine Gier nach mehr Besitz und damit vermeintlicher Sicherheit entwickeln.

- Durch die systembedingte Erzeugung vieler Verlierer verursachen Märkte hohe volkswirtschaftliche Kosten, die durch die nachträgliche Beseitigung der Schäden entstehen. Hierzu gehören die Beseitigung von Umweltschäden ebenso wie die hohen Kosten im Gesundheitswesen oder die entgangene Produktivität und Kreativität der vielen gefrusteten Marktteilnehmer. Dies bedeutet, das Potential der Mehrheit der Menschen bleibt einfach ungenutzt liegen, was einer ungeheuren Verschwendung an Ressourcen gleichkommt.
- Märkte können geradezu absurde Ergebnisse hervorbringen, wenn die Marktteilnehmer sich irrational verhalten müssen, um Erfolg zu haben. Dies zeigen am deutlichsten die Finanzmärkte, in denen nicht eine Ware sondern Wetten gehandelt werden. Diese Wetten laufen unabhängig von der realen Ökonomie. Spekulanten kaufen und verkaufen vielmehr danach, wie sie vermuten, dass die meisten anderen Anbieter vermuten, wie der Wert der Papiere sich entwickelt. Das Ergebnis dieses Marktes führt zu den uns allen bekannten Absurditäten des Finanzmarktes.

Begriffe

Ehe wir uns der Frage nach den Möglichkeiten eines solidarischen Marktes zuwenden wollen, sind einige Begriffsklärungen nötig:

Noch einmal »Markt«: Zu Beginn des Abschnitts wurde bereits eine mögliche Definition des Begriffs vorgestellt. Da in der Realität nie alle der oben angeführten Voraussetzungen vorliegen, kann es die Idealform des Marktes nicht geben. Der Theorie zu Folge hat der Staat allerdings dafür zu sorgen, dass Rahmenbedingungen geschaffen werden, die dieser Idealform möglichst nahe kommen. Dadurch soll gewährleistet werden, dass die Dynamik des Marktes weitest möglich funktionieren kann.

Über den rein wirtschaftlichen Bezugsrahmen hinaus kann Markt auch als ein Instrument der Erkenntnisgewinnung interpretiert werden[64]. Akzeptiert man die unabänderliche Begrenzung der individuellen menschlichen Erkenntnisfähigkeit (kein Individuum kann über alle notwendigen Informationen bei Kauf bzw. Verkaufsentscheidungen verfügen) kann es sinnvoll sein, das Wissen, die Erfahrungen und Bedürfnisse der vielen Einzelnen zusammenzutragen und mittels des Marktes zu koordinieren. Der Markt ist dann ein Instrument, mit dessen Hilfe ein offener Suchprozess beginnt, so dass am Ende ein für die Gemeinschaft optimales Ergebnis erzielt werden kann. Es gehört zum Wesen des Marktes, dass sich dieses Ergebnis durch permanente Rückkopplung immer wieder korrigiert und verbessert.

Konkurrenz: In dem lateinischen Begriff »concurare« ist sowohl die Bedeutung des a) miteinander Laufen als auch des b) gegeneinander Anlaufen enthalten. Um in dem Bild zu bleiben, treten die Läufer zwar gemeinsam an, allerdings mit dem Ziel, einen Gewinner und entsprechend viele Verlierer zu produzieren. Individualistische Konkurrenz mag ein reizvolles Spiel sein, wenn es um Dinge geht, die nicht von existenzieller Bedeutung sind. Im Sport oder bei vielen Freizeitaktivitäten können sich Menschen ggf. freiwillig auf dieses Spiel einlassen. Gänzlich ungeeignet ist die individualistische Konkurrenz, wenn es um die Versorgung der Menschen mit elementaren Gütern oder um ihre Arbeitskraft geht.

Der Wettbewerb setzt die Schaffung einer Konkurrenzsituation voraus. Im Idealfall stimuliert er die Beteiligten zu großen Anstrengungen und Leistungen. In einem **konkurrierenden Wettbewerb** steht der Sieg eines Einzelnen, der mit allen Mitteln versucht, die Konkurrenz zu verdrängen, im Vordergrund.

In einem **kooperativen Wettbewerb** steht eine Gemeinschaft vor einem Problem, das sie kooperativ, im Ringen um die beste Lösung für alle, bewältigen will. Der kooperative Wettbewerb will unter Beachtung der weitgehenden Entscheidungsfreiheit des Einzelnen ebenso zu hohen Anstrengungen und Leistungen stimulieren, wobei die Stimulanz aber nicht so sehr im Ausschalten des Gegners gesehen wird, als vielmehr in der Anerkennung durch die Gemeinschaft.

---

[64] Diesen Aspekt des Marktes betont besonders die moderne Wirtschaftssoziologie. vgl. hierzu etwa: Roth, Steffen, Markt ist nicht gleich Wirtschaft - These zur Begründung einer allgemeinen Marktsoziologie, Heidelberg 2010.

Die solidarische Ökonomie baut auf diesem Modell des Wettbewerbs auf. Es soll im Folgenden genauer beschrieben werden.

3.4 Das Modell eines kooperativen Wettbewerbs in einer solidarisch organisierten Ökonomie

Wie ausgeführt, deuten neuere sozialpsychologische und neurobiologische Forschungen darauf hin, dass gegenseitige Wertschätzung und Kooperation zu stärkerer Motivation und zu einer größeren Entfaltung der menschlichen Potentiale führen als Konkurrenz.[65] Probleme, die aus einem kooperativen Denken heraus angegangen werden, schaffen ggf. auch Verlierer. Wie weiter unten begründet wird, sorgen die gesellschaftlichen Rahmenbedingungen aber dafür, dass die Verlierer nicht dauerhaft von dem allgemeinen Wohlstand der Gemeinschaft ausgeschlossen werden.

3.4.1 Innerbetrieblicher kooperativer Wettbewerb

Kooperative Arbeitsstrukturen sind längst in den betrieblichen und wissenschaftlichen Alltag eingezogen[66]. In vielen Unternehmen arbeiten die Beschäftigten in weitgehend autonomen Arbeitsgruppen, in denen den Gruppenmitgliedern die Verantwortung darüber übertragen wird, wie sie ein möglichst gutes Arbeitsergebnis erzielen können. Hierzu gehört auch die weitgehend autonome Organisation der Arbeit. Diese Arbeitsform entspricht prinzipiell dem Anliegen einer Solidarischen Ökonomie. Unter den Rahmenbedingungen einer auf Konkurrenz getrimmten Gesellschaft wird der Ansatz der Kooperation allerdings allzu häufig geradezu in das Gegenteil gewendet. Wenn eine Arbeitsgruppe unter Erfolgsdruck von außen gesetzt wird, sei es durch den Chef oder durch den Markt, wird dieser Druck auf die Mitglieder des Teams weitergegeben, die Situation des Einzelnen wird dadurch nur noch schlimmer. Hier liegt eine wesentliche Ursache für die vielen Mobbing Konflikte in den Unternehmen. In solidarisch organisierten Unternehmen sind die Arbeitsbedingungen in den Betrieben so gestaltet, dass hier vor allem das

---

[65] Vgl. dazu Abschnitt Menschenbild

[66] Literatur zur Vorteilhaftigkeit von Kooperation und Teamarbeit in Unternehmen gibt es in einer kaum zu überschaubaren Menge. Beispielhaft seien zwei Bücher angeführt: Zippel, Ralf »Anreizgestaltung bei Gruppen- und Teamarbeit in Unternehmen«, Norderstedt 2011; Blanchard, Ken, »Go Team – Teamarbeit auf höchstem Niveau«, Offenbach 2010

kooperative Zusammenwirken gepflegt wird. Es sind Strukturen zu schaffen, in denen die Wertschätzung und die Achtung der Personen immer im Vordergrund stehen. Dies wirkt sich langfristig positiv auf das Betriebsklima und das Arbeitsergebnis aus. Ein kooperativer Wettbewerb konzentriert sich auf die Sache und ringt gemeinsam mit anderen um die beste Lösung.

3.4.2 Zwischenbetrieblich kooperativer Wettbewerb

Viel schwerer ist es, sich einen kooperativen Wettbewerb auch zwischen einzelnen Unternehmen vorzustellen. Wir sehen durchaus das Potential des Marktes, den jeweils unvollkommenen Erkenntnisstand vieler Menschen zusammenzuführen und hieraus in einem Wettbewerb eine für alle Beteiligten optimale und dynamische Lösung zu entwickeln. Die gut koordinierte Zusammenführung des Wissens einer großen Gemeinschaft ist wesentlich effektiver und umfassender als das Wissen und die Entscheidung eines einzelnen Menschen.[67] Die Frage ist, ob dieser Wettbewerb funktionieren wird, wenn er nicht auf individuelle Konkurrenz sondern auf Kooperation ausgerichtet ist? Wie sieht das Nutzenkalkül der Teilnehmer eines kooperativen Wettbewerbs aus?

Aus unserer Sicht lassen sich einige Argumente für einen funktionsfähigen kooperativen Wettbewerb anführen:

- Wie an vielen anderen Stellen in diesem Buch erläutert, bestehen in der Zusammenarbeit mit anderen Menschen und in einer von den Beteiligten als sinnvoll empfundenen Arbeit die größten Potentiale, sich dauerhaft für eine Sache zu engagieren. Treten Teams in einen kooperativen Wettbewerb, um die jeweils beste Lösung zu erzielen, erhöht dies noch einmal das Engagement für die Sache.
- Die Beteiligten eines kooperativen Wettbewerbs wissen, dass sie letztlich Vorteile aus diesem Wettbewerb haben werden, auch wenn sie nicht die beste Lösung zu einem gegebenen Problem entwickelt haben. Sie werden jedoch im Nachhinein an dieser besten Lösung partizipieren können.
- Im Gegensatz zum individualistisch organisierten Wettbewerb ist kooperativer Wettbewerb kein Nullsummenspiel, in dem es einen Gewinner und mindestens einen Verlierer geben muss. Die Beteiligten eines kooperati-

[67] Vgl. hierzu: Surowiecki, James »Die Weisheit der Vielen: Warum Gruppen klüger sind als Einzelne«, Leipzig 2007

ven Wettbewerbs tragen ihr Wissen oder andere Potentiale zusammen, um so zu einem besseren Ergebnis für alle zu kommen. Aus dem Nullsummenspiel wird dann ein Plussummenspiel. Plattformen wie Wikipedia sind ein gutes Beispiel für den Erfolg dieser Art des Wettbewerbs.

- Solidarische Ökonomie bevorzugt strukturell kleine und regional verankerte Märkte und Unternehmen. Die sozialen Beziehungen unterstützen die Suche nach effektiven und sinnvollen Lösungen, ohne jedoch dabei auf hohe übermäßige Gewinnmitnahmen und Vernichtung der Konkurrenz zu spekulieren.
- Wenn ein Unternehmen dauerhaft wesentlich schlechter arbeitet als die anderen Unternehmen, muss es auch in einem kooperativen Wettbewerb damit rechnen, vom Markt verdrängt zu werden. Die Beteiligten werden sich in aller Regel bemühen, diese Situation zu vermeiden.
- Auf kooperativen Märkten haben die besten Unternehmen durchaus monetäre Vorteile, sie können durch effektivere Produktion und bessere Produkte höhere Überschüsse erzielen. Die solidarische Unternehmensverfassung (siehe Abschnitt III.3) bewirkt allerdings, dass diese Überschüsse nicht zwangsläufig reinvestiert werden. Es gibt für die Beteiligten eine Reihe weiterer attraktiver Verwendungsmöglichkeiten. Das bedeutet, auch unter den Bedingungen eines kooperativen Wettbewerbs kann es Fortschritt und Dynamik geben, wenn die Gesellschaft, repräsentiert durch die Teilnehmenden der Wirtschaftsräte, dies will. Dieser Fortschritt ist allerdings, nicht zuletzt durch die umfassenden Kriterien der Bilanzierung, zielorientiert, und im Regelfall wesentlich langsamer als unter den Bedingungen einer kapitalistischen Konkurrenz. Die letzten Ausführungen leiten unmittelbar über zu einer genaueren Betrachtung der gesetzlichen Rahmenbedingungen in einem kooperativ organisierten Wettbewerb.

3.4.3 Rahmenbedingungen eines kooperativen Wettbewerbs

Es wurde bereits mehrfach darauf hingewiesen, dass funktionierende Märkte gesetzliche Rahmenbedingungen benötigen. So wie sich im Laufe der Zeit Rahmenbedingungen für einen individualistisch konkurrierenden Wettbewerb gebildet haben, muss die Politik auch für Märkte mit einem kooperativen Wettbewerb geeignete Rahmenbedingungen bereitstellen. Kooperatives Verhalten muss systemisch belohnt werden. Wie sehen die Rahmenbedingungen für einen kooperativen Wettbewerb aus?

An vielen Stellen in diesem Buch werden ausführlich diese Rahmenbedingungen erläutert, so dass hier nur kurze Verweise nötig sind.

- Das Anhäufen von Reichtum durch Kapitaleinsatz oder durch überzogene Lohnansprüche ist nicht möglich (vgl. Kapitel zur Finanzordnung und zur Lohn- und Arbeitskultur). Dadurch entfällt eine wesentliche Motivation, andere Markteilnehmer zu verdrängen.
- Die Unternehmen werden partizipatorisch geleitet. Das heißt, an den grundlegenden Entscheidungen sind wesentliche gesellschaftliche Gruppen wie die Beschäftigten, die Kunden, die Vertreter der Öffentlichkeit und die der Kapitalgeber beteiligt (vgl. Unternehmensverfassung). Diese gesellschaftlichen Gruppen haben in der Regel kein Interesse daran, einen Wettbewerb zu führen, der andere Marktteilnehmer vom Markt treibt.
- Die Besteuerung und die Unterstützung der Unternehmen durch staatliche Aktivitäten sind abhängig von den Werten der Nachhaltigkeitsbilanz. Aggressive Unternehmenspolitik, die den anderen Marktteilnehmern Schaden zufügt, bewirkt eine Verschlechterung der Nachhaltigkeitspunkte. Anders ausgedrückt, auf individuelle Konkurrenz ausgerichtete Unternehmenspolitik bringt erhebliche ökonomische Nachteile mit sich, während auf Kooperation ausgerichtetes Verhalten Vorteile bringt.
- Unternehmen einer Branche und einer bestimmten Region vernetzen sich in regionalen Wirtschaftsräten, die wiederum partizipatorisch besetzt sind. In diesen Räten können – soweit dies notwendig ist – Weichen gestellt werden, die einen konkurrierenden Wettbewerb überflüssig machen. Diese regionalen Wirtschaftsräte (mitunter auch der nationale Wirtschaftsrat) haben die wichtige Aufgabe, einerseits der Entscheidungsfreiheit der einzelnen Akteure einen großen Raum zu geben, gleichzeitig die Berücksichtigung der Interessen des Gemeinwohls in einem ausreichenden Maße zu gewährleisten. (s. a. Abschnitt «Unternehmensverfassung«)
- Allen Bürgerinnen und Bürgern wird eine Grundsicherung garantiert, die ein würdevolles Leben in der Gemeinschaft garantiert. Die sozialversicherungspflichtige Arbeit pendelt sich auf einen Umfang um 20 Stunden pro Woche ein. Durch beide Maßnahmen wird Raum geschaffen für ehrenamtliche Tätigkeiten, für Engagement in der Subsistenzwirtschaft oder für die aktive Teilnahme in den zahlreichen demokratischen Gremien. Neben der gewerblichen Arbeit gibt es also zahlreiche Alternativen, sich sinnstiftend

in der Gemeinschaft zu engagieren (siehe Kapitel zur Arbeits- und Sozialkultur).

- Die Bildung, die Kultur hat von Anfang an einen kooperativen Ansatz, in dem nicht das Individuum sondern die Beziehung im Vordergrund steht. Kleine Kinder werden somit nicht schon im Grundschulalter auf individuelle Konkurrenz getrimmt, sondern lernen und begreifen die Welt als ein gemeinschaftliches Erlebnis (vgl. den Abschnitt zum Menschenbild).

In der Summe machen diese Rahmenbedingungen konkurrierenden Wettbewerb, also die zwangsläufige Produktion von Verlierern, unattraktiv. Marktteilnehmer, die sich trotzdem aggressiv egoistisch verhalten, handeln unter den gegebenen Bedingungen nicht rational und werden dadurch früher oder später ihr Verhalten korrigieren müssen.

Zur Verdeutlichung ein einfaches Beispiel

In einer mittelgroßen Stadt gibt es zehn Bäcker. Es ist sowohl im Interesse der Kunden als auch der Beschäftigten, wenn diese Bäcker getrennt produzieren, also im Wettbewerb miteinander stehen. Trotzdem stehen diese Bäcker vor einer gemeinsamen Aufgabe, nämlich die Bevölkerung mit Brot und Brötchen zu versorgen. Um diese Aufgabe zu lösen, treffen sie sich mit den Kunden und Vertretern der Öffentlichkeit in dem regionalen Wirtschaftsrat, um eine für alle Beteiligten gute Lösung zu vereinbaren. Der Wettbewerb unter den Bäckern ist damit nicht aufgehoben, er wird aber intelligent und auf die Situation bezogen organisiert. Aus den vielen denkbaren Szenarien sollen hier drei angedacht werden:

1. Szenario: *Die Beteiligten Bäcker finden ihren Ort (was hier nicht nur räumlich zu verstehen ist) in dem Markt, sie können jeweils eine optimale Betriebsgröße aufbauen, und so bildet sich ein relativ stabiles Gleichgewicht.*

2. Szenario: *Bäcker 3 stört dieses Gleichgewicht, indem er durch eine besonders billige Brötchenvariante und Verwendung entsprechender Materialien und ggf. auch durch schlechte Bezahlung der Beschäftigten versucht, einen größeren Marktanteil zu erobern. Dieses Verhalten steht ihm natürlich zu, er wird aufgrund dieser Unternehmensstrategie allerdings durch die Nachhaltigkeitsbilanzierung mit höheren Steuersätzen rechnen müssen. Es ist fraglich, ob diese Strategie dann noch für ihn vorteilhaft ist. Handelt es sich um eine Großbäckerei mit 30 oder mehr Beschäftigten, muss diese Politik zudem von den innerbetrieblichen partizipatorisch besetzten Aufsichtsgremien beschlossen* *werden. Sollte es ihm trotzdem gelingen, durch seine Billigbrötchen den Markt leerzufegen, so hat er offensichtlich den Kundennerv getroffen, und die anderen Bäcker müssten reagieren oder vom diesem Markt ausscheiden.*

3. Szenario: *Das durchaus stabile Marktgleichgewicht wird durch eine Großbäckerei, die im Franchiseverfahren Märkte erobern möchte, gestört. In diesem Fall obliegt es dem regionalen Wirtschaftsrat, ob und unter welchen Bedingungen dieses Großunternehmen für diesen Markt zugelassen wird.*

Bei allen Szenarien kann es zu Betriebsschließungen oder auch Entlassungen kommen. Aufgrund einer staatlich zugesicherten Grundsicherung ohne Bedarfsprüfung fallen die Angestellten dieser Unternehmen nicht in ein finanzielles Loch. Sie können weiterhin ein menschenwürdiges Leben führen. Wichtig ist, dass bei allen Problemen, die sich auf diesem Markt ergeben können, alle Beteiligten zum Finden einer gemeinsamen Lösung aufgefordert werden.

3.5 Grenzen des kooperativen Wettbewerbs

Wie oben erwähnt, sind der Markt und der damit verbundene Wettbewerb keine Universalinstrumente. Es wird Güter geben, bei denen der Markt auch unter den Bedingungen des kooperativen Wettbewerbs nicht als Instrument zur Verteilung geeignet ist. Wie die Verteilung dieser Güter zu organisieren ist, entscheiden letztendlich die regionalen und nationalen Wirtschaftsräte. Unabhängig davon, ob sich die Beteiligten für eine Verteilung über den Markt, eine Allmende, durch öffentliche Unternehmen, eine Genossenschaft oder eine andere Form entscheiden. Für alle Verteilungsformen gelten zwei Grundsätze:

1. Sie müssen partizipatorisch zusammengesetzt sein.

2. Sie haben die Pflicht, der Öffentlichkeit gegenüber eine Nachhaltigkeitsbilanz zu erstellen, die als Grundlage für die Besteuerung und die staatliche Förderung gilt.

III. Handlungsfelder einer Solidarischen Ökonomie

Bernd Winkelmann

Vorbemerkung

Nachdem in den vorangehenden Abschnitten die Sackgassenentwicklung der kapitalistischen Wirtschaftsweise beschrieben und Vision und Leitvorstellungen einer Ökonomie im Dienst des Menschen skizziert wurden, sollen im folgenden Kapitel die wichtigsten Handlungsfelder einer postkapitalistischen, solidarischen Ökonomie beschrieben werden.

Diese Handlungsfelder sind in gewisser Weise als »Systemweichen« zu verstehen, d. h. hier werden konkrete systemische und strukturelle Veränderungen aufgezeigt, in deren Zusammenwirken sich der gesamtwirtschaftliche Prozess von einer kapitalistischen zu einer solidarischen Ökonomie transformieren kann. Es geht darum, die Entwürfe einer »Utopie« in die Wirklichkeit zu holen und hier ihre grundsätzliche ökonomische Realisierbarkeit zu prüfen.

Um hier allerdings nicht in allgemeinen Postulaten stecken zu bleiben, beschreiben wir mögliche konkrete Neuregelungen auch anhand exemplarischer Zahlen und Umsetzungsbeispiele. Natürlich wäre es vermessen, hiermit ein detailliert ausgefeiltes oder gar fertiges Konzept vorstellen zu wollen. Wir können von unseren Prämissen und Zielvorstellungen ausgehend nur grobe Konturen, einen »Richtungsentwurf« einer alternativen Ökonomie aufzeigen und zur Diskussion stellen. Die tatsächliche Umsetzung und konkrete Gestaltung wird sich oft überraschend anders ergeben. Sie muss in einem offenen Suchprozess von »Versuch und Irrtum« mit allen Beteiligten entwickelt werden – aber eben mit einer klaren Orientierung, wie sie oben entwickelt wurde.

In der folgenden **Grafik** werden im inneren Kreis die drei grundlegenden Handlungsfelder einer Solidarischen Ökonomie dargestellt: eine neue Finanzordnung, eine neue Eigentumsordnung, eine partizipatorische Unternehmensverfassung. Sie haben für die Veränderung des ganzen Wirtschaftssystems eine Schlüsselfunktion und sind grundlegend für die Handlungsfelder, die auf dem äußeren Kreis benannt werden. Keines dieser Teilsysteme kann für sich funktionieren und allein eine Systemveränderung bewirken. Dies kann nur im systemischen Zusammenwirken dieser »Bausteine« geschehen, die gewissermaßen wie »Zahnräder« ineinander greifen müssten.

Abb.10: Zentrale Handlungsfelder einer Solidarischen Ökonomie

Es wäre durchaus sinnvoll, in einem dritten äußeren Kreis **gesellschaftliche Bereiche wie Bildung, Kultur, gewaltfreie** Konfliktlösung, partizipatorische Demokratie etc. hinzuzufügen und zu bearbeiten, die wiederum auf die ökonomischen Systeme einwirken.

In den folgenden Abschnitten werden die hier genannten Handlungsebenen im Einzelnen vorgestellt. Dabei werden in dem jeweiligen Handlungsfeld zunächst die bestehenden Verhältnisse beschrieben und analysiert. In einem zweiten Schritt skizzieren wir die möglichen konkreten Systemänderungen und möglichen Neuregelungen.

Harald Bender

1 Schuldgeld oder öffentliches Kapital – Grundzüge solidarwirtschaftlicher Finanzverfassung

1.1 Zur Produktivität des Kapitals

Die Kritik der Kapitalwirtschaft, ihrer falschen Prämissen, Fehlentwicklungen und destruktiven systemischen Mechanismen, die in den voranstehenden Beiträgen dieses Bandes dargelegt wurden, ginge an der empirischen Realität vorbei, wenn nicht auch die *produktive Kraft* des Kapitals und die historischen Errungenschaften des kapitalwirtschaftlichen Prinzips in Rechnung gezogen würden. Nicht, um ein »für und wider« abzuwägen, also die wohlfeile Diagnose der möglicherweise »besten aller schlechten Wirtschaftsordnungen« zu stellen, sondern um der Kritik die Perspektive einer Bewahrung der produktiven Aspekte und Mechanismen bei Überwindung der destruktiven zu eröffnen.

Kapital stellt historisch eine spezifisch »moderne« Form der Mobilisierung von Arbeit dar. Es repräsentiert ein System der Mobilisierung gesellschaftlicher Produktivkräfte, das seit den Tagen der industriellen Revolution ein beispielloses Potential der Entfaltung technischer, sozialer und politischer Innovationen entfaltet hat. Die umwälzende Kraft des Kapitals und die ungeheure Steigerung volkswirtschaftlicher Wertschöpfung war schon in Karl Marx' »Kritik der politischen Ökonomie« Ausgangspunkt der Analyse einer alle ständischen und feudalen Strukturen ersetzenden bürgerlichen Gesellschaft.

Worauf beruht nun jene ungeheure Kraft, die heute im globalen Maßstab wirkt und unter drohendem Verzehr weltweiter natürlicher Ressourcen bis in die letzten Winkel der Erde hinein reicht? Um diese Frage hier fruchtbar zu machen, ist eine Unterscheidung von zwei Grundformen des Kapitals nötig:

a) Das aus vergangener Arbeit gewonnene und als »Mehrwert« *abgeschöpfte* Kapital, das der Bereicherung des Unternehmers bzw. der Anteilseigner oder der Finanzierung neuer Investitionen aus akkumulierten Eigenkapitalmitteln des Unternehmens dient (der »klassische« Gegenstand der marxschen Analyse) und

b) Das »*geschöpfte*« Kapital, das der kreditförmigen Finanzierung von Investitionen dient und kein Eigenkapital sondern Fremdkapital darstellt.

Schon die marxistische Analyse mit ihrem »Gesetz« des tendenziellen Falls der Profitraten hatte gezeigt, dass das ungeheure Wachstum und die exponentiellen Steigerungen der Arbeitsproduktivität durch permanente Rationalisierungsinvestitionen nicht oder allenfalls in einer Anfangsphase der »Ausbeutung« geleisteter Arbeit abgerungen sein konnte.

Die volkswirtschaftlich wie auch global umwälzende Kraft des Kapitals beruht statt dessen auf der stetig an Bedeutung gewinnenden zweiten Form: auf dem »prospektiv« Mehrwert erzeugenden Finanzkapital an Stelle des »retrospektiv« aus Mehrwert-Profiten abgeschöpften. In Anlehnung an die Unterscheidung von Finanz- und Realwirtschaft kann man das »prospektive« (zukunftsgerichtete) Finanzkapital also vom »retrospektiven« (vergangener Wertschöpfung entstammenden) Realkapital unterscheiden.

Dies ist unseres Erachtens der Kern der permanenten »Kapitalrevolution«: In Form des prospektiven Finanzierungskapitals steht eine im Prinzip unbegrenzte Vorfinanzierung künftig zu leistender Arbeit zur Verfügung. Zum Zeitpunkt X wird eine Summe bereitgestellt, die für ein aktuelles Projekt ausgegeben werden kann und die sich erst im Abschreibungszeitraum durch Wertschöpfung – also Arbeit – amortisieren muss. Die Abschreibungszeiträume können dabei *auf Jahrzehnte* kalkuliert sein. So muss die jeweils nächste Stufe der Produktionsausweitung und Rationalisierung nicht aus laufender Produktion vom Lohn und – wie in den frühen Tagen des Kapitalismus – vom Munde der »Werktätigen« abgespart werden, sondern deren Lohn kann im Gegenteil sofort an der durch die Investition erreichten Produktivität orientiert sein.

Hierin liegt die enorme Attraktivität der modernen »prospektiven« Kapitalwirtschaft und ihre enorme Kraft der Mobilisierung von Arbeit, Intelligenz, Erfindungsgeist und Innovation. Es ist die »sofortige Vergütung«, die für die kreative Leistung der Innovation kapitalförmig finanziert wird und all die Erfolgsgeschichten hervorbringt, die mit der Entwicklung der modernen Kapitalwirtschaft *auch* verbunden sind.

Auch aus der Perspektive »einfacher Arbeiter« ist das System dort, wo solch »vorfinanziertes« Wachstum an Wertschöpfung und Produktivität stattfindet, höchst attraktiv: Der Lohn wird bis zur Erschöpfung der neuen Mittel ausbezahlt, ohne dass es eine Gewähr gibt, dass die »Rechnung« dereinst wirklich aufgeht. Der Lohnabhängige ist so vom akuten Risiko vorläufig freigestellt. Gleichwohl wird er viel dafür tun, durch persönlichen Einsatz zur Verwirklichung der Geschäftspläne beizutragen, um seinen Arbeitsplatz, der von neuen Erfolgen des Unternehmens abhängt, auch künftig behalten zu können.

Eine schöne, fast schon perfekte Welt, so scheint es. Doch für *jede* solcher Finanzierungen – ob durch künftig eintretende Erfolge amortisiert oder nicht – wird »die Rechnung« mit Zins- und Zinseszins aufgemacht. Und wo ein einzelnes Unternehmen oder ein persönlich haftender Unternehmer sie nicht zahlen kann, zahlt letztlich die Allgemeinheit bzw. die Gesamtheit der Wirtschaftssubjekte. Wie solche Verluste, die oft aus falschen oder gar jeder realen Grundlage entbehrenden Prognosen entstammen, »sozialisiert« werden, zeigen die akuten Finanzkrisen nur allzu deutlich. Dass es dabei auch um die nächste Potenz dieses Systems, nämlich die *finanzmarktinternen* Gewinnprognosen geht, deren Realisierung vorfinanziert wurde, ist eine aktuelle Besonderheit. Sie sollte nicht darüber hinweg täuschen, dass auch der Zusammenbruch »systemrelevanter« Realindustrien, dieselben Mechanismen des Ausfalls von Krediten und der Letzthaftung des Staates zur Folge hätten.

Was sind nach dieser Analyse nun die »produktiven Aspekte und Mechanismen« des kapitalwirtschaftlichen Systems, die beim Versuch der Überwindung seiner destruktiven Tendenzen bewahrenswert sind?

Auch hier kann die Antwort in historischer Perspektive gegeben werden: Mechanismen gesellschaftsweiter Mobilisierung von Arbeit sind historisch – wohl seit dem Bau der Pyramiden – mit autoritären Zwangsregimen einhergegangen. Die Aufopferung für das Ganze war für den Einzelnen dort Pflicht. Dies wurde in früheren Epochen mit religiösem und in späteren mit auch »revolutionärem« Pathos kombiniert, das den Einzelnen zusätzlich in den Dienst einer »größeren Sache« stellte und mit einer ideologischen Durchgestaltung aller sozialen Verhältnisse einherging.

Demgegenüber bringt die Arbeitsmobilisierung durch Kapital ein zumindest *größeres* Maß an Handlungsfreiheit und Chancen persönlicher Entfaltung mit sich - auch abhängig von der Frage, in welcher Branche und zu welchem Zweck welche Form von Kapital (privates oder öffentliches) von welcher Art von Unternehmen (privat, genossenschaftlich, öffentlich-rechtlich) investiert wird.

Wenn das kapitalwirtschaftliche Prinzip nicht mit den handlungsleitenden Kriterien der Realisierung und Privatisierung von Gewinnen gleichgesetzt wird, sondern als Organisationsprinzip von Zukunftsinvestitionen im öffentlichen Interesse dienen kann, ergibt sich zumindest eine Chance, seine produktive

Kraft von seinen destruktiven Mechanismen sukzessive abzulösen und die Zweckbestimmung dieses Prinzips zu transformieren.

1.2 Kredit und (Schuld-) Geldschöpfung[68]

Die Frage nach einem »guten«, im ethischen Sinne richtigen und mit den Werten unserer Verfassung vereinbaren Finanzsystem ist die Frage, wie finanzielle Mittel, die noch nicht erarbeitet wurden, zugeteilt und bereit gestellt werden. Dies ist eine im Kern politische statt »nur« ökonomische Frage, wenn Politik als die Allokation von Gütern und Werten verstanden wird.

Die Bereitstellung noch nicht erarbeiteter Mittel für in die Zukunft gerichtete Vorhaben ist der Kern dessen, was allgemein als »Kreditfinanzierung« bezeichnet wird. Was genau bedeutet es aber, eine Investition oder ein Projekt mit einem »Kredit« zu finanzieren? Zur Beantwortung dieser Frage ist als erstes die Eigenart des Kredites zu beleuchten. Dieser stellt nach den Befunden der Finanzwissenschaft - von den Kritikern unseres heutigen Finanzsystems bis hin zu dessen Architekten – kein »Verleihen von Geld« dar. Es geht beim »Kredit« vielmehr um den Tausch von Gütern oder Dienstleitungen gegen ein in die Zukunft gerichtetes Zahlungsverspechen. Eichhorn und Solte (2009)[69] schreiben hierzu:

»Es hat sich nicht nur im Bewusstsein vieler Menschen, sondern auch in vielen Bereichen der wirtschaftswissenschaftlichen Literatur die Vorstellung verfestigt, dass ein Kredit das Ausleihen von Geld sei. (...) Dieses nicht den wirtschaftlichen Verhältnissen entsprechende Verständnis ist als Grund für manche Schwierigkeiten, das Geldsystem, das Finanzsystem und damit das gesamte Wirtschaftssystem zu verstehen, sicherlich mit entscheidend. (...) Was ist ein Kredit wirklich? (...) Ein (Geld-) Kredit ist ein Leerverkauf von Geld, ein Leerverkauf von gesetzlichen Zahlungsmitteln. Der Kreditnehmer, der Schuldner, verkauft Geld, das er nicht hat, und verspricht, dieses Geld zum vereinbarten Termin in der Zukunft (Kreditlaufzeit) zu liefern«.

---

[68] Zur kritischen Diskussion der Geldschöpfung danke ich Kris Kunst und Dirk Vielmeyer, die im Rahmen der Initiativgruppe Rhein-Main-Neckar der Akademie für Solidarische Ökonomie zahlreiche Argumente, Quellen und Aspekte eingebracht haben.

[69] Wolfgang Eichhorn/Dirk Solte, Das Kartenhaus des Finanzkapitalismus, Frankfurt am Main 2009, S. 46f.

Dieser Befund klingt zunächst befremdlich: Beim Kredit wird »kein Geld verliehen«. Doch dies ist unmittelbar einleuchtend, wenn wir uns die einfache Situation vorstellen, wir ließen »beim Händler um die Ecke« anschreiben: Wir »kaufen« (bzw. tauschen) die Ware, die wir bekommen und mitnehmen, gegen ein Papier, auf dem unser Zahlungsversprechen notiert wird. Der Händler hat uns »Kredit gegeben«, ohne dafür Geld ausgezahlt zu haben.

Was ist bei diesem einfachen Vorgang geschehen? Wenn wir uns die Mechanismen der durch Kredite bewirkten »Geldschöpfung«, von denen später die Rede sein wird, in ihrem ursprünglichen Kern veranschaulichen wollen, müssen wir vergleichen, was die beiden Geschäftspartner vor und nach dem Tausch in ihrer ganz privaten »Bilanz« jeweils zu Verfügung haben. Wir, die wir ohne Geld zum Händler gegangen sind, haben nun die Ware - also mehr als vorher. Der Händler hat die Ware nicht mehr – dafür aber ein Zertifikat, einen Schuldschein, der nominell so viel Wert ist, wie die Ware, die er hergab. Noch ungeachtet des Risikos, dass der Käufer seiner Verpflichtung nicht nachkommt, steht beim Händler also derselbe nominelle Wert in der Bilanz. Der »Kreditnehmer« hat nun also mehr, während der »Kreditgeber« *nicht weniger* hat. Wie ist das möglich? Wie wurde dieses Mehr geschaffen? Es wurde geschaffen, indem der Kreditnehmer das Versprechen abgab, es *in der Zukunft* bereit zu stellen, also die in den »Bilanzen« hinzugekommene Summe zu einem künftigen Zeitpunkt zu bezahlen. Die *Aussicht* auf Zahlung steht dabei in der Bilanz mit gleichem »Gewicht« wie die kreditierte Ware selbst. Der Ware, die der Käufer mitgenommen hat, steht seine Verbindlichkeit gegenüber, die in der Bilanz des Händlers ein Anspruch (bilanztechnisch: eine Forderung) ist, für die er die Ware hergegeben hat. Wo es zunächst nur die angebotene Ware gab, gibt es nun die Ware und den mit dem gleichen nominellen Wert versehenen Schuldschein.

Auf der Seite *des Kreditnehmers* hat im oben beschriebenen Vorgang die in der Finanzökonomie bestens bekannte »Bilanzverlängerung« stattgefunden: Wo auf der Aktiv- wie auf der Passivseite im Anfangszustand nichts stand (beide Werte waren 0), stehen nun zwei Werte: Der Wert der Ware auf der Aktiv- (gleich Vermögensseite) und der Wert der Zahlungsverpflichtung auf der »Passivseite« der eingesetzten Kapitalien. Wir betrachten hier den *Waren*kredit, also den Tausch (Kauf) einer Ware gegen ein Geldversprechen. Beim Händler hat sich die Bilanz hierbei wohlgemerkt weder »verlängert« noch »verkürzt«, denn aus der Ware ist eine Forderung gleichen Wertes geworden, d. h.

aus einem Handelsgut wurde ein nominell gleichwertiger Vermögensgegenstand (»Aktivtausch«).

Weshalb beginnen wir die Analyse der Grundlagen unseres heutigen Finanzsystems mit dieser zugleich einfachen wie bilanztechnisch abstrakten Betrachtung? Wir tun dies, um im nächsten Schritt das »Rätsel« der Geldschöpfung durch den Kredit zu entmystifizieren. Die Geldschöpfung »ex nihilo« – die Schaffung von etwas »aus dem Nichts« – hat in den kritischen Analysen unseres heutigen Finanzsystems Prominenz erlangt und wird nur allzu oft mit einem »ungedeckten« Hokuspokus verwechselt. Doch wir sehen, wie einfach der Vorgang in Wirklichkeit ist, wenn wir die obenstehende Analyse vom Warenkredit auf den Geldkredit übertragen und – ganz in der Logik unseres Finanzsystems – auch Geld als »eingekaufte Ware« betrachten. Der Händler ist nun »die Bank« bzw. das »Kreditinstitut« und der »Käufer« ist wiederum der Kreditnehmer. Dieser bekommt das Geld von der Bank auf einem Konto gutgeschrieben. »Eingekauft« hat er es gegen das Versprechen, künftig eine Zahlung gleicher Höhe an den »Verkäufer« (die Bank) zu leisten. Bei der nun folgenden Betrachtung können wir den Zins, der für die Bank der Anreiz ist, das Geschäft abzuschließen, zunächst außer Acht lassen: Die Bilanz des »Käufers« (Schuldners) hat sich in der gleichen Weise wie zuvor verlängert: Auf der Aktivseite steht das Geld, das dem Konto gutgeschrieben wurde und auf der Passivseite steht die künftig einzulösende Zahlungsverpflichtung. Doch anders als beim Warenkredit hat sich im Falle des Geldkredites auch die Bilanz der Bank verlängert: Wo im Anfangszustand *nichts* war, finden sich nun auch hier zwei Werte wieder: Die Forderung *an* den Kreditnehmer (seine Zahlungsverpflichtung zum Zeitpunkt der Fälligkeit zu erfüllen) und die Verbindlichkeit *gegenüber* dem Kreditnehmer, das auf seinem Konto verbuchte und ihm somit »zustehende« Geld auf Verlangen auszuzahlen. Dies ist der exakte Moment der »Buchgeld-« oder »Giralgeldschöpfung«, die immer auch als Schöpfung von »Schuldgeld« zu verstehen ist. Dieser Moment bedarf keiner weiteren Voraussetzung – abgesehen vom Recht der Bank oder des Kreditinstitutes, so zu verfahren und natürlich der Fähigkeit, das gegen Schulden kontierte Buchgeld nötigenfalls tatsächlich liquide bereit zu stellen. Während die liquide »Deckung« des Buchgeldes dabei grundsätzlich prekär ist, findet dessen »Schöpfung« weitgehend losgelöst vom tatsächlichen Umfang späterer Einlösungen als Satz selbst geschaffener Bilanzpositionen statt.

Um dies exakt zu verstehen, müssen wir uns klarmachen, dass das so »geschöpfte« (Schuld-) Geld zunächst nur »in den Büchern« steht bzw. eine Zahl auf dem Konto des Kreditnehmers darstellt. Mit der Kontierung wurde also noch kein Geld transferiert, sondern erst der *Anspruch* auf einen entsprechenden Geldtransfer geschaffen. Erst wenn der Kreditnehmer das Geld von seinem Konto tatsächlich abhebt oder auf das Konto einer *anderen* Bank über-

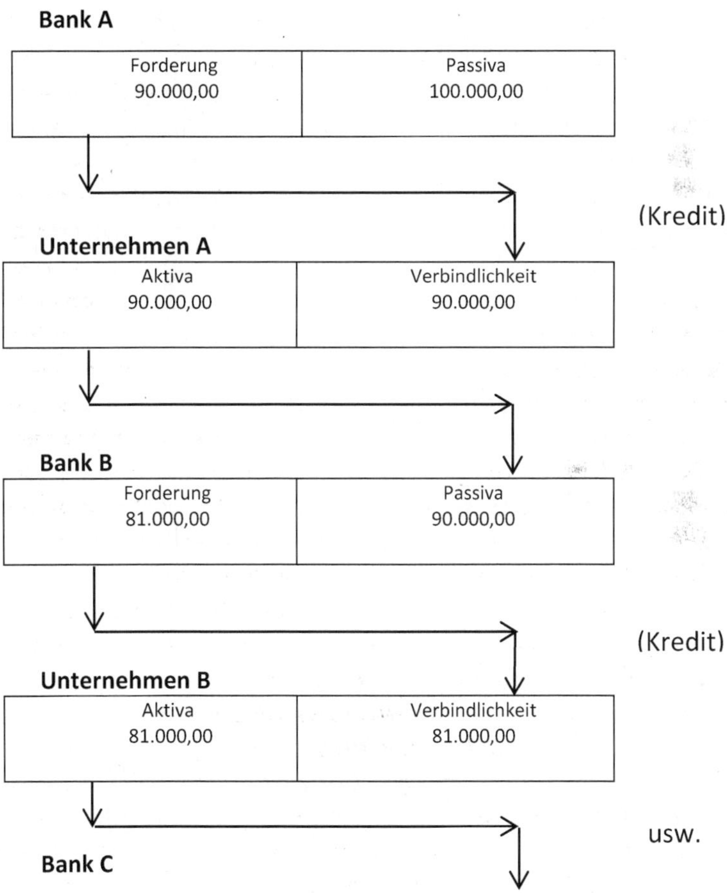

Geldschöpfung in diesem Fall: 900.000,00 € (bei Eigenkapitalreserve von 10 %).

Abb. 11: Multiple Giralgeldschöpfung der Geschäftsbanken

weist, muss die Bank ihre Verbindlichkeit gegenüber dem Kreditnehmer einlösen – »absolut«, indem sie ihm die kontierte Summe in bar auszahlt oder »relativ«, indem sie die Summe dem Konto eines anderen Giralakteurs (in der Regel einer anderen Bank) gutschreibt. Im letzteren Fall bleibt das Geld »Geschäftsbankengeld« bzw. »Giralgeld«, das im Giralsystem der Banken weiter zirkulieren kann und zur Grundlage einer »multiplen Giralgeldschöpfung« der Banken wird. Diese »aktive« und »multiple« Schaffung von Geschäftsbankengeld (Giral- bzw. Schuldgeld) ist keine voreingenommene Deutung, die von Kritikern des Finanzsystems in die Arena des Diskurses geworfen wird, sondern entspricht der fachwissenschaftlich unbestrittenen Darstellung, wie sie in jedem Lehrbuch der Geldtheorie nachgelesen werden kann. Stellvertretend sei hierfür auf das Grundlagenwerk des ehemaligen Direktoriumsmitglieds der Bundesbank und der Europäischen Zentralbank, Ottmar Issing, verwiesen, der dies in seinem »Klassiker zur Geldtheorie« (Das Wirtschaftsstudium) übersichtlich und präzise dargelegt hat. [70]

Die aktive (Schuld-) Geldschöpfung durch die Geschäftsbanken wird im finanzmarktkritischen Diskurs oft in Abrede gestellt [71] und es wird argumentiert, nur die Zentralbank könne »Geld schöpfen«. Hier wird der politisch begründbare Anspruch, ein solches »ungeheures« Privileg nur einer im besten Fall öffentlich legitimierten Instanz zugestehen zu wollen, mit der finanzwirtschaftlichen Wirklichkeit kurzgeschlossen. Hierzu noch einmal Ottmar Issing:

*»In den modernen Volkswirtschaften existieren heute im Allgemeinen zwei **»Produzenten«** von Geld, nämlich die Notenbank und die Kreditinstitute (Geschäftsbanken). Der Notenbank (Zentralbank) obliegt die Schaffung des Zentralbankgeldes; dazu rechnen das Bargeld und die Sichtguthaben bei der Notenbank. (...) Die Geschäftsbanken schaffen das Geschäftsbankengeld; hierunter versteht man die Sichtguthaben der Nichtbanken [also der Kreditnehmer; Anm. des Autors] bei den Kreditinstituten. Dieses Geschäftsbankengeld wird auch als Buch- oder Giralgeld bezeichnet. «* [72]

Auch die Sichtguthaben bei der Zentralbank stellen, so Issing weiter, natürlich »Giralgeld« dar, das in gleicher Weise entsteht, wie das Giralgeld bei den

---

[70] Siehe Ottmar Issing, Einführung in die Geldtheorie, 15. Auflage, München 2011, S. 56f.

[71] Hierzu prominent Helmut Creutz, der keine aktive Schöpfung, sondern nur eine »Umschöpfung« bei den Geschäftsbanken sieht. Vgl. z.B. ders. 2010, »Dauerbrenner Geldschöpfung«, in: Humane-Wirtschaft.de, 03/2010, S. 3f.

[72] Issing 2011, S. 53

Geschäftsbanken, nämlich durch die Gewährung eines Kredites eben *an* die Geschäftsbanken. In diesem Punkt unterscheiden sich die Geschäftsbanken und die Zentralbank also nur hinsichtlich der »Kundschaft«, die hier die Bankkunden sind und dort (bei der Zentralbank) die Geschäftsbanken selbst.

Was die Zentralbank nun von den Geschäftsbanken im Kern unterscheidet ist die Schaffung von *Bargeld* (Münzen bzw. *Banknoten* in der berühmten »Notenpresse«), das als »gesetzliches Zahlungsmittel« mit unbedingter Liquidität einhergeht. Dieses Bargeld ist die *auszahlbare Deckungsreserve* jeglicher Giroverbindlichkeiten der Banken. Diese reale »Schaffung« (statt nur buchtechnische »Schöpfung«) ist in der Tat das Privileg der Zentralbank und die Voraussetzung der Buchgeldschöpfung durch die Geschäftsbanken, denn jeder Besitzer von »Sichtguthaben« (also tagesfällige Guthaben auf dem Konto) hat das Recht, dieses Guthaben in Bargeld einzulösen.

Doch existieren bekanntlich wesentlich höhere Summen an Sichtguthaben (Giralgeld), als an Bargeld zur Verfügung steht – das Verhältnis liegt bei etwa 1 : 10. Die von den Banken geschöpften und dabei als Forderungen an die Kreditnehmer gebuchten Guthaben könnten von diesen also niemals vollständig als Bargeld eingelöst werden. Das Kreditgeschäft der Banken beruht wie gesehen auf der Buchung von »Verbindlichkeiten« (*gegenüber* den Kreditnehmern!) gegen »Forderungen« (an die Kreditnehmer).

Schauen wir uns dies anhand eines Kredites von 1.000 € an, der dem Girokonto des Kreditnehmers gutgeschrieben wurde. Die Beispielbilanz zeigt auf der linken Seite die Forderungen der Geschäftsbank gegenüber dem Kunden und auf der rechten Seite die »Sichtverbindlichkeiten« der Bank, also das beim Kunden kontierte Guthaben. Das Kontoguthaben des Kreditnehmers ist aus Sicht der Geschäftsbank eine *Verbindlichkeit*, da sie es auf Verlangen auszahlen muss. »Sichtverbindlichkeit« (bzw. Sicht*guthaben* aus der Perspektive des Kreditnehmers) bedeutet dabei, dass die Auszahlung auf Verlangen am selben Geschäftstag erfolgt. Man beachte hier, dass die elektronisch kontierte Summe in diesem Moment also noch nicht geflossen oder von der Bank »bezahlt« ist. Eben deshalb ist sie auf der »Passivseite« eine *Verbindlichkeit*.

Aktiva		Bilanz Geschäftsbank	Passiva	
Forderungen (an Kreditnehmer)	+1000		Sicht**verbindlichkeiten** (Kontoguthaben des Kreditnehmers)	+1000

Aktiva		Bilanz Unternehmen	Passiva	
Sicht**guthaben** (Summe auf dem Konto)	+1000		**Verbindlichkeiten** (Zahlungsverpflichtung gegenüber der Bank)	+1000

Abb. 12, BILANZTABELLE nach Issing, 2011, S. 56

Um das Prekäre dieser Bilanzierung zu verstehen, muss man sich zunächst vor Augen führen, was »Aktiva« und »Passiva« ursprünglich sind: Aktiva sind die Vermögensgegenstände und das Umlaufvermögen eines Unternehmens. Als »Passiva« gelten die diesen Vermögen entsprechenden Kapitalsummen, also das Eigen- oder Fremdkapital. Aus der Sicht des Kreditnehmers bzw. Unternehmens »stimmt« in unserem Kreditbeispiel diese Sicht: Dem Kontoguthaben (Umlaufvermögen), das auf der Aktivseite steht, entspricht das bei der Bank aufgenommene Fremdkapital der Passivseite.

Anders bei der Bank: Sie hat durch die Kreditierung auf der Passivseite eine Verbindlichkeit erzeugt, der auf der Aktivseite kein tatsächliches Vermögen gegenüber steht, sondern nur eine Forderung. Diese Buchung von »Forderungen gegen Verbindlichkeiten« im Zuge der »bilanziellen Erzeugung von elektronischem Geld« ohne effektive reale Deckung sieht Franz Hörmann (2011) als »den Tod des Geldes« und als »Hütchenspielertrick« unseres heutigen Finanzsystems an.[73]

[73] Franz Hörmann/Otmar Pregeter, »Das Ende des Geldes. Wegweiser in eine ökosoziale Gesellschaft«, Etsdorf am Kamp 2011, S. 148-152

Ob wir dies nun »Hütchenspielertrick« oder »aktive Geldschöpfung« nennen wollen: Im Kern geht es darum, dass die geschaffene Summe (noch) nicht real gedeckt ist. Das Kapital ist insofern »prospektiv«. Sein Gegenwert muss erst noch erarbeitet werden – und zwar vom Kreditnehmer, der aus seiner künftigen Arbeit und Wertschöpfung die Forderung der Geschäftsbank erfüllen muss. Dennoch werden die durch Kreditierung entstehenden Forderungen bei den Geschäftsbanken zu einem »Vermögen«, das seinerseits kapitalschöpfend eingesetzt wird – und zwar durch die Investmentbanken bzw. -abteilungen. Das Unternehmen hingegen muss die »Schuld« vom Moment der Kontierung an verzinsen und sie bei der Bank, die über ihre Investmentabteilung genau mit dieser Forderung »arbeitet«, wieder tilgen oder »refinanzieren«.

Die obenstehende Analyse ist nicht unumstritten. So meinte beispielsweise Erhard Glötzl (2000) vermeintliche »Verwirrungen« um die Giralgeldschöpfung mit folgendem Argument aufklären zu müssen: Sobald Geld »kaufkräftig« werde – also als Bargeld ausgezahlt oder zur Begleichung von Forderungen auf das Konto einer anderen Bank überwiesen wird – müsse ein entsprechendes Sichtgeldkonto, das die Geschäftsbank bei der Zentralbank führt, belastet werden. Dieses Konto aber müsse durch Eigenkapital der Geschäftsbank oder durch als Sicherheiten hinterlegte Wertpapiere gedeckt sein. [74] Doch wird hiermit nur die bekanntlich nicht vollständige Deckung der Kredite durch eine entsprechenden »Mindestreserve« nachgewiesen, die dem durchschnittlichen tatsächlichen Anteil solcher Geldbewegungen (also Bargeldauszahlungen oder Saldendifferenzen bei Zahlungen von und auf Konten anderer Banken) entspricht. Dieser Anteil und die entsprechende Mindest- oder »Deckungsreserve« liegt je nach Rechnungsweise in der Summe aller Kreditgeschäfte nach allen Quellen und insbesondere den gültigen Eigenkapitalvorschriften deutlich unter 10 %!

Wie unvollständig und prekär die »reale« Deckung der Kreditverbuchungen der Geschäftsbanken tatsächlich ist, zeigt ein einfacher und unbestrittener Sachverhalt: Die Summe der »Sichtverbindlichkeiten«, die die Geschäftsbanken bei ihren Giralgeldschöpfungen bislang eingegangen sind, könnten nie zu mehr als dem Anteil der jeweiligen »Mindestreserve« – also nur zu wenigen Prozent – tatsächlich in bar eingelöst werden. Deshalb würde der sogenannte

---

[74] Erhard Glötzl, »Die Verwirrungen um die vermeintliche Giralgeldschöpfung der Geschäftsbanken«, Manuskript, Linz 2000, S. 3-5

»Bank-Run«, also der Versuch der Kunden, die Gelder aller Konten kurzfristig abzuheben, die Insolvenz der Banken bedeuten. Hier ist genau zu beachten, für welche »Seite« der Bilanz dieser Umstand gilt: Er gilt für die »Passivseite« der kontierten *Verbindlichkeiten* gegenüber den Kunden! Auch wenn die Banken die »Aktivseite« der *Forderungen*, die sie an die Kunden haben, durch Grundschuldbriefe, Wertpapiere, Unternehmensanteile und ähnliches *theoretisch* abdecken könnten und man also annimmt, dass diese Papiere zu liquiden Mitteln gemacht werden könnten, wären sie doch auf ihrer Passivseite immer nur zum kleinsten Teil zahlungsfähig, wenn »morgen« oder auch nur innerhalb eines Geschäftsjahres alles »glattgestellt und ausgezahlt« werden müsste. Dass die dann notwendige Liquidität (also die Beschaffung »echten Geldes«) auch nicht mittelfristig durch die Verwertung der Sicherheiten beschafft werden könnte, ergibt sich schon aus der Tatsache, dass die Sicherheiten am Markt drastisch im Preis verfielen, sobald »alle« sie verwerten wollten. Dieser einfache (und von den »Experten« geflissentlich übersehene) Marktzusammenhang war einer der beschleunigenden Faktoren der amerikanischen Immobilienkrise mit der folgenden Pleite der Lehman Brothers und der seit diesen Tagen mal schwelenden mal in neuen Schüben manifesten Weltfinanzkrise.

Die Geschäftsbanken können ihre Verbindlichkeiten also nicht einlösen; nicht kurzfristig, denn hierfür gibt es keine Liquiditätsreserven, und nicht mittelfristig, denn das gäbe der Markt der hierfür im besten Fall zu verwertenden Sicherheiten nicht her. Obwohl die Geschäftsbanken den größten Teil der kontierten Kreditsumme auf absehbare Zeit also selbst schuldig bleiben, berechnen sie doch für den gesamten Betrag einen Zins, als hätten sie dieses Geld tatsächlich »hergegeben«.[75] Genau hier liegt die Crux der für die Banken in der Tat *realen* Wertaneignung (statt nur »giralen« Geldschöpfung) mit Hilfe des Zinsinstruments. Und diese Wertaneignung findet keineswegs nur als Buchungssatz auf korrespondierenden Bilanzkonten statt, sondern als permanente Abführung von Einkommens- oder Gewinnanteilen an die kreditkontierende Bank! Während die Summe aller Kredite und damit aller Giralgelder seit den Tagen der großen Rezession (1929) und in bisher jeder Phase vor einem großen Zusammenbruch kontinuierlich steigt, also beständig mehr Kredite aufgenommen als getilgt werden, wachsen entsprechend die Summen, die als

[75] Dies ist die sog. »englische Methode«, vgl. Issing, S. 56

Zinsen (bei kreditiertem Kapital) oder als Kapitalrenditen (bei Finanzierung durch Investoren, die die Zinsgewinne reinvestieren) dem produktiven ökonomischen Prozess in Richtung des Finanzsystems entzogen und von dort mit »Marktmacht« neu wieder zugeteilt werden. Entsprechend der Zinseszinsfunktion ist dieses Wachstum der Kapitalerträge exponentiell, was sich für die vergangenen Zeiträume empirisch beobachten und für die kommenden Jahrzehnte hochrechnen lässt.

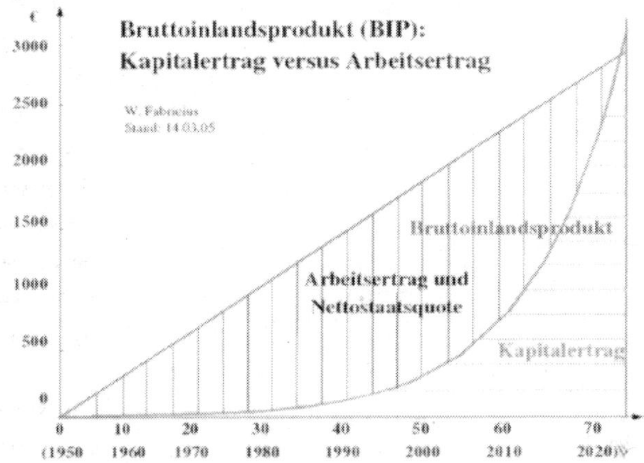

Abb.13: Kapitalertrag vs. Arbeitsertrag
Quelle: W. Fabricius, 2005

Da das reale Bruttoinlandsprodukt zugleich nur linear, also mit abnehmenden jährlichen Wachstumsraten ansteigt (unten dargestellt am Beispiel der BRD), ist der Punkt absehbar, an dem die vollständige Aufzehrung des Bruttoinlandsproduktes durch Kapitaldienste (die Kehrseite des Kapitalertrags) das System völlig ad absurdum führt.

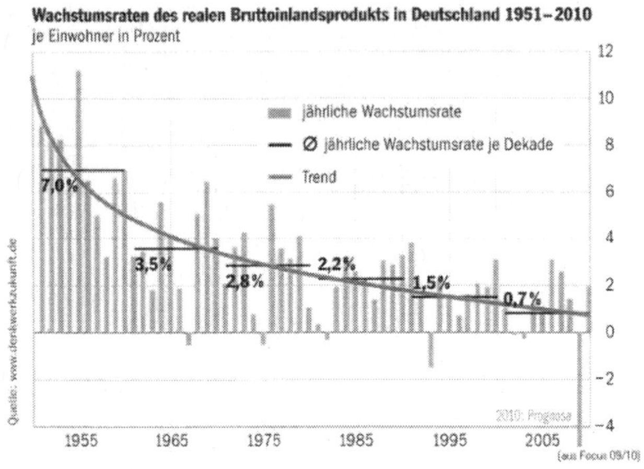

Abb. 14: Wachstumsraten des realen Bruttoinlandsprodukts, Quelle: www.denkwerkzukunft.de; Darstellung nach Focus 09/2010

Der oben skizzierte Sachverhalt hat weitreichende und sich rückverstärkende Folgen: In den meisten Ländern der sogenannten Eurozone ist heute ein direkter Zusammenhang von stetig anwachsenden Giralgeldmengen und Verbindlichkeiten – also von Schuldgeldsummen – und einer negativen Entwicklung der aus realer Wertschöpfung verfügbaren Einkommen beobachtbar. Dies wiederum reduziert die Steuerbasis des Staates und führt zu Haushaltslücken und Staatsverschuldung mit wieder neuem Kreditbedarf. Ein solcher »Teufelskreis« ist immer dann gegeben, wenn der Produktivitätsfortschritt und das Wachstum der Wirtschaft mit dem Anwachsen der Schuldgeldsummen nicht Schritt halten können. Das Anwachsen dieser Summen ist wiederum eine sich über mittelfristige Zeitreihen von wenigen Jahrzehnten ergebende Folge des bekannten Zinseszinseffektes: Eine jährliche Zinsrate von nur wenigen Prozent ergibt ein exponentielles Wachstum der Verbindlichkeit, wenn der Kapitaldienst im Zuge der Ausweitung der Kreditvolumina refinanziert – also wiederum als Kredit aufgenommen wird. Bei vollständiger Refinanzierung der Zinsen steigt die »zu bedienende« Kreditsumme also im Durchschnitt der Jahre um den jeweiligen Zinsbetrag, was seit langem in fast allen Industrienationen beobachtbar ist.

Weshalb nun werden die Kredite selbst in Phasen wirtschaftlicher Prosperität permanent ausgeweitet statt getilgt? Der Grund liegt in der Kombination des Kapitalabflusses durch Zinszahlung und der Marktkonkurrenz, die jedes negative Saldo von Kapitaldienst und Neukredit zur vergleichsweise geringeren Rentabilität gegenüber dem Wettbewerber werden lässt. Wo der Neukredit die Summe des Kapitaldienstes aber übersteigt, sind rentabilitätssteigernde Investitionen über das Maß der aus der Wertschöpfung erzielten Gewinne hinaus möglich, während die Investitionsfähigkeit des nicht refinanzierenden Wettbewerbers bei gleicher Wertschöpfung durch den Kapitaldienst reduziert wird. Da gerade die rentablen Unternehmen am leichtesten an Kredite oder Investitionskapital heran kommen, werden sie um die höchsten Summen zusätzlichen Kapitals konkurrieren, um gegenüber dem Wettbewerb, der dasselbe versucht, nicht in einen Nachteil zu geraten. Hier ist der Neukredit ein offensives Instrument im Kampf um Marktanteile. Die weniger rentablen Unternehmen stehen vor der gleichen, aber schwieriger zu lösenden Aufgabe: Sie müssen rentabilitätssteigernde Investitionen *nachholen*, um nicht unterzugehen. Dies gelingt in der Regel durch extensive Verpfändung von Vermögenswerten oder durch in Aussicht gestellte Sonderrenditen für private Investoren durch »Umstrukturierungen« und »Entlassungsproduktivität«. Auf diesen Wegen kommen auch die Unternehmen der »zweiten Reihe« an neue Kapitalmittel, die den bisherigen Kapitaldienst überkompensieren.

Das Wachstum der Gesamtverschuldung der volkswirtschaftlichen Akteure, das eine exponentielle Dynamik aufweist und das Anwachsen der Staatsverschuldung einschießt, hat seine Ursache also in eben jenen Mechanismen der kreditfinanzierten Marktkonkurrenz, die zugleich die Bedingungen des modernen Kreditsystems darstellen. Nur wer sich »Schulden leisten« kann und insofern »kapitaldienstfähig« ist, kann in diesem System ein »erfolgreicher« Akteur sein. Die kreditförmige Allokation von Wachstumschancen nach dem Kriterium der Fähigkeit, Schulden abzuzahlen, führt dabei zu einer »prozyklischen«, sich also selbst rückverstärkenden Steuerung, in der genau die Unternehmen mittelfristig die besten Wachstumschancen haben, die aktuell am stärksten und schnellsten wachsen.

Es ist offenkundig, dass Kriterien der Nachhaltigkeit, der bewussten und gewollten Entschleunigung wie auch des selektiven Wachsens und Schrumpfens nach ökologischen und sozialen Notwendigkeiten mit dieser Art systemischer Steuerung nicht vereinbar sind. In den folgenden Abschnitten sollen deshalb konkrete Umbauschritte sowie der Ausblick auf ein prinzipiell anderes System der Unternehmensfinanzierung dargelegt werden.

1.3 Schritte zu einer neuen Finanzordnung [76]

1.3.1 Zusammenfassende Analyse

Renditesteuerung und Privatisierung. Das heutige Finanz- und Kreditsystem führt dazu, dass aus jedem Unternehmen, das Kreditfinanzierungen (Fremdkapital) oder Kapitalbeteiligungen (sog. Eigenkapital) nutzt, Wertschöpfungsbeiträge abfließen – und zwar umso größere, je höher der relativ und absolut zu zahlende Zins (Fremdfinanzierung) oder je größer die vom Investor im Marktvergleich erwartete Kapitalrendite ist. Es sind deshalb die kapital- und wachstumsintensiven Unternehmen und Branchen, die die größten Summen »einzahlen« und zugleich die größten Summen »frischen Kapitals« neu aufnehmen können. Kapitalextensive und »wachstumsschwache« Akteure sind hingegen einem doppelten negativen Effekt ausgesetzt: Sie müssen zum einen höhere Zinsen für Fremdkapital aufwenden, während sie für Investoren (also für Eigenkapitalgeber) nicht attraktiv sind. Zugleich verkürzen sich ihre Kreditlinien, so dass sie den relativ zur Wertschöpfung höheren Kapitaldienst nicht mehr »refinanzieren« können und bei fehlendem Wachstum vor der Insolvenz stehen. Dieser »Wachstumszwang« wirkt auf jeden einzelnen Akteur. Er führt dazu, dass über alle Unternehmen, Branchen und Akteure die beschriebenen Rückverstärkungseffekte auftreten, die Wachstum dort beschleunigen, wo schon Wachstum ist und zum Niedergang führen, wo Wachstum ausbleibt. Dies geht bis hin zur Insolvenz, die bei Schrumpfungsprozessen in der Regel droht.

Mit dieser Analyse ist die Frage der Re-Allokation der Kapitalmittel aufgeworfen, die der Verfügung der realwirtschaftlichen, d. h. wertschöpfenden Akteure zunächst entzogen und in die Verfügung der Finanzmarktakteure (im Wesentlichen der Banken und Investmentfonds) gebracht werden. Die Re-Investition unter Renditekriterien ist dabei nur eine Form der Re-Allokation. Die andere Form ist die der Privatisierung. Die individuellen Akteure der Finanzmärkte, bringen nämlich nicht die gesamte entzogene Summe wieder in

---

[76] Vgl. hierfür auch Hans-Jürgen Fischbeck, »Das bestehende Geldsystem und der Finanzkapitalismus – Überlegungen zu einem Geldsystem für eine solidarische Ökonomie«, Akademie für Solidarische Ökonomie 2011

den Wertschöpfungsprozess ein, sondern schöpfen aus ihrer Verfügungsgewalt über die ungeheuren sich ansammelnden Mittel

a) private Einkommen, die um das Vielfache über denen vergleichbarer Tätigkeiten in Wirtschaft, Politik oder Verwaltung liegen. Der Faktor liegt hier – zusätzlich zu den in den westlichen Ländern üblichen Einkommensspreizungen – noch einmal beim Faktor 10 bis 100!

b) privaten Zugriff auf Gemeingüter und Produktionsfaktoren wie Boden, Wasser, Luft, konkret auf Immobilien, Ländereien und Bodenschätze und

c) politische Macht durch die Ausweitung der Finanzierungen von wirtschaftlichen auf politische Akteure bzw. Haushalte und Staaten.

Aus der Kombination der beiden Faktoren – Renditesteuerung und Privatisierung – ergeben sich die kontraproduktiven Effekte unseres heutigen Wirtschafts- und Finanzsystems hinsichtlich der Kriterien der Nachhaltigkeit, des Gemeinwohls und der politischen Steuerung bis hin zur Integration der Staatshaushalte in das System der zinsbelasteten Schuldkreditierung.

Vom Waren- zum Finanzkapitalismus. Die Dynamik der kapitalistischen Wirtschaftsweise ist spätestens seit den 70er-Jahren des 20. Jahrhunderts durch ein Zurückdrängen der ursprünglichen Geld-Waren-Geld-Beziehung (G-W-G') zugunsten eines zunehmenden Handels Geld gegen Geld (G-G'-G") gekennzeichnet. Geld vermehrt sich zunehmend durch den Handel mit Geld, ohne einen produktiven Bezug zur realen Wertschöpfung zu haben. Diese *Selbstbezüglichkeit des Geldes* muss früher oder später zu einem Kollaps des ökonomischen Systems, in dem es um die Herstellung und Bereitstellung von Gütern und Dienstleistung geht, führen.

Der Handel von Geld gegen Geld beruht auf dem Prinzip der Verschuldung. Der Geldempfänger (Schuldner) begibt sich in eine Schuld gegenüber dem Geldgeber (Gläubiger) und zahlt hierfür den Preis in Form des Zinses. Im heutigen Zirkel der Kreditfinanzierung wird der Zins durch einen neuen Schuldvertrag (plus Zinsen) finanziert. Dies führt zum dargelegten exponentiellen Anwachsen der Geldabgaben des Schuldners durch den Zinseszinseffekt. Dramatisch wird dies vor dem Hintergrund der prinzipiell »ewigen« Laufzeit der Zinsbelastung, wenn der Kredit nicht getilgt wird oder der Schuldner ihn nach zwischenzeitlichen Tilgungen wieder auf seine ursprüngliche Höhe bringt (Revalutierung).[77] Die Folge dieses Grundprinzips ist, dass die »Schere« zwischen Schuldner und Gläubiger sich immer weiter öffnet und der Kreditgeber einen immer höheren Anteil an der Wertschöpfung des Kreditnehmers auf seine Konten buchen kann. Je nach Laufzeit und Zinshöhe kann dies auf ein Vielfaches des ursprünglichen Kredits anwachsen.[78]

Bis zu diesem Punkt ist noch ein »realwirtschaftlicher« Vorgang der Wertschöpfung impliziert, aus dem die Zinsen »bedient« werden. Doch schon hier zeigt sich, dass das Anwachsen der Buchwerte der Wertschöpfung permanent »vorauseilt«: Das Fremdkapital ist zum einen auf der Schuldnerseite oft nur theoretisch verfügbar. Auf der Gläubigerseite steht es zum anderen als kommende und deshalb nur mit Unsicherheiten *zu erwartende* Einnahme in den Büchern, deren Summe je nach Zinssatz nach ca. 10 bis 20 Jahren aber das Doppelte des beim Kreditnehmer kontierten Geldes ausmacht.

Der moderne Finanzkapitalismus bringt diesen Mechanismus der Aneignung immer größerer Anteile der Wertschöpfung auf eine neue Stufe: Investiert wird nicht länger in konkrete Unternehmen und Projekte – dies ist die ursprüngliche Rolle der »Geschäftsbanken« – sondern in Kapitalfonds, deren Zweck darin besteht, maximale Verwertungschancen eines von jeder weiteren Zweckbindung freigesetzten Kapitals zu finden und zu nutzen. Dies ist das Geschäft der ursprünglichen Investmentbanken, die heute zum Bestandteil aller großen Geschäftsbanken geworden sind. [79]

Der spekulative Geldhandel der modernen »Finanzindustrie« mit ihren neuen »Finanzprodukten«, den Hedgefonds, dem Derivatehandel, dem Handel mit Leerverkäufen, den Währungsspekulationen, dem spekulativen Rohstoff- und Nahrungsmittelhandel usw. ist ein ins Extrem gesteigerter globaler Aneignungsmechanismus[80], der im Kern auf der »automatischen« Kapitalmehrung

[77] Gerade bei wachsenden Unternehmen ist die Revalutierung von Krediten ein übliches Mittel, da mit dem Wachstum der Kreditbedarf eher steigt als sinkt.

[78] Auch jeder Hauseigentümer weiß, dass er seinen Kredit selbst bei planmäßiger Tilgung in der Regel in doppelter Höhe an die Bank zurückzahlen muss. Ein Hausbesitzer, der z. B. 100.000,00 € aufnimmt (Zinsen 5 % / Anfangstilgung 2 %) hat nach 25 Jahren, wenn der Kredit getilgt ist, knapp 80.000,00 € nur Zinsen an die Bank gezahlt (eigene Berechnungen).

[79] Die Verflechtung der unterschiedlichen Funktionen der Unternehmensfinanzierung und des Investmentbanking wieder aufzulösen und die Banken entsprechend zu entflechten, gehört zu den konkreten Schritten heute diskutierter Finanzmarktreformen.

[80] Hier kann grundsätzlich von einem »Aneignungsmechanismus« gesprochen werden – aber nicht immer von einem »Abschöpfungsmechanismus«, da »Abschöpfung« reale Wertschöpfung voraussetzt, was oft gar nicht mehr gegeben ist. Angeeignet werden dann künftige Verpflichtun-

in Folge des Zinsprinzips basiert. Die hier weltweit gehandelten spekulativen Geldmengen liegen schon lange weit über allen in der Realwirtschaft gebrauchten und gehandelten Gegenwerten. Allein das Volumen der an den Börsen gehandelten Finanzderivate übertraf im Jahr 2008 mit 2,2 Billiarden US–Dollar das Weltbruttosozialprodukt (55 Billionen US-Dollar) um das 40–fache.[81] Die Finanzkrise von 2008 ff. zeigt, dass diese Loslösung des Geldhandels von der Realwirtschaft ganze Volkswirtschaften und Staaten in den Ruin treiben kann.

Diese sich immer weiter hochschaukelnden Mechanismen der zinsbasierten Verschuldungsökonomie haben die Gefahr eines vollständigen globalen Zusammenbruchs heute akut und real werden lassen. Sie eröffnen darüber hinaus avancierten Betrugsmöglichkeiten, die durch die »Konstruktion« erfindungsreicher (»innovativer«) Finanzprodukte zu infamer Perfektion getrieben werden.

Zielgrößen einer solidarischen Ökonomie. Eine solidarische Ökonomie will die Abschöpfungs-, Aneignungs- und Bereicherungsfunktionen dieses Wirtschafts- und Finanzsystems sowie die selbstbezügliche Funktion des Geldes überwinden und das Geld wieder zu seinen produktiven und lebensdienlichen Funktionen zurückführen.

Dabei soll Geld als ein wichtiges Instrument des Wirtschaftens aber nicht als Ware genutzt werden. Geld ist in diesem Sinne vor allem ein vorzügliches Tauschmittel und ein allgemein anerkannter Wertmaßstab. Darüber hinaus bleibt es jedermann freigestellt, Geld aufzubewahren, um es zu einem späteren Zeitpunkt als Tauschmittel zu verwenden. Geld kann in einer solidarischen Ökonomie auch als »Kapital« im Sinne der Vorfinanzierung künftiger Leistungen genutzt werden. Damit sind allerdings keine Rechte auf eine Gewinnzuteilung oder Verzinsung verbunden. Über die Allokation von Kapital wird letztlich die Gesellschaft entscheiden müssen.

Dabei ist die Vergesellschaftung des Kapitals nicht gleichzusetzen mit der »alten« Forderung der sozialistischen Arbeiterbewegung nach einer Vergesellschaftung der Produktionsmittel. Vielmehr wird die Vielgestaltigkeit privater, genossenschaftlicher, öffentlicher und staatlicher Eigentumsformen vor dem

---

gen Dritter, Schulden zu begleichen (was als Letztbürgen in der derzeitigen Praxis die Staaten übernehmen).

[81] BIZ / Bank für Internationalen Zahlungsausgleich (2009): BIS Quarterly Review, März 2009. Vgl. auch Basisinformation Attac vom 19.11.2008

Hintergrund eines sozialisierten Kapitals als Kennzeichen einer »pluralen« und in ihren Wertsetzungen solidarischen Wirtschaftsweise angesehen.

1.3.2 Vorschläge zur Neuordnung

Reform des Schuldgeldzinses. Ein Geld- und Finanzsystem, das sowohl die Effekte des »abgekoppelten« Kapitalwachstums als auch die leistungslosen Aneignungs- und Bereicherungseffekte überwindet, muss zunächst zwei grundlegende Fälle unterscheiden:

a) Die Anlage von Rücklagen oder Ersparnissen, die aus realer und somit schon erfolgter Wertschöpfung resultieren, also die Anlage von Realgeld und

b) Die Aufnahme von neuem und »geschöpftem« Geld, das künftige Wertschöpfungen finanzieren soll, also die Aufnahme von Schuldgeld.

Eine wesentliche Fehlfunktion des heutigen Geld- und Finanzsystems besteht darin, Schuldgeld, dessen Gegenwert erst noch erarbeitet werden muss, mit einem Zins zu belegen, der

1. eine zusätzliche, nicht im ursprünglichen Bedarf begründete Wertschöpfung erforderlich macht und der

2. diesen zusätzlichen Anteil einem externen Akteur, nämlich dem Kapitalgeber übereignet.

In der herrschenden Volkswirtschaftslehre kommt dem Zins als Preis für das geliehene Geld die Aufgabe der effektiven Allokation zu. Das heißt, das Geld, bzw. der Kredit, fließt dorthin, wo die erwartete Wertschöpfung höher ist als die notwendige Tilgung und die Zinsbelastung. Entscheidend für die Kreditaufnahme ist also die Höhe des Zinses im Vergleich zu den Zukunftserwartungen. In der Konsequenz ist gerade in Wachstumsphasen ein entsprechend hohes Wachstum der Kreditsummen zu beobachten. Eine effektive Tilgung von Kreditvolumina kann volkswirtschaftlich gesehen, wie dargelegt, gar nicht stattfinden. In der Praxis ist stattdessen eine sich beschleunigende Aufblähung zu konstatieren.

Das zinsbasierende System der Schuldgeldfinanzierung ist deshalb grundlegend auf das Kriterium der Abschreibung bei entfristeter Tilgung umzustellen (vgl. hierzu auch die Ausführungen im folgenden Abschnitt). Um dies zu erreichen, kann der übliche Zins durch eine einmalige Kreditgebühr[82] ersetzt

---

[82] Die Höhe der Kreditgebühr ist abhängig von der Inflationsrate, der aktuellen Knappheit des Geldes und ggf. der Laufzeit des Kredits. Sie kann von der Zentralbank also durchaus als Instrument zur Konjunktursteuerung eingesetzt werden.

werden, die vom Kreditnehmer (oder einem Dritten) als Entgelt an die kreditvermittelnde Stelle – also in der Regel an die Bank – gezahlt wird. Damit entfällt das exponentielle Wachstum der Zinsschuld.

Die Kreditgebühr ist dabei kein »Preis«, der sich am Markt bildet und auch keine Risikoprämie. Die Gebühr ist stattdessen die finanzielle Gegenleistung, die die kreditausgebende Stelle für ihre Aufwendungen der Bonitätsprüfung[83], der Prüfung des Investitionsvorhabens und der technischen Abwicklung sowie Verwaltung des Kredites enthält. Das Risiko des Kreditausfalls kann in dieser Gebühr ebenfalls enthalten sein. Der Kreditmittler müsste in diesem Fall verpflichtet sein, Rücklagen bei der Zentralbank für ausfallende Kredite zu bilden.

Grundsätzlich werden Schuldner nicht aus der Tilgungspflicht entlassen. Kann ein Schuldner einen Kredit weder zurückzahlen noch gegen Wertschöpfungen und Einkommen der Beschäftigten abschreiben, muss er in einem geregelten Verfahren (Insolvenzrecht) für die Tilgung einstehen. Kann der Kreditgeber das Geld nicht zurückerhalten, muss er auf seine Zentralbankrücklagen zurückgreifen, ist auch dieses erfolglos, zahlt letztlich die Allgemeinheit den Kreditausfall. [84]

Eine solche Neuordnung setzt die konsequente Betrachtung neu geschöpften Geldes als »öffentliches Kapital« voraus, also als Kapital, das der Allgemeinheit, aus deren Hand es geschaffen wurde, gehört und das entsprechend nur treuhänderisch, nicht aber zur Erzielung eigenständiger, von Zwecken freigesetzter »Kapitalrenditen« eingesetzt werden darf. Wo immer solche anfallen, stehen sie im Falle öffentlichen Kapitals der Allgemeinheit zu, die auch die Entlohnung der »Treuhänder« festlegt sowie das Maß ihrer Unabhängigkeit (evtl. vergleichbar der von Richtern).

Anlageformen von Realgeld und Realkapital. Unter den heute weltweit umlaufenden Kapitalien befinden sich Einlagen, Rücklagen oder Ersparnisse, die aus realer und somit schon erfolgter Wertschöpfung resultieren, also durch Leistung schon gedecktes *Realgeld.*[85]

---

[83] Hier sind Richtlinien zur Bonitätsprüfung notwendig. Um dem Kreditvermittler einen Anreiz für eine sorgsame Prüfung zu geben, kann es sinnvoll sein, dass ein Teil der Gebühren erst nach Abschluss der Tilgung fällig wird.

[84] In diesem Fall steigt die Geldmenge ohne einen realen Gegenwert, was zu einer Geldentwertung beiträgt.

[85] Die heutigen liquiden oder liquidierbaren Mittel sind allerdings in einem Maße ungleich verteilt, das nicht aus den Unterschieden tatsächlicher menschlicher Leistungen resultieren kann. Dem

Im Zuge einer Geld- und Zinsreform mit genannter Zielsetzung gibt es hierfür, was Spareinlagen betrifft, im Wesentlichen zwei Alternativen:

a) Für Spareinlagen gibt es keinen Zins; die kostenlose, diebstahlsichere und für Überweisungen verfügbare Sparmöglichkeit muss dann ausreichende Gegenleistung für das Deponieren von Geld auf den Banken sein.[86] Die Gefahr, die hierbei besteht, ist das Entstehen »grauer« oder »schwarzer« Geldmärkte, die Grundlage einer neuen Form der Schattenwirtschaft werden.

b) Die Verzinsung von Spareinlagen wird als Privileg öffentlicher Geldinstitute behandelt. Diese gleichen den Zinssatz an die durch die Zentralbank gesteuerte Inflationsrate an, um ein stärkeres Wachstum des Kapitals gegenüber der realen Wirtschaftsleistung zu verhindern. Auch hier gibt es die Gefahr der Schattenmärkte, die aber relativ kleiner ist, da der »legale« Anleger hier auch ohne Realzinsgewinne viele Vorteile genießt.

Bei der Geldanlage zur Finanzierung von Unternehmen stellt sich eine Neuordnung schwieriger dar, da ein prinzipieller Anreiz solcher Investitionen bzw. Kapitaleinlagen ein konstitutives Element privaten Unternehmertums ist. Hier sind dennoch Formen möglich, die den nominellen Kapitalzins vermeiden und sich an Formen des *Islamic Banking* anlehnen können, die das Zinsinstrument bekanntlich in langer Tradition erfolgreich ausschließen. Investive Geldanlagen können dabei keinen »festen Zins« beanspruchen, sondern begründen ein Mitentscheidungsrecht bei wichtigen unternehmerischen Entscheidungen. Hierzu zählt dann ggf. auch die Beteiligung am Unternehmenserfolg.[87]

Andere Varianten für die Überwindung oder zumindest Eingrenzung der Abschöpfungsmechanismen des Zinses sind dessen Linearisierung (jährliche Abschwächung des Zinses bis auf 0) oder die negative Verzinsung liquider

---

ist so, weil sie »ihren Anteil« an den historischen Folgen des Kreditzinsregiments enthalten, der alle Unterschiede wie auch die vorhandene Geldmenge in wenigen Jahrzehnten vervielfachend »aufbläht«. Das »Realgeld« ist vom »Blähgeld« deshalb praktisch kaum zu unterscheiden. Um eine Abgrenzung und systematische Betrachtung zu ermöglichen, wird es dennoch zu einem großzügig so genannten »Realgeld« zusammen gefasst, das vom »Schuldgeld«, das nur öffentlich geschöpft werden darf, unterschieden wird.

[86] Nach dem Modell der »Demokratischen Banken«, vgl. Christian Felber, Gemeinwohl-Ökonomie 2011, S. 50 ff.

[87] vgl. hierzu die Ausführungen in dem Abschnitt zur partizipatorischen Unternehmensverfassung.

Guthaben, um auch bei fehlendem positivem Realzins einen Anreiz zur Kapitalanlage zu schaffen (Liquiditätsabgabe nach Gesell, Keynes u. a.).[88]

Reform des Bankwesens. Banken, die Zentralbankgeld als Kredite zur Verfügung stellen, sind im Grundsatz als öffentliche Einrichtungen des Gemeinwesens oder als dessen Treuhänder zu organisieren. Dabei sollten sie auf ihre gemeinnützige Dienstleistungsfunktion in Verantwortung der Öffentlichen Hand oder öffentlich-rechtlicher Institutionen zurückgeführt werden:

- auf die Aufbewahrungsfunktion,
- auf die Maklerfunktion zwischen Spareinlagen und Krediten ohne Gewinnabschöpfung für die Bank und
- auf die gemeinwohlorientierte Allokationsfunktion[89].

Die betriebswirtschaftlichen Aufwendungen werden wie dargelegt aus den Kreditgebühren aufgebracht. Die Mitarbeiter der öffentlichen Banken sind Angestellte mit festen tariflichen Gehältern ohne Boni wie in anderen Verwaltungsbehörden oder öffentlichen Einrichtungen. Öffentliche Banken kann es auf regional-kommunaler Ebene und auf Länderebene geben. [90] Darüber hinaus kann es genossenschaftliche Banken und dem Gemeinwohl treuhänderisch verpflichtete Privatbanken geben. Das Recht zur Geldschöpfung liegt aber allein bei der Zentralbank. Die bislang praktizierte Geldschöpfung durch die Geschäftsbanken ist dann nicht mehr möglich.[91]

Verbot jeden spekulativen Geldhandels und direkte Risikoversicherung der Wirtschaft ohne Geschäfte Dritter. Das Grundprinzip eines solidarwirtschaftlichen Geldwesen liegt darin, Geld nur mehr als Instrument, nicht aber als **Ware** einzusetzen. Entsprechend sind spekulativen Geldprodukten, »gehebelten derivaten Instrumenten«, dem Handel mit gedeckten oder ungedeckten Leerverkäufen (»settled und unsettled Shortselling«), spekulativen Wetten auf fallende oder steigende Kurse (Optionsscheinhandel) von Wertpapieren, Währungen oder von Preisen für Rohstoffe und Nahrungsmittel – also der bekannten und berüchtigten Palette des »modernen«

---

[88] Eine differenzierte Diskussion dieser Modelle ist im Baustein »Finanzordnung« (Fischbeck 2010) nachzulesen.

[89] Allokation meint Verteilung, auch Hinfließen des Geldes, wo es der Wirtschaft am besten dient.

[90] So das Modell der »Demokratischen Banken« bei Christian Felber in »Gemeinwohl-Ökonomie«, S. 50 ff.

[91] Dies kann z. B. durch eine 100 % Mindestreservepflicht der Banken umgesetzt werden.

Investment Banking – die Zulassung zu entziehen. Dies gilt auch für sogenannte Hedgefonds.

Dem Bedürfnis der Wirtschaft nach einer Absicherung typischer Risiken soll stattdessen durch direkte Versicherungsbeziehungen – also z. B. Versicherungen gegen einen Preis- oder Devisenkursanstieg bis zum Kaufdatum oder einen Preisverfall bis zum Lieferdatum – nachgekommen werden. Auch dabei wird gegen eine Prämie an das Unternehmen Ersatz geleistet. Es müssen dann aber die Prinzipien gelten, dass a) mit dem Versicherungsschein nicht gehandelt werden darf und b) die Versicherung nur vom betroffenen Akteur und einem zugelassenen Versicherer abgeschlossen werden darf. Eine Situation, wie sie bei den sogenannten »Credit Default Swaps« (CDS) auftritt, in der ein völlig unbeteiligtes Investmenthaus eine Wette auf den Kreditausfall zwischen zwei anderen Parteien abschließen kann, um bei Eintreten des Schadens daran zu verdienen, muss als sittenwidrig und illegal juristisch vollständig ausgeschlossen werden.

Bei einem Verbot jeglicher Geldspekulation und jeglichen Handels mit Schuldtiteln käme den Börsen vornehmlich die Funktion des Maklers zu. Die Kapitalbörse wäre also der Ort, an dem tatsächliche Unternehmensanteile vermittelt werden, die Devisenbörse der Ort, an dem sich tatsächliche Wechselkurse bilden und Rohstoffbörsen der Ort, an dem sich entsprechende Marktpreise für Grundstoffe oder Nahrungsmittel bilden. Ein »Investmentbanking« wäre an Börsen dann nicht mehr möglich und diese würden einen Großteil ihres Umsatzes verlieren. Als Weg der Eigenkapitalbeschaffung würden die Börsen aber auch in einem gemischten markt- und solidarwirtschaftlichen System ihre Funktion behalten. Die für die Realwirtschaft nötigen Kapitalbeschaffungen können zwar auch für Großunternehmen und im internationalen Bereich durch Großbanken bzw. Zentralbanken mit dem beschriebenen Kreditverfahren wahrgenommen werden, doch solange auch Eigenkapital in der Wirtschaft eine Rolle spielt bzw. spielen soll, sind Börsen – reduziert auf ihre Rolle als Makler – nötig und sinnvoll.

Die Allokation des Geldes kann in dem System einer solidarischen Ökonomie nicht vollständig durch eine Investitions- und Steuerpolitik des Staates, also durch öffentliches Fremdkapital geschehen. Eigenkapital ist für die meisten Unternehmensformen ein probates Mittel, die eigene Situation »unbürokratisch« zu verbessern und Wege der kollektiven Selbsthilfe zu erschließen. Anders kann die Frage der Feststellung von Wechselkursen gesehen werden. Dies kann durch das Zusammenwirken von Zentralbanken geschehen. Hierfür könnte der Vorschlag von John Maynard Keynes hilfreich sein: Die Schaffung eines »Globo« als internationaler neutraler Verrechnungseinheit, mit dem internationale Geschäfte verrechnet und an dem die Wechselkurse der Nationen oder Regionen gemessen werden.[92]

Einführung eines dualen Geldsystems. Regionale Währungen und global konvertible Währungen können einander ergänzen: Regionale Währungen können sofort als zinsfreies Tauschäquivalent für Waren und Leistungen in der jeweiligen Region fungieren. Sie haben gegenüber den globalisierten Zentralwährungen eine die Regionalwirtschaft schützende, stärkende und belebende Funktion. Die konvertiblen Landeswährungen dienen dabei weiter dem überregionalen und globalen Handel und bedienen die Spar- und Kreditnotwendigkeiten.

Diese utopisch anmutenden Vorschläge liegen nicht so weit von der Realität entfernt wie es scheint: Gemeinnützige, nicht abschöpfende Genossenschaftsbanken gibt es schon, z. B. die GLS-Bank; es gibt regionale zinsfreie »Komplementärwährungen« bzw. ein »Regio-Geld« neben den üblichen Landeswährungen, es gibt Leihgemeinschaften, die weitgehend auf einen Kreditzins verzichten, es gibt Tauschwährungen, Zeitbanken u. ä. Alle diese Anfänge sind Ausdruck und Experimentierfelder von alternativen Geldsystemen. Mit den skizzierten Veränderungen des Geldsystems wären noch nicht alle in unserem Wirtschaftssystem angelegten Abschöpfungsmechanismen überwunden, aber wohl entscheidende Weichen gestellt.

1.3.3 Sofort-Maßnahmen zur Finanzmarktkontrolle und zur Dämpfung der Spekulation

Die Steuerung ganzer Volkswirtschaften über die Vorgänge an hoch volatilen Wertpapiermärkten und die Potenzierung der Volatilität – also der Kursausschläge – durch vielfache Effekte systematischer und mit Finanzmarktinstrumenten bewehrter Spekulation macht die Politik zum Handlanger und Reparaturbetrieb des Finanzsystems.

Um überhaupt wieder eigenständig gestaltungsfähig zu werden, sind eine Reihe von Sofort-Maßnahmen erforderlich, um

---

[92] vgl. Felber 2011, S. 58ff.

a) die Finanzmärkte zu kontrollieren und dabei in ihren Möglichkeiten effektiv zu begrenzen und
b) die Instrumente, die durch systematische Spekulation die Volatilität erhöhen, so weit als möglich aus dem Markt zu nehmen.
Die Bewegungen der Wertpapiermärkte stellen für jede konjunkturelle Entwicklung einen »prozyklisch« verstärkenden Effekt dar und sind oft sogar *Auslöser* von Rezessionen oder eines folgenden Booms (oder umgekehrt). Im Sinne des volkswirtschaftlichen Prinzips der »antizyklischen Globalsteuerung« [93] sind diese Bewegungen prinzipiell zu dämpfen, um die volkswirtschaftlichen Konjunkturen und Zyklen wieder primär wirtschaftspolitisch steuern zu können. Ein praktischer Maßnahmenkatalog kann heute etwa wie folgt aussehen:

- Trennung von Geschäftsbanken und Investmentbanken
- Zentralbankmonopol der Geldschöpfung
- Demokratische Kontrolle der Zentralbanken
- Verbot von Leerverkäufen (»Shortselling«) und dem Handel mit Kreditausfallversicherungen
- Transparente Kontrolle von Hedge-Fonds und Derivaten
- Generelle Begrenzung der Boni und Verbot kurzfristiger (»prozyklischer«) Boni
- Erhöhung der notwendigen Eigenkapitalquoten und der Mindestreservesätze für Geschäftsbanken
- Einrichtung öffentlich-rechtlicher Rating-Agenturen
- Finanztransaktionssteuern, um sowohl »große« als auch »schnelle« Spekulationen mit ihren prozyklischen Effekten zu erschweren und Mittel zur Kompensation der Schäden zu gewinnen
- Ein öffentlicher Kredit- und Schulden-Audit, durch den die Ursachen der Verschuldung von Ländern, gegen die an den Finanzmärkten spekuliert wird, transparent werden.

Diese Überlegungen und Vorschläge bringen – das muss hier betont werden – kein neues und solidarisches Geld- und Finanzsystem hervor. Es sind aber

---

[93] Dieses Prinzip den »Aufschwung« oder »Boom« zu dämpfen und den »Abschwung« oder die Rezession abzufedern, war bis zum Beginn der neoliberalen Welle Anfang der 80er-Jahre und in Deutschland noch bis weit in die 90er-Jahre hinein Grundlage staatlicher Wirtschaftspolitik. Erst die Paradigmen der »New Economy« haben extreme Wachstumsraten als etwas Positives dargestellt und zu den unvermeidlichen Gegenbewegungen das Investmentprinzip formuliert, »aus jeder Marktbewegung profitieren« zu können.

wichtige Sofortmaßnahmen, die das bestehende System in seinen Auswirkungen mildern und zum Teil destruktive Effekte auch korrigieren können – wenngleich sie den Kardinalfehler der Selbstbezüglichkeit des Geldes und der darauf aufgebauten Strukturen nicht grundsätzlich ändern.

1.4 Ausblick: Neue Finanzierungsformen vergesellschafteten Kapitals

Im Abschnitt »Grundlagen« wurde der Kredit als »Leerverkauf« von Geld beschrieben; als Verkauf einer Ware, die der Verkäufer noch gar nicht besitzt, in dessen Besitz er durch das Schuldverhältnis, das mit dem Kredit einhergeht, aber gelangt. Der Kredit ist insofern eine Art Terminkontrakt, der sich auf die künftige Lieferung der kreditierten Summe *durch den Kreditnehmer* bezieht – also letztlich darauf, dass der »Käufer« selbst die gekaufte Ware dereinst zur Verfügung stellt. Für diese Pflicht wird der Kreditnehmer zwar mit der Bereitstellung eines Kontoguthabens entschädigt. In vielen, vielleicht den meisten der genannten Fälle muss er dieses Guthaben indes verwenden, um Verpflichtungen aus vorherigen Kontrakten einzulösen und z. B. Verbindlichkeiten aus vorangegangenen Schuldgeldbeziehungen zu »bedienen«. So wird die Schuldgeldwirtschaft und das ihr nachgelagerte Investmentbanking zu einer sich immer schneller drehenden Spirale aus Ansprüchen, Spekulationen und Verbindlichkeiten, die sich auf das Geld wie auf jede andere Ware und jeden anderen möglichen Zukunftsmarkt beziehen.

Was in der Summe der Buchungen, Finanzbewegungen und Schuldverschreibungen stattfindet, ist eine Verpfändung von Zukunft gegen ein »weiter so«. Es sind Ansprüche auf die Arbeitsleistungen der kommenden Jahre und Jahrzehnte, wovon einzelne Kreditnehmer betroffen sind, und kommender Generationen, wenn es um die Kreditierung öffentlicher Haushalte geht.

Die *Verpfändung der Zukunft* ist die Kehrseite dessen, was eingangs als »Produktivität des Kapitals« beschrieben wurde. Der Verlust an persönlicher und politischer Freiheit, der hiermit einhergeht, ist das Stigma der privaten Kapitalwirtschaft und die Preisgabe der Ziele und Werte unserer Verfassung. In dem Maße, in dem die multiplen Allokations- und Reallokationsprozesse des Schuldgeldsystems immer größere Bilanzsummen an Verbindlichkeiten wie auch an Vermögensgütern in die Verfügung global agierender privater Akteure bringen, geht der Handlungsspielraum demokratisch legitimierter und nationalstaatlich verfasster Körperschaften zurück. Einen hierzu gegenläufigen Prozess in Gang zu setzen, liegt in der Verantwortung der heutigen politischen Akteure. Dabei geht es darum, neue Finanzierungsformen und Allokationsmechanismen zu finden, die die Kraft der prospektiven Orientierung, die heute zum *Daytrading* im Investmentbanking verkommt, bewahrt und den Akteuren neue Optionen und Chancen jenseits der Schuldgeldspiralen und des Wachstumszwangs eröffnen.

Die heute zahlreichen Kritiker unseres Geld- und Finanzsystems nehmen in der Regel die beobachtbaren Aspekte des Systemzusammenhanges wie die Geldschöpfung, den Zins- und Zinseszinseffekt, den Wachstumszwang, die Verschuldungsspiralen oder die Abschöpfungs- und Aneignungsmechanismen in den Blick. Auf dieser Ebene werden dann die bislang diskutierten Reformvorschläge angesetzt: Staatliches Privileg der Geldschöpfung, Zinsverbot und negativer Zins, »Vollgeld«-System (also 100 % Zentralbankreserve), Demokratisierung des Bankwesens...

Bei allem Für und Wider und bei aller Berechtigung, die diese Vorschläge als Reaktion auf »unhaltbare« Zustände haben mögen, dringen sie doch nur teilweise zum freiheitsraubenden Mechanismus des finanzvermittelten Handlungszusammenhanges und seinem Kern der Hörigkeit vor. Dieser liegt in der Aneignung und Preisgabe von Zukunft durch die komplementären Rollen des Schuldgeldsystems. Zins und Tilgung sind dabei die Instrumente, mit denen das Macht- und Vermögensgefälle, das zwischen Schuldgeldschöpfer und Schuldgeldnehmer im Moment der Kreditierung entsteht, exekutiert wird. Deshalb sind Zins- oder Geldreformen ohne einen grundlegenden Umbau dieses Kernverhältnisses nur Größen auf dem Papier, die in Bereichen der Schattenbanken und Schattenmärkte ausgehebelt und in ihr Gegenteil verwandelt werden können.

Schauen wir uns den Zusammenhang im Detail an: Im Kern steht die *Schuldgeldschöpfung* bei der Kontierung der Kreditvolumina durch die Geschäftsbanken – sei es für Unternehmen oder öffentlichen oder privaten Haushalte. Während hierbei eine zum größeren Teil nur *virtuelle Liquidität* geschaffen wird, findet über die Laufzeiten der Kredite sowohl eine Zinsabschöpfung als auch ein Transfer von Aktiva (Sicherungswerten) hin zu den Banken oder ihren nachgelagerten Einrichtungen und Fonds statt. Die Zentralbank stellt dabei nur die »Deckungsreserve« dieser Operation zur Verfügung,

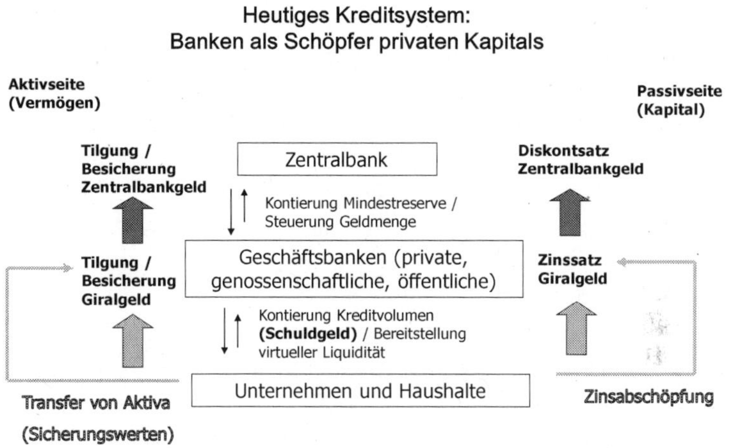

Abb. 15: eigene Darstellung

damit die Banken mögliche Auszahlungsansprüche, also das Einfordern echter Liquidität, im Sonderfall bedienen können. Der Kreditnehmer aber verpfändet seine Aktiva, verpflichtet sich zum Kapitaldienst und kann praktisch jederzeit zur Tilgung aufgefordert werden (z. B. bei Kündigung wegen »Verschlechterung der wirtschaftlichen Verhältnisse«). Sein Zinssatz für das »virtuelle« Giralgeld beträgt ein Vielfaches des sogenannten Leitzinses, der für das 100 % kaufkräftige Zentralbankgeld gezahlt werden muss. In dieser Lage kann ihn nur der Vorsprung vor seinen wirtschaftlichen Konkurrenten vor dem Machtgefälle gegenüber seinen Schuldgeldgebern oder aber die Dreingabe seiner Sicherungs- bzw. Vermögenswerte retten. Immer höhere Vermögenswerte (Aktiva), immer höhere Geldforderungen (Passiva) und immer mehr Macht kumulieren so bei den Financiers und werden in neuen »Runden« renditengesteuerter Aneignung und Abschöpfung eingebracht.

Um diesen Zirkel zu durchbrechen, soll im Folgenden ein alternativer Weg der Finanzierung von Unternehmen im Rahmen einer anderen Finanzverfassung skizziert werden, der nicht länger auf dem Schuldgeldsystem basiert, sondern andere Formen der Bereitstellung und produktiven Abschreibung von Kapital beschreibt. »Kapital« als für Investitionen bereitgestelltes Zahlungsmittel soll dabei als gesellschaftlicher Vorschuss (»Kredit«) zur Finanzierung wirtschaftlicher Entwicklung und politisch gewollten Strukturwandels dienen, statt als Instrument der Realisierung externer Gewinne. Bei diesem Vorschlag zur Neuordnung soll nicht nur das Schuldzinsprinzip entmächtigt werden, sondern darüber hinaus die schuldgeldbezogene Tilgung durch ein Instrumentarium ersetzt werden, das eine in Abschreibungszeiträumen erfolgenden Umwandlung von Fremdkapital in »neutrales Kapital« erlaubt. Ziel ist es dabei, eine Befreiung der Wirtschaftsakteure vom zins- und renditeinduzierten Wachstumszwang mit einer betriebswirtschaftlichen Rechnungsweise zu verbinden, die erfolgreiche Investitionen an das Kriterium der langfristigen Realisierung von Einkommen auf Seiten der Beschäftigten bindet.

Einkommen resultiert aus Wertschöpfung. Da sich der ökonomische Wert eines Produktes oder einer Dienstleistung zuverlässig nur anhand des Preises ermitteln lässt, den andere bereit sind, dafür zu zahlen, ist die Preisbildung auf einem Güter und Dienstleitungsmarkt notwendige Voraussetzung dieses Vorschlages der Neuordnung. Nur wo in diesem Sinne Einkommen realisiert werden, kann eine betriebswirtschaftlich »realistische« Amortisation neuer Form öffentlich bereitgestellten Kapitals stattfinden. Dies bedeutet zugleich, dass in allen Sektoren oder Branchen, in denen dieses Amortisationsprinzip nicht aus bewusster politischer Entscheidung außer Kraft gesetzt wird, ein Leistungskriterium existiert, das in ökonomischer Konsequenz über die Existenz oder Nicht-Existenz eines Unternehmens oder Betriebs entscheidet. Das Prinzip der gemischten Wirtschaft, in der unterschiedliche Organisations- und Eigentumsformen wie auch unterschiedliche Finanzierungsformen existieren können, schließt die bewusste Gestaltung von Leistungs- und Wachstumssektoren neben der Gestaltung primär solidarwirtschaftlicher oder auf öffentliche Dienstleistungen gerichteter Bereiche mit ein. Doch ist dies in einem System öffentlichen Kapitals eine Frage bewusster und demokratisch legitimierter Rahmenplanung, statt eine Frage des »blinden« Wirkens eines verselbständigten Renditekriteriums.

Schauen wir nun ein neuformiertes, nicht auf Schuldgeld basierendes Finanzierungssystem im Detail an: Hier wird von der Bank als Finanzierungsmittler ein Investitionsmittel in Höhe der kaufkräftigen, also effektiven Liquidität kontiert. Die Ausgabe für das Investitionsgut bestimmt also die Höhe dieses Investivkontos. Der Zins, den die Zentralbank im Zuge der Steuerung der Geldmenge und der Investitionsvolumina einheitlich oder branchenspezifisch erhebt, wird von den Banken direkt an die Zentralbank weiter gereicht. Die

Banken erhalten für ihre Mittlertätigkeit, die die Bonitätsprüfung und wirtschaftliche Prüfung des Vorhabens einschließt, eine Gebühr und eine von der Zentralbank ausgezahlte Erfolgsprovision bei ökonomisch tragfähigen Vorhaben und tragen einen Teil des Insolvenzrisikos im gegenteiligen Fall.

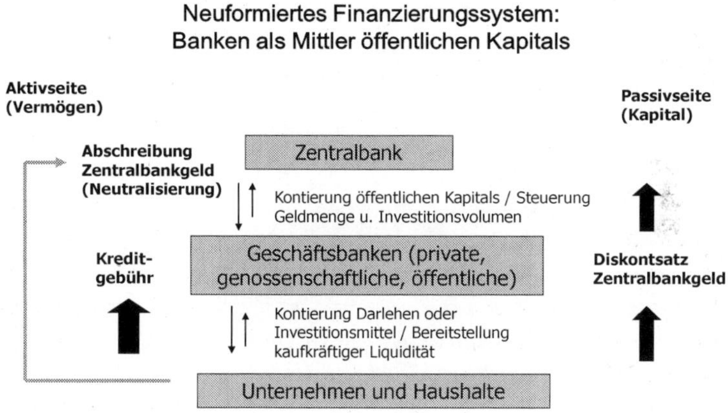

Abb. 16: eigene Darstellung.

Das zur Verfügung gestellte Kapital wird in diesem Falle nur bei der Zentralbank oder ihren Gliederungen kontiert. Es wird als öffentliches Kapital »geschöpft«, also als Kapital, das weder als privates Kapital entsteht noch zu privatem Kapital werden kann (siehe unten). Die Geschäftsbanken legen nur Unterkonten dieser Summen öffentlichen Kapitals an, verfügen darüber also nicht in ihren eigenen Bilanzen. Die so entstehenden »neuen Finanzierungsmittel« stellen im Moment der Kontierung Geld der öffentlichen Hand dar. Im Zuge einer *Abschreibung durch Wertschöpfung* wird es in den Unternehmen zu »neutralem Kapital« (Neutralisierung).

Abschreibungen werden nach heute gültiger Bilanztechnik nur auf der Seite der Aktiva, also der Vermögenswerte vorgenommen, während Passiva (also Eigen- oder Fremdkapital) bei fehlender Tilgung oder investiver Ausgabe »ewig« sind. Auch die Passiva – also die Kapitalseite der Bilanz – einer regelmäßigen Reduktion zu unterwerfen, ist ein fundamentaler Schritt der Neugestaltung. Und doch erhebt er nur das zum geregelten Verfahren, was durch chaotische Formen der Kapitalvernichtung, wie große Inflationen oder Kriege, historisch schon immer der »Ausweg« aus der Kapital- und Schuldspirale war.

Die Abschreibung und Neutralisierung des Kapitals ist der entscheidende Punkt, der aus dem Schuldgeldsystem und seiner Abschattungen hinaus weist: Auch das »öffentliche Kapital« stellt für ein Unternehmen zunächst Fremdkapital dar. Doch dieses ist nicht mit einem absoluten Tilgungsanspruch verbunden. Die Aufnahme des Kapitals konstituiert also nicht automatisch eine gleich große »Schuld«, die aus Renditen abgezahlt werden muss und die zugleich für den Gläubiger einen Vermögenswert darstellt. Stattdessen wird das Investivkapital zu einem festgelegten Prozentsatz des durch seinen Einsatz erwirtschafteten Einkommens abgeschrieben, also periodisch in der Höhe reduziert. Wenn also ein Unternehmen beispielsweise eine Lohn- und Gehaltssumme von 10 Millionen € im Jahr erwirtschaftet und eine Investition z. B. 10 % des Unternehmenskapitals abdeckt, wird aus entsprechend 10 % der Lohn- und Gehaltssumme, in diesem Beispiel also aus einer Million, der festlegte Prozentsatz (z. B. 5 % pro Jahr) von der Investitionssumme abgeschrieben. Nach 20 Jahren ist das investierte Kapital also »abgeschrieben« und die Investition (durch Wertschöpfung!) amortisiert.

Die Abschreibung des Kapitals betrifft dabei nicht zugleich den Vermögenswert des Investitionsgutes selbst. Abgeschrieben wird lediglich die auf dem Kapital lastende Verbindlichkeit (bei Fremdkapital) bzw. der mit dem Kapital einhergehende Anspruch (bei Eigenkapital). Mit der Abschreibung wird das Kapital im Unternehmen also nicht in jedem Fall wertlos, denn die mit dem Kapital finanzierte Maschine wird vielleicht noch 50 Jahre über die Abschreibung hinaus eingesetzt werden können. Der auf der Vermögensseite betriebswirtschaftlich verbleibende Gegenwert wird in diesem Fall zu »neutralem Kapital«, das »niemandem« gehört, sondern Teil des Unternehmens ist. Wenn also alles Fremd- und Eigenkapital durch Wertschöpfungen abgeschrieben wäre, würde die Bilanz des Unternehmens auf der Passivseite ausschließlich aus »neutralem Kapital« bestehen, das weder Fremd- noch Eigenkapital ist. Die Bilanz wäre dann – wie bei bisheriger Buchführung – »ausgeglichen«, da die Summe des Anlage- und Umlaufvermögens der Summe des – jetzt neutralen – Kapitals entspräche.

Das Konzept des »Neutralen Kapitals« geht auf Ota Šik, den ökonomischen Vordenker des Prager Frühlings, zurück, der es in seinem Buch »Humane Wirtschaftsdemokratie. Ein Dritter Weg« (Hamburg 1979) beschrieben hat. Neutrales Kapital beansprucht keine Kapitalrendite und keinen Zins. Ein Unternehmen, das vollständig mit »neutralem Kapital finanziert ist, gehört niemandem und damit »sich selbst«. Öffentliches Kapital ist im Rahmen eines Transformationspfades zu einer nicht renditegesteuerten Ökonomie prädestiniert, zu neutralem Kapital zu werden.

Das hier vorgeschlagene Prinzip ist leistungsgerecht und volkswirtschaftlich produktiv. Durch die Anbindung der Abschreibung an die Wertschöpfung stellt es sicher, dass die öffentlich geschöpften Kapitalmittel ökonomisch nachhaltig eingesetzt werden. Das Wertschöpfungskriterium »Einkommen« (aus Löhnen und Gehältern) stellt zugleich sicher, dass jeder Renditeabfluss die Abschreibungsquoten reduziert, während Zahlungen an die Beschäftigten ihn erhöhen. So ist also auch ein soziales Kriterium in das Finanzierungssystem gleichsam »eingebaut«. Auch ökologische Aspekte können in diesem System leicht berücksichtigt werden, etwa, indem die Abschreibungssätze nach ökologischen Kriterien variieren oder ökologische Kosten als negative Abschreibungen fungieren.

Das Instrument der »Abschreibung« ist betriebswirtschaftlich gut eingeführt und kann bilanziell gut verarbeitet werden. Auch findet die Abschreibung von Schulden schon heute indirekt statt, etwa indem Aktiva vom zu versteuernden Gewinn abgeschrieben werden. Während dies bisher aber mit einer Extraktion von Mitteln aus dem Unternehmen heraus einhergeht, nämlich mit dem Abfluss von Gewinnen an die Kapital- bzw. Eigentümerseite, führt dies nach der vorgeschlagenen Neuordnung zur Stärkung der Kapitalbasis des Unternehmens selbst in Form des Anwachsens des zum Unternehmen gehörenden neutralen Kapitals.

Indem das angeschriebene und neutralisierte Kapital unverrückbar zum Unternehmen gehört, verbleiben Wertschöpfungsvorteile dort, wo sie entstanden sind und werden nicht zu »freiem Kapital«, das sich neue, lukrativere Anlageformen sucht. Ganz praktisch bedeutet dass, das Arbeitsplätze da sicher sind, wo sie das Einkommen der Beschäftigten finanzieren und nicht mehr dorthin »verlagert« werden, wo zum Beispiel die Löhne geringer sind.

Insgesamt führt dies zu einem Rückgang der »wirtschaftlichen Dynamik« und einer Verlangsamung des Strukturwandels. Es ist ein Schritt auf dem Weg zu einer »Steady State« Economy stabiler Einkommens- und Güterversorgung, die gleichwohl in ausgewählten Bereichen dynamisiert werden kann, etwa indem mehr öffentliches Kapital mit zugleich höheren Abschreibungsquoten nach politischen Rahmenvorgaben bereit gestellt wird.

Vor dem Hintergrund einer ökologischen Krise, die die Überwindung des Wachstumszwanges der Schuldgeldwirtschaft zu einer existentiellen

Notwendigkeit macht, könnte in diesen neuen Prinzipien ein Schlüssel für grundlegende Transformationsprozesse unserer Wirtschaft und unserer Gesellschaft im volkswirtschaftlichen wie auch im globalen Maßstab liegen.

Bernd Winkelmann

2 Eigentum in einer Solidarischen Ökonomie

Wie das Geld- und Finanzsystem ist Eigentum ein Schlüsselbegriff und eine entscheidende »Systemweiche« für Ökonomie, Gesellschaft und die Freiheitsrechte des Individuums. D. h. an der Frage, wie Eigentum verstanden, angeeignet und eingesetzt wird, entscheidet sich, in welche Richtung sich Ökonomie und Gesellschaft entwickeln und wie sich die Grundrechte eines Menschen entfalten können.

Im Folgenden entwerfen wir Ansätze einer Theorie und Praxis von Eigentum, die die negativen Seiten des kapitalistischen Eigentums überwinden und die Konturen einer gemeinwohlorientierten Eigentumspraxis herausarbeiten will.

2.1 Zum Grundverständnis und zur Geschichte des Eigentums[94]

Eigentum bezeichnet ein umfassendes **Herrschaftsrecht** und eine rechtliche **Verfügungsgewalt** über Dinge und Sachen. Darüber hinaus gibt es keine eindeutige Definition, vielmehr werden das konkrete Verständnis und die praktische Anwendung von Eigentum in jeweils anderen Situationen und Zusammenhängen immer wieder neu durch gewohnheitsrechtliche Praxis und Rechtssatzungen geregelt.

Eigentum ist in seiner ursprünglichsten Form Aneignung von Natur durch Arbeit, z. B. Früchte ernten, Werkzeuge, Wohnraum herstellen u. ä. Dieses so gewonnene Eigentum galt und gilt in allen Kulturen als rechtmäßig erarbeitetes persönliches Eigentum.

Es gibt heute insgesamt folgende allgemein anerkannte, legitimierte und geschützte **Grundformen von Privateigentum**:

[94] Anregungen hierfür aufgenommen aus: Religion in Geschichte und Gegenwart, Handwörterbuch für Theologie und Religionswissenschaft 1958, Artikel zu »Eigentum«. Auch Ausführungen aus Wikipedia zu »Eigentum« vom 7.11.2011

a) selbst erarbeitetes Eigentum;
b) gekauftes Eigentum, wobei im Geld die Eigenleistung ausgewiesen sein soll;
c) geschenktes Eigentum, z. B. an Kinder, Erbschaften, Beihilfen, u. ä.;
d) verliehener Besitz, z. B. als Kredite, Mietwohnungen, Pachtland u. ä.

Dabei ist zwischen Eigentum und Besitz zu unterscheiden: der Eigentümer kann sein Eigentum Anderen zur Nutzung durch Pacht oder Miete oder auch kostenlos überlassen; er behält dabei das Verfügungsrecht über sein Eigentum. Der Nutzer ist »Besitzer« des fremden Eigentums, kann aber nicht über seinen Besitz uneingeschränkt frei verfügen, z. B. nicht verkaufen oder ohne Zustimmung des Eigentümers gravierend verändern.

Heute wird »Eigentum« oft sehr verengt im kapitalistischen Sinne als Privateigentum des Individuums und als Instrument zur Mehrung von privatem Eigentum verstanden. Doch die Geschichte des Eigentums zeigt ein viel breiteres Verständnis und eine sehr vielfältigere Praxis von Eigentum. Es lassen sich in der Geschichte etwa folgende **Hauptströme** der **Eigentumsentwicklung** und der Eigentumsgestalten erkennen:

a) Menschheitseigentum: In sehr frühen Kulturen gab es wohl kein persönliches Eigentum im heutigen Sinne. Alles wurde von allen genutzt und »gehörte« somit allen. Reste dieses »eigentumslosen« Lebens sind heute noch bei einigen Inuit-Populationen zu finden. Naturgüter wurden in allen frühen Kulturen und werden heute noch in einigen indigenen Völkern als Gaben der Gottheiten angesehen, die dem Menschen zur gemeinsamen Nutzung und zur gemeinsamen Pflege verliehen sind. Sie sind dem Menschen als *»Heilige Gabe Gottes«* gegeben, damit er sie *»nutze und bewahre«*[95]. Säkular kann in diesem Sinne gesagt werden, dass die Erde mit all ihren natürlichen Ressourcen der ganzen Menschheit gehört und nicht privatisiert werden kann. Sie ist »Menschheitseigentum«.

b) Selbst erarbeitetes persönliches Eigentum: Schon früh entwickelte sich neben den Allen gehörenden Naturgütern selbst erarbeitetes persönliches Eigentum wie Ernteerträge, Werkzeuge, Wohnung, Waffen, Schmuck u. ä. Grabbeigaben zeigen, dass solche Gegenstände sehr persönlich zugeordnet wurden. Auch heute gilt selbst erarbeitetes und persönlich genutztes Eigentum von einfachen Alltagsgegenständen bis zum Auto und eigenen Haus als die elementarste und unumstrittenste Form von Eigentum. Sie prägen den Alltag des Menschen im größten Maß und sind Voraussetzungen individueller

---

[95] z. B. Ps. 24,1; Schöpfungsauftrag im Alten Testament 1, Mose 1 und 2.

Freiheit und Gestaltungsmöglichkeiten – wobei Armut an persönlichem Eigentum diese Freiheiten einschränken und Reichtum an persönlichem Eigentum diese Gestaltungsfreiheiten auch auf Kosten anderer ausweiten können.

c) Gemeinschaftliches bzw. **kollektives Eigentum** (»Commons«): Diese Eigentumsform gab und gibt es in viel größerem Maß, als es heute meist gesehen wird. Ihre wichtigsten Varianten sind:

Die **klassische Allmende**: gemeinsam genutzte und gepflegte Naturgüter wie Wiesen, Wälder, Seen usw. Sie werden vor allem in dörflichen Gemeinschaften gemeinsam genutzt und gepflegt.

Gemeingüter der Daseinsvorsorge: Aus dem Wissen und der Erfahrung heraus, dass über Naturgüter hinaus bestimmte Dinge nur gemeinsam geschaffen, genutzt, bewirtschaftet und erhalten werden können, gab es schon sehr früh gemeinsam geschaffenes und genutztes Eigentum wie Brücken und Straßen, Deiche, Wehranlagen usw. Heute gehören zu den Gütern der Daseinsvorsorge vor allem Einrichtungen der Öffentlichen Hand, von der Wasser- und Abwasserwirtschaft über das Energie- und Verkehrswesen bis hin zur sozialen und medizinischen Versorgung, der Bildung und den Schulen, der Verwaltung, der Kultur, der Polizei und den Finanzdienstleistungen (Banken). In »Stadtwerken" werden diese teilweise privatisierten Güter wieder als kommunales Gemeinguteigentum zurückgewonnen. Verschiedene Bewegungen sprechen von einer Renaissance der Allmende oder vom Entstehen einer »modernen Allmende« oder von einer neuen »Commons-Ökonomie« (Gemeingüterökonomie). Daneben hat es schon früh und in den vielfältigsten Formen **Genossenschaftliches Eigentum** wie landwirtschaftliche Genossenschaften, handwerkliche Genossenschaften, Betreibergenossenschaften, Konsumgenossenschaften u. ä. gegeben. Kennzeichen ist hier, dass alle Mitglieder Eigentümer mit gleichen Rechten und Pflichten sind.

d) Volks- oder Staatseigentum: Hier wurden und werden vor allem in den Sozialistischen Staaten Grund und Boden, Bodenschätze und alle natürlichen Ressourcen und vor allem die »Produktionsmittel« in Form größerer Betriebe »vergesellschaftet«. Das heißt, all diese Güter gehören »dem ganzen Volk«. Die Verfügung, Verwaltung und Verteilung des Erwirtschafteten lag bei Vertretern des »Volkes«, bei staatlichen Betriebsleitern, Kommunalfunktionären u. ä. Die Mitsprache der Betroffenen war formal möglich, konnte aber im »Staatssozialismus« der Ostblockstaaten meist nur sehr ungenügend realisiert werden. Da sich Verantwortung und Motivation im Umgang mit dieser Eigentumsform ohne private Anreize oft sehr wenig entfalteten, gab es neben dem Volkseigentum auch begrenzt genossenschaftliches Eigentum und kleines

Privatunternehmertum, hier auch als Mischformen von Privat- Staatseigentum (Betriebe mit staatlicher Beteiligung).[96]

e) **Verfügtes Eigentum**: Schon früh bekamen Stammesführer, Fürsten, Könige, Priester o. ä. das Recht, über ursprünglich gemeinsames Eigentum (Land) oder gemeinsam geschaffenes Eigentum (Burgen, Klöster) oder über eroberte Güter zu verfügen. Es konnte von ihnen einem Nutzer als »Besitz« zugesprochen, bzw. in »Lehn« gegeben oder auch in Tempelwirtschaft von Priestern verwaltet und in Gemeinschaft betrieben werden. Staatseigentum kann auch als eine Weiterentwicklung des verfügten Eigentums verstanden werden, in dem Teilbereiche der Wirtschaft und des Sozialen in staatlicher Verwaltung und Verfügung stehen, so z. B. in einer staatlichen Versicherung, in der früheren »Reichsbahn«, Bundesbahn, auch in Einrichtungen mit Staatsbeteiligungen, Gebietskörperschaften öffentlichen Rechts wie dem ZDF, Bundesvermögensamt u. ä.

f) **»Privatisiertes« Eigentum**: »Privatisieren« heißt vom lateinischen Wortstamm her »rauben«, aneignen, in Besitz nehmen. Dies geschah und geschieht durch Aneignung eines Allgemeingutes oder eines von Anderen erarbeiteten Gutes mittels willkürlichem Rechtsspruch, Gewalt oder Vorteilsnahme. Das ergab sich z. B. bei Nomaden im Anspruch und Verteidigen bestimmter Weideflächen, später vor allem beim Übergang zum Ackerbau: ein Stück Land für sich aus dem Allgemeingut der Natur herausnehmen, es erobern, anderen wegnehmen. Bei den Römern wurde es durch den Rechtssatz *»Ich erkläre, dass es mein ist!«* zum Privateigentum des Privatisierenden gemacht. Im Lauf der Geschichte geschah das vor allem in unendlichen Kriegen: im Erobern fremder Länder, aber auch anderer Menschen, die zu Sklaven gemacht wurden. Nach Cicero ist Okkupation die ursprüngliche Form der Eigentumsnahme. Die Kolonialisierung fremder Länder ist eine der räuberischsten Formen der »Privatisierung« fremden Eigentums. Heute ist »Land-Grabbing« zu einer modernen Form der Kolonialisierung fremden Landes geworden: ausländische Konzerne »kaufen« große Landflächen vor allem in Entwicklungsländern zu billigen Preisen, lassen dort von Einkaufsagenden die ländlichen Kleinbauern oft durch Drohung und kriminelle Handlungen vertreiben, bauen auf dem eroberten Land meist Futtermittel und Biospritpflanzen für die hochentwickelten Industrieländer an.

[96] Vgl. Kleines Politisches Wörterbuch der DDR, Dietz Verlag Berlin 1967

g) Eine spezielle Form privatisierten Eigentums ist das **kapitalistische Eigentum an Produktionsmitteln** mit Aneignung der Wertschöpfung in Privatverfügung. Auch das hat es in der Grundform schon sehr früh gegeben, z.B. in den großen Latifundien der Antike mit großem Landbesitz und Sklaven und Taglöhnern; in den staatlichen Domänen und großen Manufakturen zu Beginn der Neuzeit, in der industriellen Revolution des 19. Jahrhunderts und bis heute. Das genauere Funktionieren dieser Eigentumspraxis wird im nächsten Abschnitt ausführlicher erläutert. Hier soll zunächst festgestellt werden:

1. Es gab in der Menschheitsgeschichte Eigentum in den unterschiedlichsten Formen. Formen und Nutzungen schwankten immer in der **Spannung zwischen Privateigentum und gemeinsamem Eigentum**. Prinzip des gemeinschaftlichen Eigentums ist die **Inklusion**, der Einschluss Anderer, während Separieren und **Exklusion**, der Ausschluss Anderer, Hauptmerkmal privatisierenden Eigentums ist.[97] Allerdings sind Exklusion und Inklusion nicht unbedingte Gegensätze, sondern können sich auch verzahnen oder ergänzen. So sind Privateigentum und Gemeineigentum je nach Situation und Art des Eigentums nötig: Privateigentum gewährt Grundvoraussetzungen individueller Gestaltungsmöglichkeiten und Freiheiten, ohne die ein Einzelner nicht leben kann und auch Gemeinschaft nicht gut funktioniert. Denn Gemeinschaft braucht Individuen, die in Freiheit kreativ das Ihre einbringen können. Und ebenso bedarf es gemeinsamen Eigentums, das der Einzelne nicht schaffen kann, ihm und der Gemeinschaft aber unabdingbare Voraussetzung für das Gemeinwohl ist. Die Geschichte zeigt: Eine Vergesellschaftung allen Eigentums (Staatssozialismus) wie auch die Privatisierung aller Güter führt zu empfindlichen Deformationen in der Gesellschaft. Als Regel und Orientierung kann gesagt werden: bei einem Eigentum, das von vielen oder allen erstellt und genutzt wird, soll die Inklusion aller Beteiligten das Bestimmende sein.

2. Mit der Entstehung von immer größerem Privat- oder separiertem Eigentum kam es zu einer immer größeren Asymmetrie zwischen Eigentumsexklusion und -inklusion und damit zu einem wachsenden Machtgefälle zugunsten der großen Eigentümer. Es gab wohl keine größeren **Konflikte der Menschheit** und keine größeren Kriege, in denen es nicht um Eigentums- und Machtansprüche ging: um Land, Ressourcen, um Machtausweitung – dies mit unsägli-

---

[97] Dies besonders von Silke Helfrich herausgearbeitet; siehe Silke Helfrich: »Wem gehört die Welt?« 2006

chem Leid für die Mehrheit der Betroffenen. Schon das sollte Grund genug sein, die Dominanz privaten Eigentums in unserer gegenwärtigen Wirtschafts- und Lebensweise zu hinterfragen. Aber auch in der »friedlichen Nutzung« großen privatisierten Eigentums liegt ihre **Machtförmigkeit**: Der Großeigentümer kann politische, militärische, auch rechtliche Macht »kaufen« oder seine Markt-Macht nutzen, um gegenüber kleineren Eigentümern seine Interessen durchzusetzen. Entsprechend der disproportionalen Gesetzmäßigkeit des Marktes[98] hat der größere Eigentümer somit eine größere Möglichkeit, sein Eigentum zu sichern und zu vergrößern als der kleinere Eigentümer. Das gefährdet die Chancengleichheit und Vielfalt der Marktakteure und führt zur Konzentration wirtschaftlicher Macht in Konzernen, Monopolen und Oligopolen.

3. Das wiederum führt zu einer empfindlichen **Gefährdung der Demokratie**. Diese Gefährdung geschieht nicht nur darin, dass innerhalb kapitalistischen Wirtschaftens die demokratische Mitbestimmung und Kontrolle weitgehend ausgeschaltet ist, sondern dass durch die Macht der Großeigentümer der Politik gegenüber Droh- und Druckkulissen aufgebaut werden können. Dies geschieht z. B. durch Drohung von Kapitalentzug und Arbeitsplatzverlagerungen ins Ausland und durch massiven, gut bezahlten und gut zahlenden Lobbyismus. So wird die politische Demokratie unterwandert und entmachtet, erkennbar im Ringen um Umweltschutz, Armutsbekämpfung, Beschränkung von Rüstung und Rüstungsexporten. Eine schwerwiegende Folge ist die Ausbreitung von Politikverdrossenheit und Demokratiemüdigkeit.

Aus den leidvollen Erfahrungen um Eigentumsaneignung und Anwendung heraus haben sich allerdings schon früh **sozialethische Implikationen im Umgang mit Eigentum** entwickelt. Aristoteles legte Wert darauf, dass Eigentum nicht Ziel, sondern Mittel zu einem guten Leben für alle Bürger sein sollte (Sklaven wurden ausgenommen). Plato entwarf in seiner »politeía« ein Staatswesen, in dem Eigentum ganz von seiner dienenden Funktion her verstanden wurde: die Handwerker und Bauern, der »Nährstand«, bekommen Wirtschaftseigentum, um mit diesem für die Allgemeinheit zu wirtschaften; die »Wächter« (Polizei und Soldaten) wie auch die »Philosophen« als Regenten des Gemeinwesens bekommen kein eigenes Wirtschaftseigentum, da ihr Lebensunterhalt von der Allgemeinheit aufgebracht werden sollte.

[98] Siehe Kapitel »Sackgasse Kapitalismus« S. 28

Der Buddhismus, das Judentum, der Islam und die Kirchenväter formulierten die Fürsorgepflicht für die Ärmeren, die sich aus Eigentum ergibt. In der Aufklärung (J. Locke, Rousseau u. a.) wurde über die natürlichen zu schützenden Vorgaben der Natur, über die Grenzen und die Gemeinwohlorientierung des Eigentumserwerbs nachgedacht. Die christliche Sozialethik hat während des Aufblühens der kapitalistischen Wirtschaftsweise im 19. Jahrhundert die Sozialpflichtigkeit des Eigentums formuliert. Der moderne Sozialstaat versucht, dies durch soziale Gesetzgebungen in einer »Sozialen Marktwirtschaft« umzusetzen.

Insgesamt entwickelten sich folgende **sozialethische Implikationen** in Aneignung und Umgang mit Eigentum:

- Eigentum ist grundsätzlich durch eigene Leistungen zu erwerben.
- Eigentum steht unter rechtlichem Schutz: *»Du sollst nicht stehlen«*. Diebstahl wurde als schweres Vergehen geahndet (das 7., 9. und 10. Gebot der Bibel), geraubtes Eigentum ist wiederzugeben.
- Eigentum soll nicht gegen die Interessen und Freiheiten anderer beansprucht bzw. genutzt werden, darum das Immissionsverbot: z.B. darf das eigene Grundstück nicht das Nachbargrundstück beeinträchtigen.
- Der Gebrauch des Eigentums soll das Allgemeinwohl nicht schädigen, sondern ihm dienen, ist immer auch sozialpflichtig (Grundgesetz Art. 14).
- Durch Tarifrecht, Mitbestimmungsgesetze und Ansätze von Gewinnbeteiligung wird versucht, die Alleinherrschaft der Unternehmenseigner zu begrenzen.
- Es gibt ein Minimum an Eigentumsansprüchen zur Grundsicherung des Lebens, z. B. im Pfändungsverbot für Minimalbesitz.
- Über Eigentumsrechte soll die Allgemeinheit bzw. der Souverän mittels demokratischer Rechtsprechung entscheiden.

Die Umsetzung dieser sozialethischen Implikationen hat bis heute immer wieder etwas Gebrochenes und hat in Vielem einen mehr appellativischen Charakter wie z. B. die Sozialpflichtigkeit im Grundgesetz. Dennoch liegt in diesen sozialethischen Implikationen im Keim alles, was den Missbrauch von Eigentum wehren könnte.

2.2 Zum liberal-kapitalistischen Eigentumsverständnis und seinem Rechtssystem

Grundprinzip und Leitmotiv kapitalistischer Wirtschaftsweise ist die Mehrung von Kapital und Reichtum in Privatverfügung. Davon ist das kapitalistische Eigentumsverständnis gänzlich durchdrungen. So dient Eigentum nicht in erster Linie dem Erhalt und der Gestaltungsmöglichkeit des eigenen Lebens im Einklang mit den Interessen Anderer und dem Gemeinwohl. Eigentum wird vor allem als wirtschaftliches Instrument verstanden und soll als solches der **Mehrung von Reichtum und Kapital** privater Eigner dienen. Dabei wird es weitgehend von der eigenen realen Leistung gelöst und als Abschöpfungsinstrument fremder Leistung benutzt. Nur dadurch kann es zu der in Kapitel I genannten hohen Anhäufung von Reichtum in der Hand Weniger kommen.

Diese Abschöpfung und Anhäufung von Eigentum geschieht vor allem auf vier rechtlich legalisierten Ebenen:

1. **Privatisierung möglichst aller Güter des Lebens**: Dies geschieht einmal durch Privatisierung von Grund und Boden und allen natürlichen Ressourcen (Menschheitseigentum, natürliche Allmende). Darüber hinaus geschieht es durch Privatisierung der Öffentlichen Güter und Daseinsvorsorge – dies nach dem kapitalistischen Verwertungsprinzip möglichst allen Lebens.
2. **Abschöpfendes Leih- und Nutzungssystem**: Es werden Ländereien, große Immobilien, auch Unternehmen als Privateigentum an Andere vermietet oder verpachtet und darin über die Haltungskosten hinaus leistungslos höchstmögliche Gewinne abgeschöpft, z. B. in möglichst hochgetriebenen Mieten.
3. **Einsatz privater Produktionsmittel zur Abschöpfung fremder Leistung** und Mehrung privaten Eigentums. Konkret: Akkumulation des in den Unternehmen geschaffenen Mehrwertes in Privatverfügung des Eigentümers – eines Mehrwertes, der nicht allein durch die Leistung und das Kapital des Unternehmers, sondern durch die Arbeit anderer Menschen und durch die gesellschaftlichen Vorleistungen der Infrastrukturen, des technischen Know-how u. ä. erarbeitet wurde (ausführlicher in »Unternehmensverfassung«).
4. **Einsatz des privaten Kapitals** im Geldhandel, konkret im Kredit- und Zinssystem, im spekulativen Geldanlagesystem, Derivatehandel usw., der im hohen Maße leistungslos Kapital aus der Realwirtschaft oder sonstigen Leistungen Anderer abschöpft (siehe oben Finanzsystem).

Zum Erreichen dieser Möglichkeiten hat die kapitalistische Rechtssetzung vier **Grundsätze** bzw. wirtschaftliche Prinzipien durchgesetzt:

1. Eine **»Freie Marktwirtschaft«**, die nicht in erster Linie dem Waren- und Leistungsaustausch, der Versorgung und Befriedigung des Käufers und dem leistungsgerechten Einkommen des Anbieters dient, sondern entsprechend dem Grundprinzip kapitalistischen Denkens dem höchstmöglichen Profit. D.h. bei Mangel können die Preise so hochgeschraubt werden, dass sie den Kunden ruinieren und dem Anbieter weit über seine Aufwendungen hinaus Wuchereinkommen ermöglichen. Bei einem Überangebot können vom Käufer Preise durchgesetzt werden, die den Anbieter ruinieren. Dies führt einerseits zu der gewollten »Bereinigung des Marktes«, anderseits zur sozialen Spaltung und Destabilisierung der Volkswirtschaft.

2. Die Sicherung von **Privateigentum und Vertragsfreiheit** des Eigentümers als bürgerliches Grundrecht – dies in der Behauptung, dass nur in der Kombination von Eigentum und Vertragsfreiheit der Mensch sich entfalten kann und dass nur so eine prosperierende Wirtschaft funktioniere. Das Problem ist nicht die Verbindung von Eigentum und Vertragsmöglichkeit an sich, sondern die oben benannte Machtförmigkeit von Eigentum: je größer das Eigentum desto größer die Diktierfähigkeit des starken Eigentümers gegenüber dem schwächeren Eigentümer oder Nichteigentümer. Nach Friedrich August von Hayek (1899-1992, entschiedenster Theoretiker neoliberaler Wirtschaftsweise) haben nur Eigentümer und Vertragsfähige ein volles Bürgerrecht. Mittellose Menschen, die über kein Eigentum verfügen, müssen von der Gesellschaft als Last mitgetragen werden.[99]

3. Aus der Kombination von Vertragsfreiheit und Eigentum folgt die **Abkaufbarkeit von Rechten** Anderer. Konkret: Der Eigentümer eines Unternehmens kann den Mitarbeitern ihren Gewinnanteil durch Lohn »abkaufen« und ist damit von deren Ansprüchen auf paritätische Mitbestimmung und leistungsgerechte Gewinnbeteiligung befreit. An die Stelle einer »Beteiligungsökonomie« tritt die »Abfindungsökonomie« (Exklusion statt Inklusion).[100]

4. Die Installation eines **ursprungbestimmten Eigentumsrechtes**. D. h. Eigentumsrechte werden vom ursprünglich gegebenen Eigentumsverhältnis auf »ewig« festgeschrieben. Beispiele: Ein Familienunternehmen vor 100 Jahren

---

[99] Vgl. Ralf Ptak »Grundlagen des Neoliberalismus« in Ch. Butterwegge, Bettina Lösch, Ralf Ptak »Kritik des Neoliberalismus« 2008

[100] So auch bei Norbert Blüm: »Ehrliche Arbeit« 2011, S. 203

gegründet: es bleibt Eigentum der Familien, auch wenn es im Betrieb keinen Nachkommen der Familie mehr gibt und die Wertschöpfung längst aus später genierten Mitteln erbracht worden ist. Oder: Landansprüche an Ländereien der vermeintlichen ersten Eigentümer, auch wenn das Land längst von anderen genutzt und gepflegt wurde – so im Streit um Gebiete wie in Palästina und vielen Grenzregionen zwischen den Völkern. Oder im Rückgabe-Entschädigungs-Streit um Land und Immobilien in der ehemaligen DDR, die im Zuge der Bodenreform Anderen übereignet und von diesen über 40 Jahre genutzt und bearbeitet wurden.

Es haben sich zwar in vielen sozialen Kämpfen gegen diese Prinzipien und Praktiken kapitalistischer Eigentumspraxis Gegenkräfte und begrenzende Rechtsregeln entwickelt, z. B. Mitschutzregeln, Mitbestimmungsgesetze, Anstandsregeln gegen »sittenwidrige Preise«. Doch dies sind Eingrenzungen, keine Aufhebung dieser Prinzipien. In schwierigen Situationen und in Ländern mit geringen sozialen Standards sind diese immer wieder gekippt worden.

Ein Hauptargument kapitalistischer Eigentumsideologie ist das sogenannte **»Allmende-Dilemma«:** die Erfahrung und Behauptung, dass nur durch Privatbesitz und entsprechende persönliche Bereicherungsmöglichkeiten eine Erhaltung der Güter, höchste Effizienz und Wirtschaftlichkeit gewährt seien. Gemeinschaftlicher Besitz verführe zur Verantwortungslosigkeit und Nachlässigkeit und somit zur Verschleuderung ökonomischer, auch ökologischer Ressourcen. Die Erfahrungen zeigen, dass es sehr wohl so sein kann – dies vor allem, wenn durch gängelnde Leitung, Fehlstrukturen und mangelnde Anreize die persönliche Beteiligung und Mitverantwortung demotiviert und unterlaufen werden. Aber Erfahrungen zeigen ebenso, dass das nur die halbe Wahrheit ist: Bei guter kollektiver Mitbestimmung, verantwortungsmotivierenden Strukturen und sinnvollen Anreizen können gemeinschaftliche Unternehmen effektiver und vor allem befriedigender für die Beteiligten laufen, als kapitalorientierte Privatunternehmen. Dies ist z.B. erkennbar bei einem Vergleich der Schweizer Bundesbahn mit der privatisierten Eisenbahn in England. Ich konnte als Pfarrer in ländlichen Gemeinden der DDR verschiedene »Landwirtschaftliche Produktionsgenossenschaften« (LPG's) über Jahre beobachten: Da gab es Einige, bei denen durch Neid und Missgunst, vor allem durch mangelnde Leitungsfähigkeiten und Gängelungen politischer Obrigkeit der Betrieb in Misswirtschaft getrieben wurde. Es gab aber auch LPG-Betriebe, in denen durch geschickte Leitung, durch motivierende Verantwortungsstrukturen und kooperativen Wettbewerb hohe Leistungen und Zufriedenheit der Mitglieder erbracht wurden. Diese konnten sich meist auch gegenüber den Staatsfunktionären durchsetzen.

Die Beurteilung der Allmende-Problematik hängt deutlich vom bestimmenden Menschenbild ab: Wird der Mensch als ein nur egoistisch und materiell motiviertes Wesen gesehen, führt das zu entsprechenden Ergebnissen. Wird der Mensch dagegen in seiner ambivalenten Prägung, also auch als gemeinschaftlich denkendes und sinnorientiertes Wesen gesehen und motiviert, können sich gemeinschaftliche Unternehmen sehr positiv entwickeln. Beispiele sind das Wikipedia im Internet oder die Interkulturelle Stadtgartenbewegung.[101] Insgesamt kann gesagt werden:

1. Kapitalistisches Privateigentum wird in erster Linie und überwiegend als Bereicherungs- und Abschöpfungsmittel anderer Leistungen verstanden und eingesetzt.

2. In seinem Mehrungstrieb gefährdet oder vernichtet kapitalistisches Eigentum andere Eigentumsformen wie Menschheitseigentum an natürlichen Ressourcen, Allmende-Eigentum, genossenschaftliches Eigentum, Gemeinschaftseigentum an Güter der gemeinsamen Vorsorge u. ä.

3. Kapitalistisch verstandenes und genutztes Eigentum führt zur Gefährdung und zum Schwund der sozialethischen Implikationen und Errungenschaften im Umgang mit Eigentum und zur Gefährdung der Demokratie.

2.3 Eigentum in einer solidarischen Ökonomie

Eine Solidarische Ökonomie will Eigentum als eine wesentliche Voraussetzung für Freiheit und Hilfe zur Lebensgestaltung von Personen und Gemeinschaften erhalten und schützen. Zugleich ist ihre Eigentumsvorstellung und Eigentumsordnung von zwei wesentlichen **Zielen**, bzw. Kriterien bestimmt:

1. In ihr soll Eigentum **nicht mehr als Instrument zur leistungslosen Mehrung von Eigentum und zur Abschöpfung fremder Leistung** missbraucht werden können.

2. In ihr soll die Dominanz privatwirtschaftlichen Eigentums gegenüber den anderen Eigentumsformen überwunden werden, so dass die **verschiedenen**

---

[101] siehe www.ifzs.de/gartennetzwerk

Formen von Eigentum gleichwertig und jeweils geschützt bestehen können – allerdings so, dass sie dem ersten Kriterium entsprechen.

Um hier nicht in den alten Konflikten immer wieder hängen zu bleiben, muss wohl zuvor eine Grundfrage geklärt werden, nämlich die Frage, ob an die Stelle des ursprungsbestimmten Eigentumsrechtes ein **nutzungsbestimmtes Eigentumsrecht** treten sollte. In Weiterentwicklung der in der Rechtsprechung schon angewandten »Ersitzung von Eigentumsrechten« ist zu prüfen, inwiefern der ursprüngliche Eigentümer im Zeitverlauf seine Eigentumsrechte verliert, *wenn* er sein Eigentum nicht selbst nutzt, es nicht selbst pflegt bzw. durch Neuinvestitionen erhält, sondern dies auf Dauer andere Nutzer (Besitzer) tun. Natürlich muss in diesem Prozess ein legales Nutzungsrecht gegeben haben.[102]

Konkret einsichtig wird ein nutzungsbestimmtes Eigentumsrecht im Nutzen von Ländereien und Immobilien, aber auch für Unternehmen. Sie verlieren an Wert, wenn sie nicht fortlaufend durch Nutzung und Pflege erhalten und weiterentwickelt werden. Wenn die fortlaufende Nutzung und Pflege durch andere legale Nutzer geschieht, sollte ihnen das Eigentumsrecht in einem Rechtsakt auch zugesprochen werden. Allerdings muss ein nutzungsbestimmtes Eigentumsrecht immer auch ein haftungsbestimmtes Eigentumsrecht sein: wie der private Unternehmer für sein Unternehmen haftet, müssen auch die folgenden Nutzer mit Übernahme der Eigentumsrechte für das Unternehmen haften.

Durch ein nutzungsbestimmtes Eigentumsrecht könnte eine Vielzahl bisheriger Konflikte gelöst werden: Konflikte um Territorien und Ländereien, Konflikte im Unternehmensrecht, Konflikte um geistiges Eigentum, Patentrecht usw. (s. u.).

In einer Solidarischen Ökonomie schlagen wir folgende neue oder veränderte Eigentumsformen vor:

1. **Entprivatisierung von Grund und Boden sowie aller natürlichen Ressourcen und großer Kulturgüter**. Diese Güter können nicht selbst erarbeitet werden, sind elementare Grundlagen eines jeden Lebens und der ganzen Gesellschaft gegeben. Sie können darum nicht für kommerzielle Interessen Einzelner der Allgemeinheit entzogen werden. Sie gelten als Gemeineigentum (Menschheitseigentum, klassische Allmende) und werden durch gewählte Vertreter des Gemeinwesens auf verschiedenen Ebenen, auf kommunaler, auf Länder- und nationaler Ebene verwaltet. Sie können in Pacht verliehen werden

---

[102] In Ansätzen so in der Deutschen, Österreichischen und Schweizer Rechtsprechung; siehe BGB § 900 und 927. Ausführlicher Artikel in Wikipedia »Ersitzung« vom 19.2. 2012

(z. B. Erbbaurecht) und können für Eigennutzung, genossenschaftlich bzw. zum Gemeinwohl genutzt werden.

2. **Gemeinschaftseigentum der Öffentlichen Daseinsvorsorge**. Zu diesen Bereichen gehören: Versorgung mit Wasser, Abwasser, Energie, Verkehr, Schule und Bildung, soziale und medizinische Versorgung, Versicherungswesen, Verwaltung, Polizei, Justiz, Finanzdienstleistungen (Banken), große Kulturgüter u. ä. (moderne Allmende).[103] Auch diese Güter dienen unmittelbar dem Gemeinwohl und haben der Grundsicherung des Lebens aller zu dienen. Sie sind darum der kommerziellen Nutzung und dem Profitstreben der Privatwirtschaft zu entziehen. Sie werden aus dem freien Wechselspiel von Angebot und Nachfrage herausgenommen und zu erschwinglichen Preisen einem Jeden zur Verfügung gestellt. Freilich ist diese Preisbildung den betriebswirtschaftlichen Notwendigkeiten oder auch einer bewussten Investitionspolitik (z.B. ökologischen oder sozialen Anliegen) zu unterstellen.[104] In diesem Zusammenhang ist auch die Frage des **geistigen Eigentums** zu klären. In der heutigen »Wissensgesellschaft« kommen etwa 70 % aller Wertschöpfung aus geistiger Arbeit. Die geistige Wertschöpfung wird zwar von Einzelnen und Gruppen erbracht, basiert aber zum weitaus größeren Teil aus gesellschaftlichen Vorleistungen. Zum anderen ist Wissen prinzipiell beliebig verfügbar und wird nicht knapp, sondern vermehrt sich im Gebrauch. Insofern hätte der Markt hier keine sinnvoll lenkenden Allokationsfunktionen für knappe Güter (Verteilungsfunktion), sondern eine einschränkende Funktion für das, was sich im freien Gebrauch vermehrt. Darum sind geistige Güter grundsätzlich als Gemeineigentum zu betrachten. Wir plädieren für ein Urheber- und Patentrecht, in dem der Urheber bzw. Erfinder für seine Leistung einen leistungsgerechten Lohn erhält (z.B. durch zeitlich begrenzte Nutzungsgebühren), aber alle Menschen Zugang zu dem entsprechenden Wissen und den Erfindungen haben und diese kreativ umsetzen können sollten. So soll vor allem auf den Gebieten der medizinischen Güter und der landwirtschaftlichen Innovationen die Ausbeutung der weniger entwickelten Länder durch Unternehmen in hochentwickelten Ländern überwunden werden (gegen das TRIPS-und gegen das ACTA-Abkommen).

3. **Genossenschaftliches Eigentum**. Wesentliches Merkmal genossenschaftlicher Wirtschaftsweise ist die gemeinsame Arbeit mit einem gemeinsamen

---

[103] Vgl. dazu bei Felber »Demokratische Allmende« in »Gemeinwohl-Ökonomie« S. 76ff.

[104] Grundlegende Ausführungen zu Gemeingüter bei Silke Helfrich: »Wem gehört die Welt« 2009, S. 24ff.

Eigentum. Alle Mitglieder einer Genossenschaft sind Kapitalgeber und Eigentümer, Arbeitgeber und Arbeitnehmer und Geschäftspartner zugleich. Entscheidend ist, ob hier nach den Prinzipien der Selbstverantwortung, der Selbstverwaltung und dem Identitätsprinzip eine wirkliche Inklusion aller gelingt. Dies zeigt sich in der konkreten Gestaltung der Leitung und Mitbestimmung und im Zusammenwirken von kreativer Eigeninitiative und kooperativem Gemeinsinn gleichermaßen. Eine wesentliche Variante der Arbeit mit genossenschaftlichem Eigentum ist eine **Reformierte AG** bzw. eine GmbH. Sie arbeitet nur dann nach solidarischen Kriterien, wenn in ihr das Shareholderprinzip durch das Stakeholder-Prinzip überwunden wird. Das heißt: Kapitalanleger, die quasi beziehungslos zum Unternehmen ihr Geld allein um einer höchstmöglichen Rendite willen (oft nur sehr kurzfristig) anlegen wollen, werden hier nicht zugelassen. Geldanlagen sind nur bei fester Bindung möglich und bei Anerkennung des Stakeholder-Prinzips: alle am Unternehmen Beteiligten und vom Unternehmen Betroffen sind in eine paritätische Mitbestimmung einbezogen: die am Unternehmen fest gebundenen Geldgeber, die Mitarbeiter, die Kunden die Vertreter der Öffentlichkeit. Mit diesem Stakeholder-Prinzip wäre der Vorwurf, dass AG's kapitalistisch arbeiten können, entkräftet (dazu ausführlicher in »Paritätische Unternehmensverfassung«).

4. **Eigentum an privaten Produktionsmitteln**. Auch in einer Solidarischen Ökonomie wird Privateigentum an Produktionsmitteln nicht abgeschafft, sondern sollte um seiner motivierenden und verantwortungsfördernden Funktion willen erhalten bleiben. So ist es zu begrüßen, wenn geschickte Handwerker, findige Softwarefreaks, flotte Pizzabäcker, etc. durch das Einbringen von privaten Produktionsmitteln, Eigeninitiative und Eigenarbeit »Einkommen aus Unternehmertätigkeit« beziehen. Private Klein- und mittelständische Unternehmen sind die Basis einer breitgefächerten und ausgleichenden Marktwirtschaft und fördern wesentlich den Wohlstand der gesamten Gesellschaft. Allerdings soll die Akkumulation des gemeinsam geschaffenen Mehrwertes in alleiniger Privatverfügung der Kapitaleigner unterbunden werden. Der Grund hierfür liegt auf der Hand: Der Mehrwert eines Unternehmens wird nicht allein durch das eingebrachte Kapital des Unternehmers und dessen Eigenleistung geschaffen, sondern ebenso aus den Mitarbeiterleistungen und aus gesellschaftlichen Vorleistungen (Infrastrukturen, Technologien usw.). Die weiteren Investitionen für das Unternehmen werden ebenfalls aus dem gemeinsam erarbeiteten Mehrwert erbracht. Dieser Prozess führt im Zeitverlauf zu einer **»Verwässe-**

rung«, zu einem Werteverlust des ursprünglichen Eigenkapitalanteils und damit zu einem permanent kleiner werdenden Anteil der Eigentumsrechte (»Kapitalabschreibung«) zugunsten des Anteils der Mitarbeiter oder der Fremdkapitalgeber. Mit dem Sinken der Wertanteile des ursprünglich eingebrachten Kapitals wächst das Recht der Mitbestimmung und der Gewinnbeteiligung der anderen am Unternehmen Beteiligten in natürlicher Weise. Im Abschnitt »Partizipatorischer Unternehmensverfassung« wird gezeigt, wie durch das Stakeholder-Prinzip und durch das Wirken von betrieblichen Wirtschaftsräten diese Mitbestimmung und Ertragsbeteiligung zur Partizipation aller am Unternehmen Beteiligten führt und so die Akkumulation der Wertschöpfung in alleiniger Privatverfügung der ursprünglichen Eigner überwunden wird. Dabei ist zu beachten, dass dieser Prozess in kleinen handwerklichen (Familien-) Betrieben zu Recht eine geringere Rolle spielt. Jedoch spielt mit der Zunahme der Betriebsgröße die Mitbestimmung und kollektive Ertragsbeteiligung eine gewichtigere Rolle. Die mit der Betriebsgröße wachsende Partizipation hat in sich die Tendenz zur genossenschaftlichen Wirtschaftsweise und führt in gewisser Weise zu einer »Neutralisierung des Eigentums.« Damit verhindert sie zugleich eine demokratische unkontrollierte Machtkonzentration in den Händen von Privatpersonen.

5. **Eigentum an privatem Kapital**. Wie im Abschnitt »Schuldgeld und öffentliches Kapital« gezeigt, kann in einer solidarischen Ökonomie Privateigentum an Kapital nicht mehr zur leistungslosen Abschöpfung Anderer und zur Mehrung eigenen Eigentums genutzt werden.

Norbert Bernholt

3 Partizipatorische Unternehmensverfassung

Aufgabenbeschreibung

Die Produktion von Gütern und Dienstleistungen ist eine zutiefst gesellschaftliche Angelegenheit. Organisationseinheiten, die die Produktion und Verteilung der Güter und Dienstleistungen übernehmen, nennen wir, unabhängig von der Frage des Eigentums, Unternehmen (s. a. Abbildung 17). Diese haben unbestritten die Aufgabe, zum Wohl der gesamten Gesellschaft zu produzieren. In den Unternehmen arbeiten dieselben Menschen, die die Güter später kaufen, verbringen einen großen Teil ihrer Lebenszeit, finden im Idealfall ein Stück Selbstverwirklichung und erhalten für die geleistete Arbeit ein Einkommen. Damit Unternehmen effektiv arbeiten können, muss zusätzlich gewährleistet sein, dass sie die notwendigen Anreize und Informationen erhalten, um die Güter gerade in der Quantität und Qualität herzustellen, wie es die Gesellschaft erfordert. Der hierzu notwendige gesetzliche Rahmen stellt ein Kernelement jedes Wirtschaftssystems dar. Das Wirtschaftssystem regelt u. a., wer die Entscheidungen darüber trifft, was und wie viel, wo und auf welche Art und Weise produziert werden soll. Unbestritten ist heute, dass, wenn das System funktionieren soll, letztendlich alle Mitglieder der Gesellschaft daran beteiligt werden müssen. In einer kapitalistischen Marktwirtschaft wird diese Beteiligung – zumindest theoretisch – über den Markt erreicht, wobei den Anbietern (Unternehmen) und Nachfragern eine möglichst große Entscheidungsfreiheit zugesichert wird.

In diesem Abschnitt geht es um die Einbettung der Unternehmen in das System einer Solidarischen Ökonomie, also darum, Strukturen und Anreize aufzuzeigen, die dazu führen, dass die Produktion und die Verteilung der Güter wirklich im Sinne des Allgemeinwohls erfolgen kann. Dazu ist es allerdings zunächst nötig, einen kurzen analytischen Blick auf die kapitalistische Unternehmensverfassung zu werfen.

3.1 Analyse der kapitalistischen Unternehmensverfassung

3.1.1 Ein Überblick

Ein Blick auf die Abbildung 17 macht deutlich, dass in Deutschland keinesfalls alle Unternehmen in den Händen privater Eigentümer sind. Es gibt zahlreiche Unternehmensformen mit unterschiedlich gemischten Eigentumsregelungen und natürlich auch Unternehmen in staatlichem Eigentum. Die Zielsetzungen und die Verfassungen der verschiedenen Unternehmensformen unterscheiden sich erheblich. In unserem Zusammenhang ist zweierlei festzuhalten:

1. Auch in dem Rahmen einer kapitalistischen Wirtschaftsweise werden unterschiedliche Unternehmensverfassungen praktiziert. Wie noch zu zeigen sein wird, enthalten viele Unternehmensformen bereits wesentliche Merkmale einer solidarischen Ökonomie. Auch hier zeigt sich, dass die Solidarische Ökonomie bereits in den mitunter verknöcherten Strukturen des alten Systems schlummert und nur zum Erwachen ermuntert werden muss.

2. Trotz der eigentlich fortschrittlichen und demokratischen Strukturen herrschen in vielen Unternehmensformen die Gesetzmäßigkeiten bzw. Spielregeln einer kapitalistischen Wirtschaftsweise. Die Ökonomisierung der Gesellschaft, also eine im Wesentlichen auf die Steigerung der Effektivität und Rendite orientierten Wirtschafts- und Denkweise macht auch vor Universitäten oder Genossenschaften nicht halt. Durchaus richtige Strukturen in falschen Verhältnissen können auch hier wenig bewirken. Eine grundlegende und umfassende Änderung der Unternehmensverfassung ist eine wichtige Voraussetzung zur Schaffung einer Wirtschaftsweise im Dienste der Menschen.

Privateigentum	**Mischformen des Eigentums**	**Öffentliches Eigentum**
Personengesellschaften Eigentümer: ➢ Individuen/Familien z. B.: ALDI, Oetker	**Stiftungsunternehmen** Bis zu 90-100% Stiftungsanteile z. B.: Bosch, Zeiss, Bertelsmann	**Öffentlicher Dienst** z. B.: Bund, Länder Kommunen
Kapitalgesellschaften Eigentümer: ➢ Personen ➢ Aktionäre ➢ Fonds z. B.: Daimler, Siemens, BASF	**Genossenschaften** z. B.: Raiffeisenbank, Wohnungsbaugesellschaften, Wohlfahrtsverbände	**Anstalten des öffentlichen Rechts** z. B.: Sparkassen, ARD, ZDF
	Firmen mit Belegschaftskapital	
	Kapitalgesellschaften mit 100% Staatsanteil z. B.: Deutsche Bahn, regionale Stadtwerke	
	Kapitalgesellschaften mit relevantem Staatsanteil z. B.: Volkswagen, Telekom	

Abb. 17: Eigentum und Unternehmensformen (bearbeitet nach einer Vortragsfolie von Hartmut Meine auf der 14. Delegiertenversammlung der IGM Bezirk Niedersachsen/Sachsen Anhalt

3.1.2 Dominierende Strukturen

Nach geltender Lehre wird die Produktion von Gütern und Dienstleistungen durch die Kombination der Produktionsfaktoren Boden, Arbeit und Kapital ermöglicht. Die Entscheidung des Unternehmens was, wie viel, wo und in welcher Art und Weise produziert wird, liegt nach kapitalistischer Logik beim Produktionsfaktor Kapital[105]. Damit werden die Produktionsfaktoren Boden und Arbeit aus den unternehmerischen Entscheidungen weitgehend ausgeschlossen (siehe hierzu die Ausführungen weiter unten). Sie können ihre Interessen höchstens indirekt über den Markt wieder geltend machen. Das entscheidende Handlungsmotiv bei nahezu allen strategischen und operativen Entscheidungen des Unternehmers, also in der Regel des Kapitalgebers, ist die Erzielung eines möglichst hohen Gewinns.[106]

Expressiv verbis findet man dieses Ziel im Deutschen Aktiengesetz formuliert. Die Gesellschaften werden hier per Gesetz verpflichtet, eine möglichst hohe Rendite für die Anleger zu erwirtschaften. Daraus hat sich in den letzten Jahren das viel diskutierte Shareholder-Value-Denken entwickelt, das Streben nach einer Kapitalanlage mit möglichst hohen Profiten. Durch die ausführliche Börsen-Berichtserstattung in den öffentlichen Nachrichten wird dieses Denken bei den Bürgerinnen und Bürgern täglich gefördert – unabhängig von den schädlichen Nebenwirkungen dieses eindimensionalen Denkansatzes.

In dem Zusammenhang dieses Kapitels drängen sich zumindest zwei Fragen auf: 1. Warum steht in einer kapitalistischen Wirtschaftsordnung in der Regel nur dem Kapitalgeber die Ausschüttung des Gewinns zu und 2. Was machen die Kapitaleigner eigentlich mit dem Gewinn, den sie durch den Einsatz Ihres Geldes erzielen? Während es für die erste Frage aus unserer Sicht keine überzeugende Antwort gibt, müssen wir die zweite Frage etwas genauer untersuchen. Der Kapitalgeber kann natürlich den Gewinn einfach für sich zu Konsumzwecken verwenden, er kann es aber ebenso zur Erhöhung seiner Kapitalanlage im Unternehmen verwenden. Hierdurch steigen seine Gewinnansprüche und natürlich sein Einfluss auf unternehmerische Entscheidungen. An anderer Stelle in diesem Buch wird dieses Problem der sogenannten

---

[105] Auf die Begründung zu dieser Bevorzugung des Kapitals kann an dieser Stelle nicht eingegangen werden. Sie dürfte aber jedem Leser/jeder Leserin aus den gebetsmühlenartigen Wiederholungen in den öffentlichen Darstellungen hinreichend bekannt sein.

[106] Sicher ist diese Aussage nur für einen Teil der Unternehmer/innen zutreffend. Es gibt etliche Unternehmer/innen, bei denen ganz andere Motive als die Gewinnmaximierung im Vordergrund ihres Handelns stehen. Vgl. hierzu etwa: Galuska, Joachim: »Pioniere für einen neuen Geist in Beruf und Business« 2004 oder Kunze, Anne: »Die Besseren« in »Die Zeit« vom 29. Dezember 2011

Kapitalakkumulation ausführlich erörtert[107], so dass wir hier auf eine weitere Erörterung verzichten können. Es muss allerdings klar sein, dass wir mit dem Entwurf einer solidarischen Unternehmensverfassung auch das Problem der Akkumulation in den Händen Weniger aus der Welt schaffen müssen.

1. Zur Rolle des Faktors Arbeit in der kapitalistischen Unternehmensverfassung. Der Einfluss der Beschäftigten auf unternehmerische Entscheidungen aufgrund des Betriebsverfassungsgesetzes oder anderer Gesetze ist sehr begrenzt. Weder in den unterschiedlichen Mitbestimmungsmodellen noch in den Mitbestimmungsmöglichkeiten des Betriebsrats kann man von einer wirklichen Partizipation der Beschäftigten an strategischen unternehmerischen Entscheidungen sprechen. Immerhin haben viele Unternehmen, unterstützt durch die moderne Betriebswirtschaftslehre, mittlerweile erkannt, dass Mitarbeiter, die sich ausgenutzt und bevormundet fühlen, wesentlich unproduktiver arbeiten als Mitarbeiter, die sich gerecht behandelt fühlen. In einigen Unternehmensführungen gibt es aus dieser Erkenntnis heraus Ansätze einer »Corporate Governance« (ethisch und sozial verantwortliche Unternehmensführung). Im Idealfall ist hier ein Mitwirken aller am Unternehmen Beteiligten und vom Unternehmen Betroffenen, der sogenannten »Stakeholder« vorgesehen. Neben den Kapitaleignern und der Geschäftsführung sind dies die Mitarbeiter, Kunden, Lieferanten und Vertreter der Öffentlichkeit. Dieser Ansatz klingt vielversprechend, beruht er doch auf der Erkenntnis, dass kooperative Ansätze nicht nur das Wohlbefinden der Beteiligten fördern, sondern auch zu besseren Ergebnissen führen. Nur unter den Regeln einer auf erbarmungslose Konkurrenz getrimmten Wirtschaft, wirken derartige Ansätze nur wie neuartige und umso hinterhältigere Folterinstrumente. Die Arbeit in Gruppen, die Erweiterung von Verantwortung, führt unter diesen Bedingungen vielfach zu einem noch größeren Grad der Ausbeutung. Die Gruppenmitglieder befehden sich untereinander, die Gruppe befürchtet Nachteile, weil Einzelne nicht so leistungsstark sind, wie die Geschäftsleitung es fordert. Mobbing, psychischer Stress am Arbeitsplatz, Burnout sind die typischen Merkmale dieser – nur scheinbar kooperativen – Form der Ausbeutung. Neben der möglichen Profitgier muss man an dieser Stelle allerdings auch betonen, dass der Wachstumszwang und das Konkurrenzprinzip den Unternehmen kaum eine andere Wahl lässt.

---

107 Vgl. die Ausführungen zum Eigentum

2. **Zur Rolle des Faktors Boden in der kapitalistischen Unternehmensverfassung.** Gehen wir davon aus, dass die Interessen des Faktors Boden (das verfügbare Land und die Natur) weitgehend durch öffentliche Institutionen wie die Kommune, das Land oder den Bund vertreten werden, wird unmittelbar deutlich, dass hier keine direkten Einflussmöglichkeiten bestehen. Die genannten Institutionen können allerdings durch gesetzliche Rahmenbedingungen indirekt unternehmerische Entscheidungen beeinflussen. Im Konfliktfall befinden sie sich aber häufig in der schwächeren Position, da die Unternehmen mit der Androhung von Arbeitsplatzabbau und Standortverlagerung den Staat vor sich hertreiben können.

3.2. Vorschläge zu einer Unternehmensverfassung in einer solidarisch organisierten Ökonomie

3.2.1 Grundlegende Ziele

Ein bedeutender Unterschied zwischen der solidarischen und kapitalistischen Unternehmensverfassung besteht in dem Anspruch der wirklichen Partizipation der Gesellschaft an den Produktions- und Verteilungsprozessen. Steht die kapitalistische Unternehmensverfassung im Rahmen des Marktes unter dem Primat der Eigentumsvermehrung (Gewinnerzielung), orientiert sich die solidarisch organisierte Unternehmensverfassung an einem fairen Interessensausgleich aller Anspruchsgruppen.

Demzufolge muss sich eine solidarische Unternehmensverfassung an folgenden Kriterien messen lassen:

- Sie muss gewährleisten, dass keine Gruppe so viel Macht erhält, dass sie die wesentlichen Entscheidungen des Unternehmens in ihrem Sinne dominieren kann. Keine Gruppe, auch nicht die Kapitalgeber, kann für sich das selbstverständliche Recht beanspruchen, den erwirtschafteten Gewinn allein unter sich aufzuteilen. Die fortwährende Akkumulation des Kapitals in alleiniger Privatverfügung der Kapitalgeber muss beendet werden.
- Sie muss den Leitvorstellungen einer gemeinwohlorientierten und nachhaltigen Ökonomie entsprechen. Unternehmerisches Handeln muss sich an drei gleichgewichtigen Zielvorstellungen orientieren:

  Ökonomische Nachhaltigkeit, d. h. die Möglichkeit, den Wertschöpfungsprozess dauerhaft auch für kommende Akteure und Generationen aufrecht zu erhalten;

Soziale Nachhaltigkeit, d. h. die Aufrechterhaltung von menschenwürdigen Lebens- und Teilhabechancen aller am Produktionsprozess Beteiligten auch für kommende Akteure und Generationen;
Ökologische Nachhaltigkeit, d. h. die dauerhafte Aufrechterhaltung der natürlichen Grundlagen des Lebens – hier wird ausdrücklich die Natur mit eingeschlossen – auch für kommende Akteure und Generationen.

- Sie muss Rahmenbedingungen und Anreizsysteme zur Verfügung stellen, die es ermöglichen, dass alle an der Produktion beteiligten Menschen in ihrer Tätigkeit eine Sinnerfüllung finden können, sie sich also aus eigenem Interesse heraus (intrinsisch) für die Belange ihres Unternehmens engagieren.

3.2.2 Das Umfeld der Unternehmen in einer solidarischen Ökonomie

Wir versuchen, uns diesen Ansprüchen durch den Entwurf einer **partizipatorischen Unternehmensverfassung** zu nähern. Ehe wir diesen Entwurf im Einzelnen beschreiben, ist es sinnvoll, sich noch einmal das Umfeld des Unternehmens in einer solidarisch, gemeinwohlorientierten Ökonomie in Erinnerung zu rufen. Hier sind zumindest vier Punkte zu benennen:

- In vielen Bereichen der Wirtschaft wird es einen Wettbewerb zwischen den Unternehmen geben. Dieser wird allerdings als ein kooperativer Wettbewerb verstanden und organisiert, der zwar um die besten Lösungen bemüht, aber nicht die Produktion von Gewinnern und Verlierern zum Ziel hat.
- Geld kann sich nicht aus sich selbst heraus vermehren. Dies bedeutet, eine wie auch immer geartete Verzinsung des Geldes ist nicht mehr möglich.
- Die Gesellschaft hat eine Kultur entwickelt, in der die gelungene zwischenmenschliche Beziehung und nicht der individualistische Wettbewerb gefördert wird.
- Es gibt Privateigentum, dieses darf aber nicht missbraucht werden, um das Gemeinwesen damit zu schädigen.
- Die Regelarbeitszeit liegt bei etwa 20 – 30 Stunden pro Woche. Die Bürgerinnen und Bürger haben somit die Möglichkeit und die Pflicht, sich außerhalb der gewerblichen Arbeit in den Bereichen der Subsistenzwirtschaft oder/und in den Entscheidungsgremien einer partizipatorisch organisierten Wirtschaft zu engagieren.

In diesem Umfeld kann es sehr viele unterschiedliche Formen von Unternehmen geben, die wir hier im Einzelnen weder behandeln wollen noch können. Es geht in diesem Abschnitt vielmehr darum, die grundlegenden Elemente einer solidarischen Unternehmensverfassung vorzustellen.

3.2.3 Partizipatorische Steuerung des Unternehmens

Unternehmen sind immer eingebunden in ein Flechtwerk sozialer, ökologischer, volkswirtschaftlicher und öffentlicher Bedingungen und Notwendigkeiten. Für den Aufbau eines Unternehmens in dem System einer solidarischen Ökonomie stellen sich in diesem Zusammenhang zentrale Fragen:

1. Wer trägt innerhalb der gegebenen Rahmenbedingungen (z. B. Regelung der Bilanzierung, grundsätzliche Beibehaltung eines Marktes) die Verantwortung, was wie für wen produziert wird?

2. Wer trägt die Risiken der Produktion?

3. Wie werden Überschüsse aus der Produktion verteilt?

Diese Fragen müssen in einem gesellschaftlichen Entscheidungsprozess beantwortet werden. Dabei wird man unweigerlich analysieren müssen, welche gesellschaftlichen Gruppen unmittelbar an der Produktion und Verteilung von Gütern und Dienstleistungen beteiligt sind. Dies sind die Beschäftigten, die Vertreter der Öffentlichkeit (Kommune, Land), die Kunden, die Vertreter ökologischer Interessen als »Anwälte« der Natur und die Kapitalgeber. (Hiermit sind sowohl Eigenkapital als auch Fremdkapital gemeint). Da diese Gruppen sowohl die Verantwortung als auch die Risiken der Produktion tragen, sind sie in die unternehmerischen Entscheidungsprozesse einzubeziehen. Damit wird weder das unternehmerische Handeln noch der Markt (und der Preis) als ein Instrument der Verteilung in Frage gestellt. Es geht vielmehr darum, innerhalb eines solidarisch organisierten Marktes Rahmenbedingungen zu schaffen, die zu einer am Gemeinwohl orientierten Steuerung führen.

Betriebliche Wirtschaftsräte. Zur Gewährleistung der gesellschaftlichen Interessen ist in den größeren Unternehmen die Bildung eines **betrieblichen Wirtschaftsrats** sinnvoll. Zu den zentralen Aufgaben des betrieblichen Wirtschaftsrats gehört die langfristige strategische Ausrichtung des Unternehmens, die Entscheidungsbefugnis über die Überschussverwendung, sowie die Wahl und die Kontrolle des Vorstands, der für das operative Geschäft zuständig ist. Der betriebliche Wirtschaftsrat ist somit in etwa mit dem herkömmlichen Aufsichtsrat in Kapitalgesellschaften vergleichbar, verfügt aber über mehr Kompetenzen und setzt sich vor Allem derart zusammen, dass es zu keiner dauerhaften Dominanz einer Interessensgruppe kommen kann (vgl. Abbildung 18).

Die Zusammensetzung des betrieblichen Wirtschaftsrats erfolgt drittelparitätisch mit den Gruppen »Kapitalgeber« (Eigen- und Fremdkapital), »Beschäftigte« und »Öffentlichkeit«. Ein Recht zur Teilnahme an der Gruppe »Öffentlichkeit« haben Vertreter der Kommunen bzw. des Landes (dies sind gewählte Vertreter aus den jeweiligen Parlamenten), der Kunden und Umweltverbände. Sollten die Kunden oder die Umweltverbände ihr Recht nicht wahrnehmen wollen, wird dieser Platz durch einen Vertreter der Kommune (bzw. des Landes) wahrgenommen. Die Gesamtzahl der Teilnehmenden des Wirtschaftsrates ist abhängig von der Größe des Unternehmens, sie muss allerdings durch Drei dividierbar sein.

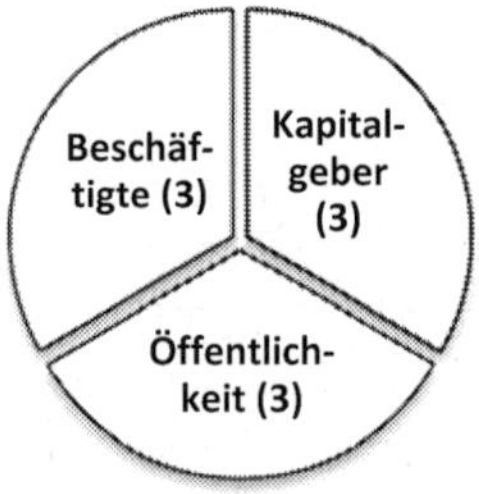

Abb. 18: Drittelparitätische Besetzung des betrieblichen Wirtschaftsrats

Die Drittelparität verhindert die Machtanhäufung bei nur einer Gruppe. Bei strittigen Entscheidungen sind Verhandlungen zu führen und ggf. Koalitionen zu bilden.

Zu viel Bürokratie? Natürlich drängt sich an dieser Stelle die Frage auf, wie die Vertreter der Kunden und der Umweltverbände demokratisch legitimiert in einen Wirtschaftsrat (betrieblich oder überbetrieblich) entsandt werden können. Werden hier nicht bürokratische Monster geschaffen? Damit sind wir bei einer zentralen Frage des Demokratieverständnisses in einer solidarisch formierten Gesellschaft. Bekennt sich die Gesellschaft zu ihrer Verantwortung für wirtschaftliche Prozesse, sind demokratisch legitimierte Strukturen und

Gremien zu schaffen, die das Subsystem Wirtschaft in einer von der Gesellschaft gewollten Richtung steuern können, ohne damit die Entscheidungsspielräume der einzelnen Unternehmen in einer unnötigen Weise einzuschränken. Um diesen Anspruch zu gewährleisten, ist es notwendig, aus der Gesellschaft heraus durch Wahlen Kundenverbände und Umweltschutzverbände zu bilden, die ihre Vertreter und Vertreterinnen in die Wirtschaftsräte entsenden. Die Verteilung der gewählten Personen auf die einzelnen Unternehmen und Wirtschaftsräte obliegt dann den Verbänden. Demokratie findet in einer solidarischen Gesellschaft nicht nur im politischen Raum sondern ebenso in dem eigens geschaffenen institutionellen Rahmen der Wirtschaft statt. Inwieweit diese Modelle der wirtschaftlichen Partizipation funktionieren, ist eine Frage des gesellschaftlichen Bewusstseins. Dort wo Menschen wirklich mitgestalten können, engagieren sie sich auch. Zur Bewusstmachung der enormen Bedeutung der Kunden- und Umweltverbände sind statt der herkömmlich täglichen Börsenmeldungen in den Nachrichtensendungen dann Nachrichten aus den Aktivitäten der Kunden- oder Umweltschutzverbände denkbar. Erinnert sei auch daran, dass durch die geringere gewerbliche Arbeitszeit den Bürgerinnen und Bürgern die notwendigen Freiräume und Kapazitäten für ein gesellschaftliches Engagement gegeben werden.

Die Besetzung der betrieblichen Wirtschaftsräte. Die Besetzung und die Kompetenz der betrieblichen Wirtschaftsräte sind nach Größe des Unternehmens zu differenzieren. Abhängig von der Betriebsgröße (Beschäftigte und Umsatz) könnte die Partizipation wie folgt gestaltet werden:

- In **Kleinunternehmen** bis zu 30 Beschäftigte und einem Umsatz bis zu beispielsweise 500.000,00 Euro können die Beschäftigten unmittelbar basisdemokratisch in die strategischen Entscheidungen einbezogen werden, ohne dass ein betrieblicher Wirtschaftsrat gebildet wird. Über regionale Wirtschaftsräte (s. u.) können die Interessen der Kunden, der Umwelt oder der Kommunen etc. eingebracht werden.
- In **Unternehmen ab 30 bis 200 Beschäftigte** und einem Umsatz bis zu 2 Mio. Euro kann in halbjährlich stattfindenden Sitzungen der betriebliche Wirtschaftsrat über die strategische Ausrichtung des Unternehmens, die Kennziffern und die damit verbundenen Maßnahmen beraten und beschließen. Eine überbetriebliche Koordination der Interessen in den kommunalen Wirtschaftsräten kann bei dieser Unternehmensgröße immer

noch sinnvoll sein. Gegebenenfalls können Vertreter der kommunalen Wirtschaftsräte in den betrieblichen Räten einen festen Sitz haben.

- In **Unternehmen mit mehr als 200 Beschäftigten** vergrößert sich der betriebliche Wirtschaftsrat. Die oben angeführten Stakeholder entsenden gewählte Vertreter in den betrieblichen Wirtschaftsrat. Dieser tagt mindestens vierteljährlich und hat neben strategischen auch wichtige operative Entscheidungen, die sich aus der Nachhaltigkeitsbilanz ergeben, zu beraten und zu entscheiden. Die einflussreichen betrieblichen Wirtschaftsräte werden z. B. verhindern können, dass eine gesellschaftlich unsinnige Unternehmenspolitik (z. B. der ruinöse Wettbewerb von zwei großen Supermarktketten in einer Kleinstadt) betrieben wird. Die Mehrheit der Stakeholder hat kein Interesse an einer der Gesellschaft schadenden Unternehmenspolitik.

Regionale und nationale Wirtschaftsräte. Um die vielfältigen Aufgaben und Ansprüche einer bestimmten Branche innerhalb einer Region zu koordinieren, kann es sinnvoll sein, **regionale Wirtschaftsräte** zu bilden. Diese Räte sind ebenso wie die großen betrieblichen Wirtschaftsräte drittelparitätisch besetzt. Zu den Aufgaben kann gehören:

- Die Erarbeitung bestimmter Rahmenvorgaben für eine Region. Vergleichbare Aufgaben übernehmen zurzeit z. B. Raumplanungsbehörden, die allerdings nicht demokratisch besetzt sind.
- Die Organisation und Gewährleistung eines auf Kooperation statt auf Verdrängung angelegten Wettbewerbs in der Region (vgl. hierzu auch das »Bäckerbeispiel« auf Seite 73 dieses Buches).
- Die Unterstützung und Beratung kleinerer Unternehmen in allen Fragen einer nachhaltigen Bilanzierung.
- Einflussnahme auf unternehmerische Entscheidungen bei kleinen Unternehmen, die keinen eigenen Wirtschaftsrat bilden. Die regionalen Wirtschaftsräte vertreten in diesem Fall besonders die Interessen der Öffentlichkeit, der Kunden und der Umwelt.

Über die regionalen Wirtschaftsräte hinaus ist es notwendig, für die jeweiligen Branchen **nationale Wirtschaftsräte** [108] zu bilden, die wiederum drittelparitätisch besetzt sind. Hier werden die sozialen, ökologischen und

---

[108] Felber spricht hier von einem nationalen »Wirtschaftskonvent« (Felber, Gemeinwohlökonomie, S. 25ff.)

ökonomischen Ziele und Kennziffern für die Nachhaltigkeitsbilanzen erarbeitet und festgelegt. Die nationalen Wirtschaftsräte übernehmen auch die Auditierung der Unternehmen, soweit dies notwendig ist.

3.2.4 Ausweitung der Bilanzierung auf soziale und ökologische Kriterien

Neben der Steuerung durch die Partizipation der beteiligten Anspruchsgruppen muss der Staat durch einen entsprechenden gesetzlichen Rahmen Sorge tragen, dass Unternehmen im Sinne des Gemeinwohls handeln. Er kann dies vor allem durch Anreizsysteme und ggf. auch durch Bestrafungen oder auch Verbote tun. Um die hierfür notwendigen Daten zur Verfügung zu haben, verpflichtet der Staat die Unternehmen zu einer umfangreichen Bilanzierung des unternehmerischen Erfolgs. In einer solidarischen Ökonomie geht es dabei nun weniger um den erwirtschafteten Gewinn sondern – wie oben dargelegt – um die soziale und ökologische Nachhaltigkeit des Unternehmens. Die Erfolgsmessung eines Unternehmens muss also um diese Kriterien ausgeweitet werden. Die daraus entstehende Bilanz nennen wir Nachhaltigkeitsbilanz. Sie erfasst den unternehmerischen Erfolg aus wesentlich mehr Perspektiven als die herkömmliche Finanzbilanz und lässt sich unseres Erachtens am besten mit Hilfe der in der Betriebswirtschaftslehre bereits bekannten und von vielen Unternehmen eingesetzten Balanced Scorecard erstellen.[109] Um ein konkretes Bild der Nachhaltigkeitsbilanz vor Augen zu haben, wird in der Abbildung 3 der Aufbau und die Struktur in den Grundzügen dargestellt. Im betrieblichen Alltag wird diese Bilanz wesentlich differenzierter aufgebaut sein. Viele Felder der Bilanz werden in der Abbildung leer gelassen, da man ohne den Bezug auf ein konkretes Unternehmen die Bilanz kaum sinnvoll ausfüllen kann. Wir hoffen allerdings, dass dem Leser durch die beispielhafte Darstellung das System verständlich wird.

Die erhebliche Komplexität der Nachhaltigkeitsbilanz im betrieblichen Alltag mag den Laien einerseits abschrecken, andererseits erfordert eine mehrdimensionale Erfolgsmessung ein komplexeres Verfahren. Durch die Technik der Balanced Scorecard steht ein vergleichsweise ausgereiftes

[109] Die hier vorgestellte Nachhaltigkeitsbilanz hat große Ähnlichkeiten mit der aus dem Umkreis von Christian Felber entwickelten Gemeinwohlbilanz (vgl. Homepage Christian Felber). Die Zielsetzung und die Kriterien sind weitgehend identisch. Beide Bilanzen unterscheiden sich hauptsächlich in der Technik der Datenerfassung. Beide Verfahren müssen fortentwickelt und in der Praxis erprobt werden.

Instrument zur Erfolgsmessung und strategischen und operativen Planung unternehmerischer Entscheidungen bereits zur Verfügung. Es existiert gut ausgereifte Software hierzu, so dass der technisch-bürokratische Aufwand als zu bewältigend einzuschätzen ist. Die Kennziffern und die jeweiligen Zielwerte sind in der Regel durch die nationalen Wirtschaftsräte festzulegen. Die Istwerte können weitgehend innerbetrieblich errechnet werden oder/und durch regelmäßige Auditierungsverfahren erfasst werden. Auch dies geschieht bereits jetzt in der betrieblichen Praxis und kann durch weitergehende Standardisierungen wesentlich vereinfacht werden.

Kurze Einführung zum Lesen der Nachhaltigkeitsbilanz:
In der ersten Spalte werden hier insgesamt 6 Bereiche bzw. Perspektiven angegeben, die bilanziert werden. Zu jedem Bereich werden in Spalte 4 eine bestimmte Anzahl von maximal erreichbaren Nachhaltigkeitspunkten (Sollwerte) angegeben. (Mitarbeiter: 200 / Ökologie: 200 / Kund/innen: 200 / Finanzen: 200 / Lieferanten: 100 / gesellschaftliches Umfeld: 100). Insgesamt kann ein Unternehmen also maximal 1000 Nachhaltigkeitspunkte erzielen. In der 2. Spalte werden Ziele formuliert, die Unternehmen zu diesem Bereich sinnvoller Weise anstreben sollten. Diese Ziele werden von dem nationalen Wirtschaftsrat formuliert, und durch den Gesetzgeber legitimiert. Nun müssen diese Ziele operationalisiert, also messbar gemacht werden. Dies geschieht durch Kennziffern, die beispielhaft in Spalte drei angegeben sind. Die Kennziffern sind anschließend in Nachhaltigkeitspunkte zu übersetzen und als Istwerte in Spalte 4 zu übertragen. Je mehr Nachhaltigkeitspunkte ein Unternehmen erzielt, desto größer ist die Unterstützung des Unternehmens durch den Staat. In der Spalte 5 können geplante Maßnahmen des Unternehmens zur Verbesserung der Nachhaltigkeitsbilanz aufgeführt werden. Diese Maßnahmen sollten möglichst konkret und mit einer Zeitangabe erfolgen. Sie können dann ggf. die Nachhaltigkeitswerte positiv beeinflussen. Unten in der Bilanz ist eine Reihe von Negativkriterien aufgeführt, die zu einer erheblichen Verschlechterung der Bilanz führen können.

Die hier angeführte Bilanz ist natürlich unvollständig. Man wird sich über einzelne Punkte, beispielsweise die Gewichtung eines bestimmten Bereichs oder die Sinnhaftigkeit einer bestimmten Kennziffer, streiten mögen. An dieser Stelle geht es zunächst um die Vorstellung des Instruments. Die Erarbeitung einer komplexen und in der Praxis anwendbaren Nachhaltigkeitsbilanz ist eine der zukünftigen Aufgaben der Akademie. Es ist geplant, durch eine kooperative

Zusammenarbeit zwischen Universität, Praxis und Akademie sukzessive ein in der Praxis einsetzbares Instrument zu entwickeln. Auch hier ist uns Christian Felber mit seinem vergleichbaren Ansatz der Gemeinwohlbilanz ein leuchtendes Vorbild. In Österreich arbeiten weit über 100 Unternehmen mit dieser Bilanz, auch wenn sie bis jetzt keinerlei finanzielle Vorteile hieraus erzielen können.

Auswirkungen für die strategische und operative Steuerung eines Unternehmens. Angenommen, das Unternehmen erwirtschaftet in der Nachhaltigkeitsbilanz 400 von maximal 1000 Punkten. Statt des Bilanzgewinns dient nunmehr diese Punktzahl als Grundlage für die Festsetzung des Steuersatzes für dieses Unternehmen. (vgl. hierzu Exkurs zur Unternehmensbesteuerung). Je weniger Nachhaltigkeitspunkte ein Unternehmen vorweisen kann, desto höher fällt der Steuersatz für dieses Unternehmen aus. Der Staat kann mit diesem Instrument eine ganze Reihe **systemischer Anreize** zu einer nachhaltigen Unternehmenspolitik schaffen. Unternehmen, die sich nicht an den Nachhaltigkeitskriterien orientieren,

- müssen höhere Steuersätze zahlen,
- erhalten – wenn überhaupt – staatliche Aufträge zu schlechteren Konditionen,
- erhalten keine oder ungünstige Subventionen
- erhalten Kredite der Zentralbank zu schlechteren Konditionen (vgl. hierzu auch die Ausführungen am Ende dieses Abschnittes)
- etc.

Rational handelt ein Unternehmen in diesem System also nur, wenn es versucht, möglichst hohe Werte in der Nachhaltigkeitsbilanz aufzuweisen. Gelingt dies dem Unternehmen nicht oder deutlich schlechter als den Konkurrenten, wird es auf mittlere Sicht vom Markt ausscheiden oder das Verhalten korrigieren müssen. Schließlich kann der Staat durch die Gewichtung einzelner Kriterien der Bilanz gewünschtes Verhalten fördern oder auch unterbinden.

Ein zentrales Ziel der solidarischen Ökonomie besteht beispielsweise darin, kleine und mittlere Unternehmen, die regional verankert produzieren, zu unterstützen. Unternehmen, die derartig produzieren, bekommen also besonders hohe Punktwerte. Umgekehrt erhalten Unternehmen, die beispielsweise ihre Vorprodukte weitgehend aus Pakistan erhalten, zumindest in diesem Bereich nur sehr wenige oder gar keine Nachhaltigkeitspunkte.

1	2	3
Bereiche/ Perspektive	**Ziele**	**Kennziffer**
Mitarbeiter		
	Zahl der Beschäftigen steigern	Zahl der Beschäftigten bezogen auf die Wertschöpfung
	Partizipation fördern	Beteiligungsquote an Gremien Beteiligungsmöglichkeiten an Gremien
	Zufriedenheit der Beschäftigten fördern	Zufriedenheitskoeffizient (durch standardisierte Befragung ermittelt) Selbstorganisationskoeffizient (ermittelt durch standardisierte Befragung)
	Selbstorganisation und Sinnstiftung am Arbeitsplatz fördern	Selbstorganisationskoeffizient (ermittelt durch standardisierte Befragung)
	Physische und psychische Gesundheit fördern	Anzahl der Angebote pro Beschäftigten
Ökologie		
	CO_2 Emission reduzieren	CO_2 Belastung für eine Produktgruppe
	Anteil der regenerativen Energien steigern	Anteil des regenerativen Energieaufwands bezogen auf die Wertschöpfung
	umweltbelastende Abfälle reduzieren	Abfallmenge bezogen auf die Wertschöpfung
	Einsatz begrenzter Ressourcen reduzieren	Menge der begrenzten Ressourcen bezogen auf die Wertschöpfung
Kund/innen		
	Haltbarkeit der Güter verlängern	Lebensdauer der Güter
	Qualität der Güter steigern	Reklamationsquote
	Kundenservice verbessern	Koeffizient der Kundenzufriedenheit (ermittelt durch standardisierte Befragung)
	Preise der Güter senken	Verhältnis des Preises im Vergleich zum Konkurrenzpreis
Finanzen		
	Kosten reduzieren	Stückkosten im Verhältnis zur Branche
	Kosten reduzieren	Überschuss im Verhältnis zur Branche
	Rücklagen bilden	Höhe der Rücklagen im Verhältnis zur Branche
	Liquidität sichern	Höhe der Liquidität im Verhältnis zur Branche

4		5
Nachhaltigkeitspunkte		
Soll (=Gewichtungs-faktor)	**Ist**	**geplante Maßnahmen**
200		
		Einführung einer differenzierten Personalplanung
		Schulungen der Beschäftigten zur Teilnahme an den Gremien
		Konkrete Maßnahmen aufgrund der Befragungen umsetzen (z.B. Einrichtung von Ruheräumen)
		Durchführung von Workshops mit den Beschäftigten und Fachleuten zur Verbesserung der Arbeitsbedingungen. Die Ergebnisse der Workshops in die Entscheidungsgremien einbringen.
		Einrichtung von Fitnessräumen
200		
200		
200		

1	**2**	**3**
Lieferanten		
	Menschenrechte einhalten	Menschenrechtskoeffizient
	Bezug der Vorleistungen von regionalen Lieferanten vergrößern	Volumen des Einkaufs aus der Region im Verhältnis zur Wertschöpfung
	Kooperation mit Lieferanten fördern	Kooperationskoeffizient (standardisierte Befragung)
Gesellschaftliches Umfeld		
	Interessen der Anwohner berücksichtigen	Anzahl der Beschwerden
	Natürliche und kulturelle Umwelt schonen	Belastungskoeffizient (standardisierte Umfrage)
	Sinnhaftigkeit des Produkts hinterfragen	
Summe		
Negativ-Kriterien	Verwendung gesundheitsschädigender Materialien	
	Lebensbedrohende Produkte wie Waffen, Drogen, Atomstrom,...	
	Grobe Zerstörung / starke Belastung der Umwelt	
	Geplante Obsoleszenz	
	Verstöße gegen die Menschenrechte (bei Beschäftigten)	
	Intransparenz	
Summe		

4		5
100		
1000		
- 200		
- 200		
- 200		
- 100		
- 200		
- 100		
0		

Abb. 19: »Struktur einer Nachhaltigkeitsbilanz«

Exkurs: Mehrwertsteuer oder Wertschöpfungssteuer

Eine Besteuerung des Gewinns – wie in der kapitalistischen Ökonomie – macht in einer solidarischen Ökonomie keinen Sinn. Natürlich können in einem partizipatorisch geführten Unternehmen Überschüsse (Erträge sind größer als die Aufwendungen) erzielt werden, dies ist aber eher ein Nebeneffekt der Güterproduktion und nicht das Ziel des Unternehmens. Als Besteuerungsgrundlage bieten sich andere Größen an. An dieser Stelle werden zwei Vorschläge kurz beschrieben. Eine ausführliche Diskussion der Besteuerung von Unternehmen, Konsumenten und Einkommensbeziehern erfolgt in einer späteren Veröffentlichung.

Das Unternehmen ist damit weitgehend von steuerlichen Belastungen befreit. Dies hat sicherlich manche Vorteile, denen man allerdings die Schwierigkeit einer sozialen Ungleichbehandlung entgegenhalten muss.

Entscheidung über eine direkte Steuer: ***Die Wertschöpfungssteuer.*** *Jedes Unternehmen muss jetzt bereits die Wertschöpfung seiner Tätigkeiten feststellen, um die anteilige Mehrwertsteuer an das Finanzamt überweisen zu können. Man kann natürlich diesen Betrag auch als Grundlage für eine direkte Besteuerung nehmen. Inwieweit diese Steuer auf den Güterpreis aufgeschlagen wird, bleibt in diesem Fall eine Entscheidung des Unternehmens. Prinzipiell gilt der gleiche Lenkungseffekt: Je geringer der Punktwert in der Nachhaltigkeitsbilanz ausfällt, desto höher ist der Steuersatz. Zusätzlich zu der Gesamtpunktzahl in der Nachhaltigkeitsbilanz kann der Staat auch die Punktzahl in bestimmten Teilbereichen (z. B. Ökologie) für eine spezielle Steuer (im Fall der Teilbilanz Ökologie wäre es dann eine Umweltsteuer) heranziehen. Eine Kennzeichnung der Produkte wie oben geschildert ist in diesem Fall natürlich ebenso möglich.*

Aufgrund der sozialen Problematik der Mehrwertsteuer und der zielgenauen Einsetzbarkeit einer direkten Steuer scheint uns das Modell einer direkten Besteuerung zunächst mehr Vorteile zu haben. Bei den folgenden Überlegungen gehen wir deshalb von dieser Variante aus.

3.3. Anreizsysteme

Da die treibende Kraft des Kapitalismus, die Gewinnmaximierung bzw. die Eigenkapitalvermehrung als Motivation zum unternehmerischen Handeln weitgehend entfällt, stellt sich die Frage, welche Beweggründe in einer solidarisch organisierten Wirtschaft die Unternehmer bzw. Kapitalgeber und die Beschäftigten dazu veranlassen können, sich für ihr Unternehmen zu engagieren.

3.3.1 Eigentümer und Kapitalgeber

Für Eigentümer und Unternehmer, deren Motivation allein oder überwiegend in der Profitmaximierung und Machtausübung besteht, ist die solidarische Wirtschaftsweise sicher kein überzeugendes Modell. Eine Kapitalbeteiligung an Unternehmen mit der Erwartung, eine möglichst hohe Rendite zu erzielen, ist unter den Bedingungen einer solidarischen Ökonomie unrealistisch. Allerdings gibt es aus der Logik der solidarischen Ökonomie heraus eine Reihe von Gründen, dass einzelne Personen Unternehmer werden oder ihr Geld einem Unternehmen zur Verfügung stellen.

Unternehmerisches Handeln als sinnvoll empfundene Tätigkeit. Wie bereits oben ausgeführt, wird die Gründung und Leitung eines Unternehmens von vielen Menschen als eine überaus sinnvolle und sinngebende Tätigkeit empfunden. Gerade bei kleinen Unternehmen haben Menschen die Möglichkeit, ihr Potential weitgehend selbstbestimmt und in einer für sie als sinnvoll empfundenen Tätigkeit einzusetzen. Die solidarische Ökonomie fördert diese Form des Unternehmertums in vielfacher Weise. So wird das notwendige Kapital zinslos bereit gestellt, regionale Wirtschaftsräte unterstützen und fördern Kleinunternehmen in einer Region, kleine, in der Region verankerte Unternehmen erhalten durch eine entsprechende Gewichtung dieser Tätigkeit in der Nachhaltigkeitsbilanz besondere Vorteile.

In größeren Unternehmen mit mehr als 30 Beschäftigten übernehmen die betrieblichen Wirtschaftsräte zunehmend die strategische und teilweise auch operative Steuerung des Unternehmens. Die oben erläuterte Partizipation macht eine einseitige auf Profitmaximierung orientierte Unternehmenspolitik unmöglich. Den von hohen Gewinnerwartungen getriebenen Manager wird es in einer solidarischen Ökonomie nicht mehr geben. Stattdessen versuchen alle am Unternehmen Beteiligten sinnvolle Lösungen und Strategien für die jeweiligen unternehmerischen Probleme zu finden. Nach dem bisherigen Stand der Motivationsforschung wird die Einbindung in die Entscheidungsprozesse und die damit verbundenen Gestaltungsmöglichkeiten zu einem hohen Engagement aller Beteiligten führen[110].

[110] »Ich kenne keinen wirkungsvolleren Weg zur Motivation der Mitarbeiter, als das unternehmerische Bekenntnis zu einer Singgebung, die sich am Dienst des Unternehmens in der Gesellschaft orientiert und mit der die Mitarbeiter ihren persönlichen Lebenssinn in Deckung bringen können.« In Jecklin, Hans: »Vom Sachzwang zur Sinnerfüllung«. In : Galuska, Joachim: »Pioniere für einen neuen Geist in Beruf und Business«, Zwickau 2004, S. 120

Das rationale Kalkül möglicher Kapitalgeber. Auch in einer solidarischen Ökonomie werden Unternehmen Kapital benötigen. Sie können sich dies selbstverständlich zinsfrei von Banken besorgen. Es kann aber auch notwendig und sinnvoll sein, private oder juristische Personen zu veranlassen, Unternehmensanteile zu kaufen und damit dem Unternehmen Eigenkapital zukommen zu lassen. Dann stellt sich allerdings die Frage, was unter den Bedingungen einer solidarischen Ökonomie eine Person dazu bewegen könnte, einem Unternehmen Geld zur Verfügung zu stellen. Es bieten sich unseres Erachtens mehrere Möglichkeiten an:

1. Der Kapitalgeber kann Interesse an dem jeweiligen Unternehmenszweck haben und möchte deshalb die Tätigkeit des Unternehmens durch sein Geld unterstützen. Er erwirbt damit zusätzlich das Recht, über den Wirtschaftsrat an der strategischen Steuerung des Unternehmens mitzuwirken.

2. Der Kapitalgeber möchte Geld für zukünftige Lebensrisiken zurücklegen. Er kann sich in diesem Fall direkt an einem Unternehmen beteiligen, von dem er glaubt, dass es gut und sinnvoll mit seinem Geld umgeht. Auch hier erwirbt er sich das Recht auf Partizipation. Er kann das Geld natürlich auch an eine Bank geben, die es dann an Unternehmen (der Region) verleiht. Dies hätte für den Geldgeber den Vorteil, dass er schnell und unbürokratisch an sein Geld zurückkommen kann.

3. Da der Besitzer von Geld auf den Finanzmärkten und auch bei einer Bank keine Zinsen für sein Geld erhält, stellt er es einem Unternehmen in der Erwartung zur Verfügung, dass er an der Verteilung der Überschüsse aus der Produktion beteiligt wird. Für eine Übergangszeit mag es in diesem Zusammenhang sogar sinnvoll sein, den Kapitalgebern ein gesetzlich garantiertes Recht auf eine Überschussbeteiligung zu gewähren. Auf längere Sicht gehört es zur Souveränität des betrieblichen Wirtschaftsrates, über die Verteilung der Überschüsse zu bestimmen. Je knapper das Kapital ist, desto größer ist dann die Aussicht des Kapitalgebers auf eine Überschussbeteiligung.

3.3.2 Die Beschäftigten

Die Bedeutung der Beschäftigten wird in einer solidarisch geführten Unternehmensverfassung wesentlich gestärkt. Im Einzelnen dürfte die Gewährleistung einer hohen Motivation der Beschäftigten durch die Umsetzung folgender Faktoren zu erreichen sein:

a) Die Beschäftigten sind in den Wirtschaftsräten mindestens mit einer Drittelparität vertreten. Das heißt, sie haben entscheidende Gestaltungsmöglichkeiten in allen entscheidenden unternehmerischen Angelegenheiten.

b) Entsprechend der Philosophie der solidarischen Ökonomie werden in den Unternehmen kooperative Arbeitsformen bevorzugt und kultiviert. Wie an anderen Stellen in diesem Buch (siehe Abschnitt Menschenbild) ausführlich beschrieben, trägt diese Arbeitsform wesentlich zur Motivation der Beschäftigten bei.

c) Die Gestaltung humaner und sinngebender Arbeitsbedingungen ist ein wichtiges Kriterium in der Nachhaltigkeitsbilanz. Unternehmen, die diese Kriterien erfüllen, werden durch das System gefördert.

d) Die Wirtschaftsräte können beschließen, die Überschüsse aus der unternehmerischen Tätigkeit ganz oder teilweise den Beschäftigten zukommen zu lassen.

e) Alle Beschäftigten haben die Möglichkeit, in der betrieblichen Hierarchie aufzusteigen und sich zu qualifizieren (Karriere ermöglichen). Dies muss allerdings unter demokratischer Kontrolle geschehen.

f) Neben dieser intrinsischen Motivation ist für jeden Beschäftigten auch der Verlust des Arbeitsplatzes durch Kündigung weiterhin denkbar. Wenn ein Beschäftigter die Gemeinschaft des Unternehmens dauerhaft schädigt, ist kein Interessensausgleich mehr möglich. Die Gemeinschaft muss in diesem Fall die Möglichkeit erhalten, diesen Beschäftigten auszuschließen. Auch bei einer drohenden Insolvenz oder anderen zwingenden betrieblichen Gründen muss es die Möglichkeit geben, Beschäftigten zu kündigen. Natürlich muss die Gesellschaft durch ein Grundeinkommen oder eine sonstige Absicherung für die materielle Existenz dieses Menschen Sorge tragen.

3.4 Langfristige Auswirkungen auf die Finanzstruktur der Unternehmen

Eine partizipatorische Steuerung verbunden mit der hier vorgestellten Nachhaltigkeitsbilanz wird langfristig die Finanzstruktur eines Unternehmens erheblich ändern. Die Bedeutung des Eigenkapitalgebers wird zunehmend kleiner und die damit eng verbundene Akkumulation des Kapitals in den Händen der wenigen Kapitalgeber kann sich systemisch nicht mehr einstellen. Kein Wirtschaftsrat wird langfristig die erwirtschafteten Überschüsse ausschließlich den Kapitalgebern zur Verfügung stellen. Er würde damit nicht nur den Interessen der Mehrheit der im Wirtschaftsrat Beteiligten widersprechen, er würde über die einseitige Bevorzugung einer Interessensgruppe den in der Nachhaltigkeitsbilanz erfassten Erfolg des gesamten Unternehmens gefährden. Ein derart irrationales Verhalten eines Wirtschaftsrates ist auf lange Sicht nicht zu erwarten. Diese Thesen sollen an einem – stark vereinfachten – Blick auf die Finanz-Bilanz eines Unternehmens verdeutlicht werden.

Stark vereinfachtes Beispiel für die Verwendung der erarbeiteten Wertschöpfung: [111]

Bilanz im Jahr 1

Anlagevermögen 70.000,00	Eigenkapital 50.000,00
Umlaufvermögen 30.000,00	Fremdkapital 50.000,00
Summe **100.000,00**	**Summe** **100.000,00**

Bilanz im Jahr 2

Anlagevermögen 80.000,00	Eigenkapital 50.000,00
Umlaufvermögen 40.000,00	Erwirtschaftetes Kapital 20.000,00
	Fremdkapital 50.000,00
Summe **120.000,00**	**Summe** **120.000,00**

Abb. 20: stark vereinfachte Finanz-Bilanz

[111] Zur Erläuterung der verwendeten Begriffe in der Bilanz: Unter Anlagevermögen versteht man z. B. die Gebäude, die Maschinen und den Fuhrpark zusammen. Mit dem Umlaufvermögen ist das Vermögen gemeint, das relativ schnell wieder in Geld umgewandelt werden kann. Hierzu gehören z. B. unfertige Erzeugnisse, ausstehende Forderungen oder das Bankguthaben.

Durch die betriebliche Tätigkeit sei in diesem Fall das Vermögen innerhalb eines Jahres um 20.000,00 Geldeinheiten (GE) gestiegen. Es wurden beispielsweise neue Maschinen (hier: 10.000,00 GE) gekauft, oder es liegt einfach am Schluss einer Abrechnungsperiode mehr Geld auf der Bank (hier: 10.000,00 GE). Es stellt sich nun die Frage, wem gehört das zusätzliche Vermögen, wer hat dies finanziert? Wurde das zusätzliche Vermögen durch Kredite finanziert, erhöht sich der Posten Fremdkapital um den entsprechenden Wert. (Diese Variante wird in der obigen Abbildung nicht berücksichtigt). Wurde es aus Überschüssen aus der Produktion finanziert, muss man sich fragen, wie konnte es zu diesen Überschüssen kommen? Das kapitalistische System stellt diese Frage nicht. Überschüsse werden in aller Regel ausgeschüttet oder dem Eigenkapital zugeschlagen, wodurch es eben zu der häufig beschriebenen dauerhaften Akkumulation des Kapitals kommt. In einer partizipatorischen Unternehmensverfassung entscheidet der betriebliche Wirtschaftsrat über die Verwendung des Überschusses. Alle dort vertretenen Anspruchsgruppen können prinzipiell im Nachhinein für sich beanspruchen, ihren Teil zu diesem Überschuss beigetragen zu haben; die Kunden durch den (zu hohen) Preis für das Gut, die Beschäftigten durch ihre Arbeitsleistung, die Öffentlichkeit durch das zur Verfügung stellen der Infrastruktur und der Umweltressourcen und die Kapitalgeber können darauf verweisen, dass sie durch ihren Konsumverzicht erst das nötige Geld für die zu erstellenden Leistungen zur Verfügung gestellt haben. Die Gewichtung dieser Argumente überlässt die partizipatorische Unternehmensverfassung den jeweils Beteiligten in dem Wirtschaftsrat. Dort wird man zeitnah und situationsgebunden die Entscheidungen treffen können. Prinzipiell gibt es mehrere Möglichkeiten der Zuordnung des erwirtschafteten Überschusses. Beispielhaft sollen einige Varianten genannt werden:

- Der Überschuss wird – sofern er nicht schon im Anlagevermögen gebunden ist – an alle oder einige Beteiligte ausgeschüttet. Die Bilanzsumme würde sich dann in dem obigen Beispiel nur um 10.000,00 GE erhöhen.
- Werden die Überschüsse für Investitionen in neue Anlagen verwendet, werden sie in der Position »neutrales Kapital« auf der Passiv-Seite der Bilanz erfasst. (vgl. Abschnitt »Kapital neutralisieren«)
- Der erwirtschaftete Überschuss wird z. B. als Rücklage dem Unternehmen zugeschrieben, d.h. ebenfalls neutralisiert (s. u.).

Die Zuschreibung der Überschüsse als Unternehmensanteile an die Beschäftigten, die Kunden, etc. ist in der partizipatorischen Unternehmensverfassung prinzipiell nicht vorgesehen. Deren Einfluss ist über den Wirtschaftsrat gesichert und könnte sich durch fortwährende Anhäufung von Überschüssen in der Bilanz wesentlich verschieben, was aber nicht gewollt wird.

Schon ein erster Blick auf die Entscheidungsmöglichkeiten des Wirtschaftsrates macht die im Vergleich zum kapitalistischen System deutlich schlechtere Verhandlungsposition der Kapitalgeber sichtbar. Zusätzlich ist zu beachten, dass, da für das Fremdkapital nur geringe Kosten zu veranschlagen sind, sich jedes Unternehmen durch Fremdkapital finanzieren kann. Der Hinweis der Kapitalgeber auf ihren Konsumverzicht wird in dieser Situation nicht sonderlichen Eindruck machen. Natürlich kann es auch Situationen geben, in denen die Zentralbank Fremdkapital relativ teuer macht (vgl. Kapitel Finanzordnung), dadurch wird die Position der Eigenkapitalgeber allerdings nur situativ und nicht systemisch gestärkt.

Kapital neutralisieren. Statt einer Zuschreibung der Überschüsse zu einem der Stakeholder bevorzugen wir die Passivierung der Überschüsse als »neutrales Kapital«. [112] Alle Überschüsse, evtl. zunächst auch nur eine gesetzlich festgelegte der Quote, sind demnach in neutralisiertes Kapital zu verwandeln. Dieses Kapital ist an keine Person gebunden, es gehört vielmehr dem Unternehmen. Wer in diesem Unternehmen beschäftigt ist, wird automatisch Miteigentümer dieses Kapitals. Wenn er das Unternehmen verlässt, verliert er damit auch alle diesbezüglichen Rechte und Pflichten. Das vorhandene Eigenkapital wird dadurch zunächst nicht berührt, dessen Einfluss wird allerdings in der oben beschriebenen Weise nach und nach kleiner. Im Wirtschaftsrat tritt mit dem sinkenden Einfluss des Kapitals kontinuierlich das Unternehmen, vertreten durch den gewählten Vorstand, als Interessensvertreter auf. Es kann dazu kommen, dass das Unternehmen sich irgendwann selber gehört. Kleine Unternehmen sind von dieser Neutralisierung des Kapitals nicht betroffen. Die Umwandlung erfolgt erst ab einer bestimmten Gewinnhöhe.

Beabsichtigte Tendenz zur Fremdfinanzierung. Auf längere Sicht führt der hier beschriebene Prozess zu einer »Verwässerung« des ursprünglichen Eigenkapitalanteils und damit zu einem permanent kleiner werdenden Anteil der Eigentumsrechte zugunsten entweder des Anteils der weiteren Beteiligten des Wirtschaftsrates oder der Fremdkapitalgeber. Letzteres sind in einer solida-

---

[112] Dieser Vorschlag wurde bereits in den 60er-Jahren von Ota Šik, dem wirtschaftstheoretischen Kopf des Prager Frühlings, entwickelt. In unseren Ausführungen greifen wir diese Idee wieder auf.

risch organisierten Ökonomie entweder die Zentralbanken oder demokratisch legitimierte Banken.[113]

Die Tendenz zur steigenden Fremdfinanzierung gerade der großen Unternehmen ist ein durchaus gewolltes Merkmal solidarischer Ökonomie. Das Fremdkapital wird durch die Zentralbank zur Verfügung gestellt und begründet damit einen Anspruch der Allgemeinheit, in die langfristigen Entscheidungsprozesse des Unternehmens mit einbezogen zu werden. Mit der steigenden Bedeutung der Fremdfinanzierung ist zu diskutieren, inwieweit es sinnvoll ist, auf die Tilgung der Zentralbankkredite zu verzichten, solange das Unternehmen den Kriterien einer sozialen, ökologischen und ökonomisch nachhaltigen Bilanzierung entspricht. Die entfristete Kreditvergabe wird somit an strenge Kriterien gebunden und das Unternehmen geht das Risiko der Rückzahlung ein, wenn es diesen Kriterien nicht mehr genügt. Durch diese Entfristung des öffentlichen Kredits wird das Fremdkapital dem Eigenkapital praktisch gleichgestellt. Es bleibt dem Unternehmen freigestellt, sich Kapital über neue Anteilseigner oder über die Zentralbank zu beschaffen, beide Varianten können attraktiv sein. Vor allem befreit es die nachhaltig wirtschaftenden Unternehmen von der übermäßigen Abhängigkeit von privaten Kapitalgebern. Die Macht des Kapitalgebers wird durch die nahezu gleichwertige Alternative der öffentlichen Fremdfinanzierung wesentlich eingeschränkt.

3.5 Umsetzung des Entwurfs in einer globalisierten Welt?

Die Einbindung und Ausrichtung großer nationaler und transnationaler Unternehmen an den Grundsätzen einer solidarischen Ökonomie ist äußerst schwierig. Veränderungen auf dieser Ebene sind vermutlich erst dann möglich, wenn in den einzelnen Ländern auf der Mikroebene, also durch die Gründung vieler solidarisch geführter Unternehmen, und entsprechend auf der Makroebene durch politische Korrekturen des Gesetzgebers, etwa durch eine hohe Besteuerung der Kapitaltransfers ins Ausland , Veränderungen im Sinne einer Solidarökonomie umgesetzt wurden. Das Bewusstsein der Kunden und der Beschäftigten dürfte sich hierdurch kontinuierlich ändern, so dass große nationale und transnationale Unternehmen zunehmend unter Druck geraten. Dieser Druck kann von der Politik, den Medien und letztlich dem Verhalten der Kon-

[113] Siehe hierzu die Ausführungen in dem Kapitel »Finanzordnung«

sumenten ausgehen. Unterstützt und gefördert werden kann die Bewegung durch die zahlreichen sozialen Bewegungen und durch die sog. NRO. Schon die Einigung auf internationale Verhaltenskodizes wäre ein wichtiger Schritt hin zu einer Solidarökonomie. Auf längere Sicht ist es die Aufgabe internationaler Organisationen wie der WTO, der ILO, des IWF, der Weltbank und der UNO, internationale Abkommen durchzusetzen, die auch die Multis in ein System des Gemeinwohls einbinden. In diesem Zusammenhang ist auch auf die Diskussion um den Aufbau eines Weltentwicklungsfonds hinzuweisen.

3.6 Abschließende Bemerkungen

3.6.1 Kernpunkte

Der hier vorgestellte Entwurf einer solidarischen Unternehmensverfassung mit den beiden zentralen Elementen,

- der Partizipation aller an der Produktion Beteiligten und
- der Rechnungslegung durch eine Nachhaltigkeitsbilanz

ist im Prinzip auf alle Rechtsformen der Unternehmen anzuwenden. Viele Unternehmensformen innerhalb der kapitalistischen Wirtschaftsweise tragen bereits Elemente einer solidarischen Verfassung in sich. Diese sind auszubauen und zu verstärken. So ist die Rechtsform der Genossenschaft (vgl. den folgenden Abschnitt) bei aller berechtigten Kritik ein Ausgangspunkt der Solidarischen Ökonomie. Die Einzelunternehmung wird bis zu einer bestimmten Größe in einer Solidarischen Ökonomie als Unternehmensform übernommen und besonders gefördert. Ebenso sind die demokratischen Strukturen öffentlich-rechtlicher Unternehmen positiv zu bewerten. Selbst in einer Aktiengesellschaft sind demokratische Ansätze unübersehbar. Welche Rechtsformen sich auch immer in einer solidarischen Ökonomie herausbilden werden: Personengesellschaften, Kapitalgesellschaften, öffentliche Unternehmen, Allmenden, Genossenschaften oder Stiftungen – für alle müssen prinzipiell die oben dargestellten, am Gemeinwohl orientierten, Regeln gelten.

3.6.2 Mögliche gesamtwirtschaftliche Auswirkungen durch die neue Verfassung

Durch eine konsequent entwickelte solidarische Unternehmensverfassung würde die Akkumulation des gemeinsam geschaffenen Mehrwertes in alleiniger Privatverfügung überwunden werden.

- Eine solidarische Unternehmensverfassung ist ein bedeutender Beitrag zur Demokratisierung wirtschaftlicher Prozesse, die die Ausklammerung großer Teile des gesellschaftlichen Lebens aus demokratischer Beteiligung und Mitbestimmung überwindet.
- In einer solidarischen Unternehmensverfassung wird ein Hauptübel der kapitalistischen Wirtschaftsweise, die fortlaufende Externalisierung der sozialen, ökologischen und Gemeinwohlkosten durch deren Internalisierung überwunden.
- Eine solidarische Unternehmensverfassung kann eine wesentliche Voraussetzung dafür sein, dass die heutige Vernichtungskonkurrenz durch einen auf Kooperation angelegten Wettbewerb ersetzt wird.
- Die Produktion ist nicht blind auf Eigentumsvermehrung fixiert sondern orientiert sich an gesellschaftlich vereinbarten Zielen des Gemeinwohls.
- Der Wachstumszwang entfällt. Das primäre Ziel des Unternehmens ist die Bereitstellung gesellschaftlich sinnvoller Güter. Für die Umsetzung dieses Ziels tragen alle Stakeholder die Verantwortung. Die Produktion um einer hohen Rendite willen ergibt weder gesellschaftlich noch aus dem Kalkül eines Kapitalanlegers einen Sinn. Die Unternehmen können ihre optimale Größe verwirklichen und in dieser Form an einer ständigen Verbesserung der Produktion und der Produktionsbedingungen arbeiten.
- Die Menschen werden von dem Zwang befreit, ständig ihr Kapital vermehren zu müssen. Sie können sich anderen, Sinn stiftenden Tätigkeiten zuwenden.
- Der die Gesellschaft spaltende Dauerkonflikt zwischen Kapital und Arbeit entfällt. Es gibt natürlich weiter Interessengegensätze, diese werden aber unter demokratisch anerkannten Spielregeln durchgeführt.
- Es werden die Eigenschaften der Menschen gefördert, die bereits jetzt – nach allgemeinem Verständnis – für ein glückliches Leben unerlässlich sind (Beziehungen, Kooperation, Empathie, Solidarität ...).[114]

---

[114] Am Rande sei hier vermerkt: Sozialmedizinische Untersuchungen haben gezeigt, dass in den obersten Entscheidungsgremien heute ein überdurchschnittlich hoher Anteil von sozialpathologischen, nicht zu Mitgefühl fähigen, beziehungsunfähigen, narzisstischen und beziehungsunfähigen Persönlichkeitstypen vertreten ist. Das kapitalistische System fördert offensichtlich diese Persönlichkeitsmerkmale (s. a. Felber, Christian: S. 100)

Bernd Winkelmann

4 Neue Arbeits- und Sozialkultur

4.1 Die Krise der Arbeit und der sozialen Teilhabe

Unsere hochindustrialisierte Zivilisation ist von einer **tiefgreifenden Krise der Arbeit und des Sozialwesens** erfasst. Sie ist durch verschiedene sich gegenseitig verstärkende **Paradoxien** gekennzeichnet:

Auf der einen Seite steht eine durch moderne Technik enorme Steigerung der Produktivität und materiellen Wertschöpfung, wie es das in früheren Zeiten nie gegeben hat. So ist die Arbeitsproduktivität in Deutschland von 1960 bis 2000 um das Vierfache, das BIP um das Zehnfache, das Geldvermögen jährlich um etwa sieben Prozent gewachsen.[115]

Auf der anderen Seite gibt es aber irrsinniger Weise keine Umsetzung der immer höheren Wertschöpfung in eine größere Entlastung in der Arbeit, sondern für die Arbeitsplatzbesitzenden längere Arbeitszeiten, mehr Stress und Ausbeutung (»Verdichtung der Arbeit«). Während in den früheren 100 Jahren die rasant wachsende Arbeitsproduktivität und Wertschöpfung in ein Absenken der Arbeitszeit von ca. 70 Wochenstunden (um 1880) auf etwa 40 bis 35 Wochenstunden (um 1985) umgesetzt wurde, steigt seit 30 Jahren die reale Arbeitszeit in vielen Bereichen auf 45 bis 50 Stunden oder mehr an.[116]

Zugleich werden immer mehr Menschen aus der Erwerbsarbeit in Arbeitslosigkeit oder in Niedrigstlöhne, in ein prekäres Arbeitsverhältnis gedrängt und in soziale Not abgeschoben. Die **Folgen** dieser Entwicklung sind:

- Ausschluss (Exklusion) eines großen Teils motivierter und qualifizierter Menschen aus dem ökonomischen Prozess von Arbeit – Produktion – Einkommen – Konsumtion – Steuer- und Sozialabgaben;
- die daraus folgende Überlastung des Sozialstaates und des sozialen Sicherungssystems;
- Spaltung der Gesellschaft in Arbeitsplatzbesitzende und Nichtarbeitsplatzbesitzende, in arm und reich, Präkarisierung eines wachsenden Teils der Gesellschaft;

---

[115] Nach Armuts- und Reichtumsbericht der Bundesregierung Deutschland 2004, ähnlich 2008

[116] Vgl. Artikel »Arbeitszeit« in RGG; auch in »Kleine Geschichte der Arbeitszeit«; www.vsp-vernetzt.de/soz-0907

- daraus folgend die Schere zwischen Überangebot, sinkender Kaufkraft und Unterkonsum, was wiederum in die im Abschnitt »Sackgasse Kapitalismus« benannte sozial-ökonomische Crash-Tendenz der Wirtschaft führt;
- schwere psychische und soziale Destabilisierung der aus Erwerbsarbeit und ausreichendem Einkommen Ausgegrenzten und ebenso psychische Destabilisierung der Arbeitsplatzbesitzenden durch Überlastung im Arbeitsprozess, durch Angst um den Arbeitsplatz und soziale Sicherheit (Burnout-Syndrom);
- in dieser Überlastung und Ausgrenzung Verlust von Humanressourcen in Familie, Gesellschaft und Kultur: Überlastung von Familien, Geburtenrückgang, geringes zivilgesellschaftliches Engagement, geringe Kulturteilhabe usw.

Die **Ursachen** dieser Krisenentwicklung liegen auf mentaler und struktureller Ebene und sind im Zusammenwirken folgender Faktoren zu erkennen:

Zum einen ist es das einseitig materialistische Arbeitsverständnis: Arbeit diene allein der Herstellung von Gütern bzw. Dienstleistungen, dem finanziellen Einkommen und der Gewinnmaximierung. Hinzu kommt das Profitvermehrungs- und Exklusionsprinzip des Kapitalismus mit seinen Abschöpfungs-, Bereicherungs- und Externalisierungsstrategien der Kapitaleigner, z. B. in der sogenannten »Entlassungsproduktivität« der Unternehmen, die ihre Profite mit dem Wegrationalisieren von Arbeitsplätzen steigern. Und schließlich sind es die Arbeitsgesetze, Betriebsverfassungen und kapitalistischen Eigentumsrechte, die diese Fehlentwicklungen ermöglichen und fördern.

Sicher hat die moderne Produktionsweise Wohlstandszuwächse und Bequemlichkeiten gebracht, die es früher nicht gab. Doch sind damit die soziale Destabilisierung der Gesellschaft und die »*Entfremdung des Menschen in der Arbeit*« (Karl Marx) nicht überwunden, sondern haben sich systemisch verfestigt.

4.2 Grundlagen einer neuen Arbeits- und Sozialkultur

Ökonomische Grundlage eines gut funktionierenden Gemeinwesens ist ein stabiler und ausgleichender **ökonomischer Prozess von Arbeit – Produktion – Einkommen – Konsumtion – Steuer- und Sozialabgaben**: Durch Arbeit beteiligt sich der Mensch an der Bereitstellung von Gütern und Dienstleistungen (Produktion); durch entsprechende Anteilhabe am Gewinn findet er sein Einkommen und bestreitet damit seinen Lebensunterhalt (Konsumtion); zugleich beteiligt er sich mit Abgaben aus seinem Einkommen am Steuer- und Sozialsystem, ohne die ein Gemeinwesen nicht existieren kann. Nur wenn *alle* arbeitsfähigen Bürger in diesen ökonomischen Grundprozess einbezogen sind, ist ein Gemeinwesen ökonomisch und sozial stabil. Die kapitalismustypische Exklusion vieler Menschen aus diesem ökonomischen Grundvollzug ist verantwortlich für die wachsende soziale Schere, für die sozialen Missstände, für die Erosion des Sozialstaates und letztlich darin letztlich auch für die ökonomische Crashentwicklung im kapitalistischen System. Darum ist die **oberste Prämisse einer solidarisch-ökonomischen Arbeits- und Sozialkultur** eine **Inklusion** in zweierlei Weise:

1. die **Hineinnahme *aller* Arbeitsfähigen in den Ökonomischen Prozess** von Arbeit – Produktion – Einkommen – Konsumtion – Steuer- und Sozialabgaben;

2. die **gerechtere Teilhabe *Aller* an der erarbeiteten Wertschöpfung** und darin die Überwindung von Armut und sozialer Spaltung.

Dies allein könnte allerdings ein materialistisches Missverständnis von Arbeit noch nicht überwinden. Darum gehört als zweite Grundlage einer neuen Arbeits- und Sozialkultur das **ganzheitliche Verständnis von Wertschöpfung und Arbeit**. Hier muss viel deutlicher als bisher erkannt werden, dass zur Wertschöpfung durch Arbeit nicht allein die materiellen Werte wie Produkte, Lohn und Gewinn, sondern ebenso die sozial-psychologischen, kulturellen und sinngebenden Wertschöpfungen gehören, ohne die der Mensch nicht Mensch sein kann.

Die **ganzheitlichen Werte der Arbeit** sind:

a) <u>materieller Wert:</u>	b) <u>sozialer Wert:</u>	c) <u>psychischer Wert:</u>	d) <u>ideeller und ethischer Wert:</u>
Produktivität, Entlohnung, Gewinn...	soziale Einbindung und Anerkennung, soziale Sicherheit...	Kreativität; Kommunikation ganzheitliche Betätigung, Verantwortung...	individuelle Sinnfindung, dem Guten, der Gemeinschaft dienen, spirituelle Sinnerfahrung...

Beim Betrachten dieser Werte wird sofort deutlich, dass sie nicht allein durch Erwerbsarbeit geschaffen werden, sondern auch und teilweise mehr in den anderen Tätigkeitsbereichen des Menschen. Diese sind insgesamt:

Bezahlte Lohn- bzw. Erwerbsarbeit: als Arbeiter, Angestellter, Beamter, als Selbstständiger	Unentgeltliche Eigenarbeit z. B.: Familienarbeit, Arbeit an Wohnung, Haus, Garten, künstlerisches Tätigsein, Hobby, Freizeit u. ä.	Ehrenamtliche Gemeinwohlarbeit, z. B.: Freiwillige Feuerwehr, Chor, Mitarbeit in Bürgerinitiativen, Vereinen, Parteien, Kirchen, Nachbarschaft...

Erst wenn eine **ganzheitliche** Wertschöpfung in der Arbeit gefunden wird und die ausgewogene Entfaltung des Menschen in allen Bereichen des Tätigseins möglich ist, ist die »*Entfremdung des Menschen in der Arbeit*« (Karl Marx) überwunden!

Dennoch hat die organisierte **Erwerbsarbeit** in drei Fakten ihren **besonderen Stellenwert**: Erstens wird hier der Arbeitende in verbindlicher Weise in den sozial-ökonomischen Prozess eingebunden, ohne den eine hochentwickelte arbeitsteilige Gesellschaft nicht funktionieren kann. Zweitens erhält hier der Arbeitende Geld als Tausch- bzw. Verrechnungsmittel a) für den eigenen Lebensunterhalt, b) für die Bedienung des Sozial- und Steuersystems, ohne das die persönliche Lebensgestaltung und das Sozial- und Steuersystem nicht funktionieren kann. Und drittens erfährt hier der Arbeitende in der Regel am stärksten eine öffentliche gesellschaftliche Anerkennung und Wertschätzung und das Gefühl der sozialen Integration.

Diese Werte sind so grundlegend für die psychische Gesundheit des Einzelnen wie für das Funktionieren der Gesellschaft, dass für alle erwerbsfähigen Menschen Arbeitsplätze gesichert bzw. geschaffen werden sollten. Leitende Kriterien sollten dabei sein: 1. die lebensdienliche Zweckhaftigkeit der Produkte bzw. Dienstleistungen, 2. die Wirtschaftlichkeit des Arbeitsplatzes, 3. eine möglichst hohe ganzheitliche Sinnerfüllung und Werteerfüllung in der Arbeit. Sicher sollen weiterhin Arbeiten, die dem Menschen zu schwer und stupide sind, durch Technik abgenommen werden. Doch die kapitalistische Praxis, möglichst jede menschliche Arbeit wegzurationalisieren, muss überwunden werden. Insofern sollten Arbeitsplätze, die einen hohen sozialen und sinnbefriedigenden Wert haben, auch über eine reine Wirtschaftlichkeit hinaus gesichert bzw. »erfunden« werden. Darum setzen wir als erstes Ziel einer solidarischen Arbeitskultur das **Recht auf Arbeit**, das als Menschenrecht verfassungsmäßig gesichert werden sollte.

Da aber ein wesentlicher, vielleicht der größere Anteil von umfassender humaner Wertschöpfung in den Bereichen unentgeltlicher Eigen- und Familienarbeit und der ehrenamtlichen Gemeinwohlarbeit liegt, diese Bereiche aber in der öffentlichen und materiellen Wertschätzung bisher äußerst unterbewertet sind und oft einen zu geringen Freiraum haben, gibt es ein zweites Ziel einer neuen Arbeitskultur: die Bereiche der **Eigen-, Familien- und Gemeinwohlarbeit** sollen eine wesentliche **Aufwertung und einen größeren Freiraum** erhalten.

4.3 Modell einer neuen Arbeitskultur

Um die oben benannten Ziele zu erreichen, sollte die ständig wachsende Wertschöpfung im ökonomischen Prozess so eingesetzt werden, dass nicht nur das Recht auf Arbeit für alle realisiert werden, sondern auch der Zeitumfang der Erwerbsarbeit zu Gunsten eines wachsenden Freiraumes für Familienarbeit, Eigenarbeit, Gemeinnutzarbeit und Muße reduziert werden kann.

Zur Erreichung dieses Zieles schlagen wir folgende gesetzliche Neuregelungen vor:

1. **Teilen des Volumens der Erwerbsarbeit**, so dass jeder arbeitsfähige Mensch an ihr Anteil haben kann.

2. Dies wird realisierbar durch generelles **Absenken der Regelarbeitszeit**, so dass entsprechende Arbeitsplätze geschaffen werden können. Das wäre heute bei etwa 30 Wochenstunden oder weniger gegeben.

3. Notwendig und möglich ist eine hohe **Flexibilisierung der Arbeitszeit**, je nach Anforderung von Arbeit, u. U. branchenspezifisch. Über das Maß der Absenkung oder der Anhebung sollten die gesellschaftlichen und betrieblichen Wirtschaftsräte entscheiden, wie sie in »Partizipatorische Unternehmensverfassung« beschrieben werden. Die Flexibilisierung der Arbeitszeiten ist möglich, z. B. durch Arbeitszeitkonten, Teilzeitarbeit, Sabbatzeiten u. ä.

4. Das **Renteneintrittsalter** sollte nicht starr festgelegt, sondern **flexibel** gefunden werden, dies in altersgerechten und branchengerechten Abstufungen.

Ziel ist durchaus eine neue Art der »Vollbeschäftigung«, diese im solidarischen Teilen der Erwerbsarbeit, in einer deutlichen Entlastung in der Erwerbsarbeit und im Schaffen größerer Freiräume für Eigenarbeit, Freizeit, Familie und Gemeinwohlarbeit.

Natürlich stellt sich hier die Frage, wie das im Zusammenhang mit einer ausreichenden Einkommenssicherung und mit einem stabilen Sozial- und Steuersystem zu realisieren sei. Hier wird die Notwendigkeit des systemischen Zusammenwirkens weiterer Bereiche deutlich. Die beschriebene Veränderung im Bereich Arbeit braucht zwingend Veränderungen im Lohnsystem und im Steuer- und Sozialsystem.

4.4 Entwurf eines leistungsgerechten und solidarischen Lohnsystems

Die kapitalistisch Einkommensspaltung unserer Gesellschaft

Die für die kapitalistische Wirtschaftsordnung typische Umverteilung von Geld und Vermögen von unten nach oben geschieht auf vier Wegen: Einmal, wie in den vorangehenden Abschnitten gezeigt, durch die Akkumulation der mit Anderen erbrachten Wertschöpfung in Privatbesitz, zum anderen durch das Zins- und Geldanlagesystem der Finanzwirtschaft. Ein dritter Weg der Umverteilung von unten nach oben liegt in einem die Reichen bevorzugenden Steuersystem. Der vierte Weg liegt in den tariffreien Vergütungen bestimmter »Spitzenverdiener«, die nicht durch adäquate eigene Leistungen erarbeitet wurden.

Die im Abschnitt »Sackgasse Kapitalismus« auf S. 16-17 angeführten Zahlen zeigen die extremen und von Jahr zu Jahr wachsenden Vermögens- und Einkommenunterschiede. Unsere Gesellschaft ist tief gespalten in **drei Einkommensgruppen**.

a) An oberster Stelle steht die Einkommensgruppe mit **tariffreien, sehr hohen Vergütungen:** Die Spitzengehälter der Manager, der Vorstandchefs der DAX-Unternehmen und der Banken liegen in Deutschland zwischen 1 und 77 Mio. €; die der leitenden Mitarbeiter zwischen 100.000 und 500.000 € im Jahr. Die Vorstandsgehälter der Deutschen Krankenkassen liegen z. B. zwischen 170.000 und 270.000 €. [117] Hinzu kommen frei festgelegte Boni, die oft 50 % der regulären Vergütungen ausmachen.

b) An zweiter Stelle steht die Einkommensgruppe der **tarifgebundenen Lohnempfänger**: Die durchschnittlichen tariflichen Bruttomonatslöhne liegen

---

[117] Zahlen in verschiedenen Seiten im Internet unter »Managergehälter«, »Vorstandsgehälter« u. a.

in Westdeutschland 2011 bei etwa 3.300 €, im Osten bei etwa 2.700 €. Die Spreizung der Tariflöhne liegt in der Regel bei 1 : 3, maximal bei 1 : 7. Über diese Durchschnittsgrößen hinaus gibt es eine Mittelschicht von Besserverdienenden (Niedergelassene Ärzte, Unternehmensberater, Geschäftsführer, Berufspolitiker u. a.), die zwischen 10.000 und 20.000 € monatlich brutto verdienen. Dies ist eine Spreizung zu den Niedrigverdienern von bis zu 1 : 20.[118]

c) An unterster Stelle stehen **Menschen im Niedriglohnbereich** und in Harz IV Abgedrängte. Es sind Menschen in Leih- und Zeitarbeit, die durch Lohndumping und Unterlaufen der Tarife besonders betroffen sind (Ausgründung von Zweigfirmen). Ihre Einkommen liegen z. T. an oder unter der Armutsgrenze. Von ihnen können Erwerbstätige trotz Vollbeschäftigung vielfach nicht leben, sondern müssen vom Staat (Steuerzahler) alimentiert werden.

Das **Gravierende und Skandalöse** der tariflich nicht gebundenen Vergütungen der Spitzenverdiener liegt einmal in ihren Höhen, die nicht durch eigene, sondern durch fremde Leistungen erarbeitet wurden und darum als »Raublöhne« anzusehen sind; Zum anderen liegt das Skandalöse in der Selbstbemächtigung, in der die Institute der Empfänger ihre Vergütungen eigenmächtig festlegen (Selbstbedienungsmentalität eines modernen »Raubrittertums«).

Es gibt keinen einzigen logischen Grund, der die Höhe und die Selbstbemächtigung der ungebundenen Vergütungen rechtfertigt. Es ist unbegreiflich, dass sich eine Gesellschaft diese Einkommensspaltung und Selbstbemächtigung gefallen lässt. Zudem ist diese Entwicklung nicht nur ungerecht und unverschämt, sondern verstärkt auch die sozialen und ökonomischen Crashtendenzen.

Mögliche Regeln eines leistungsgerechten und solidarischen Lohnsystems

Solidarische Ökonomie setzt gegen das alte, die Gesellschaft spaltende Lohnsystem, **ein leistungsgerechtes und solidarisches Lohnsystem.** Zu dessen Realisierung schlagen wir folgende neue Rahmenbestimmungen und Regelungen vor:[119]

---

[118] Genauere Zahlen in der Homepage der Akademie www.akademie-solidarische-oekonmie.de unter »Lohnsystem« und im Internet unter »Tarife«, »Managergehälter«, »Vorstandsgehälter« u. a.

[119] Die folgenden Zahlen dienen der beispielhaften Veranschaulichung und sind nicht als Festlegungen für konkrete Ausgestaltungen misszuverstehen.

1. **Alle beruflichen Tätigkeiten**, auch die der Banker, Manager, Vorstände usw. sollten grundsätzlich **nach leistungsgerechten Tariflöhnen** vergütet werden.

2. Die in den bisherigen Tarifberechnungen üblichen **Leistungskriterien** sollten **für alle Tätigkeiten** und deren Bezahlung gelten. Diese Leistungskriterien sind: 1. die Leistungsintensität, 2. der Qualitätsanspruch und Ausbildungsgrad, 3. die Verantwortungslast.

3. Das **menschliche Leistungsvermögen** schwankt bei gleichem Zeiteinsatz in der Regel zwischen dem 0,5 bis zum 5-fachen der Durchschnittsleistung eines berufstätigen Menschen. Darum können **Vergütungen** wie in den bisherigen tariflichen Löhnen nach den benannten drei Leistungskriterien in der Regel zwischen der Hälfte **bis zum 5-fachen der Durchschnittslöhne** als angemessen gelten. Das wären bei 3.000 € Durchschnittlohn zwischen 1.500 und 15.000 € monatlich. Beispiel: eine ungelernte Krankenschwester erhält 1.500 €, der Chefarzt einer Klinik 15.000 €. Variante: die Spreizung der Löhne liegt zwischen dem Mindestlohn und der Höchstvergütung bei max. 1 : 20. Das wäre eine Spanne in etwa zwischen 1.000 und 20.000 €.[120]

4. **Boni** und sonstige **Sondervergütungen** in bisheriger Art sollte es nicht mehr geben. Allerdings kann es finanzielle Prämien als Zeichen der Wertschätzung geben, die aber keine wesentlichen Bereicherungsmöglichkeiten darstellen und z. B. nicht über 10 % des Jahreseinkommens gehen sollten.

5. Das **»Knappheitskriterium«** in seiner jetzigen Form sollte überwunden werden, d. h. das Aushandeln von Honoraren für Künstler, Spitzensportler, Freiberufler u. ä. auf dem freien Markt von Angebot und Nachfrage wird durch Rahmensätze z. B. ab dem 10-fachen der Durchschnittslöhne variabel eingeschränkt – variabel, weil hier wegen Unregelmäßigkeiten der Einkünfte höhere Spitzensätze gerechtfertigt sind.

6. Für nicht voll leistungsfähige Menschen und sehr leistungsschwache Tätigkeiten sollte es einen **Solidarischen Lohnausgleich** geben, so dass auch hier menschenwürdige Mindestlöhne gezahlt werden können. Erst wenn auch weniger leistungsstarke Menschen nicht ausgegrenzt, sondern ebenfalls in den ökonomischen Prozess der Erwerbstätigkeit integriert werden, kommt die Gesellschaft dem Gebot der Menschwürde und dem Solidaritätsgebot der Verfassung nach.

---

[120] Felber-Modell, siehe Felber »Gemeinwohl-Ökonomie« S. 40, 79ff.

7. Zusätzliche **Einkünfte aus Vermögen, Kapital** u. ä., soweit es diese in einer solidarischen Ökonomie noch gibt, sollten **durch starke Progression so besteuert werden**, dass sie ab einer Höhe des beispielsweise 20-fachen der Durchschnittseinkommen wieder dem Gemeinwohl zufallen.[121] (Mehr im nächsten Abschnitt).

Die Realisierung dieser Regeln würde viele **Vorteile und positive Entwicklungen** aus sich heraussetzen: Die Arbeitsmotivation und das Bewusstsein, dass Leistung sich wirklich lohnt, würde im Gros der Bevölkerung wesentlich wachsen. Die depressive, resignativ-zynisch-aggressive Grundstimmung in weiten Teilen der Bevölkerung würde deutlich zurückgedrängt werden. Die immer größere Spaltung unserer Gesellschaft in eine Minderheit von Superreichen und vielen Armgemachten und von prekärem Absinken Bedrohten würde sich rückläufig entwickeln. Die ökonomische Crashtendenz, die in der sozial-ökonomischen Spaltung liegt (Sinken der Kaufkraft, Wachstumsfalle) würde gebändigt werden können. Der Sozialstaat würde nicht mehr überlastet werden, sondern stände in Einnahmen und Ausgaben auf wesentlich besserer finanzieller Basis.

4.5 Grundlagen und Eckpfeiler eines solidarischen Steuer- und Sozialsystems

Das bismarcksche Sozialsystem und die neoliberale Steuer- und Sozialstrategie

Zur Absicherung staatlicher Hoheitsaufgaben wurden von Königen, Herrschern und Staaten schon immer Steuern erhoben. Eine Sozialversicherung gab es in Deutschland, Europa und weltweit bis in die 80er-Jahre des 19. Jahrhunderts nicht. Die Fürsorge bei Krankheit, Unfall, bei Arbeitslosigkeit und im Alter wurde dem Betroffenen, seiner Familie, Nachbarn, dem Wohltätigkeitshandeln der Kirchen und anderen Einzelinitiativen überlassen.

Mit der rasanten kapitalistischen Industrialisierung, dem Entstehen des Massenproletariats und seiner Verelendung ab der Mitte des 19. Jahrhunderts waren die Verhältnisse vor allem in den Städten so explosiv geworden, dass Revolutionen und Zusammenbrüche die Herrschaft der Herrschenden und das Gemeinwesen empfindlich bedrohten. Bismarck und der deutsche Kaiser

[121] Vgl. Felber »Gemeinwohl-Ökonomie« S. 62ff.

Wilhelm der I. begegnet dem mit einer Doppelstrategie: einmal mit dem »Sozialistengesetz« von 1878, dem »*Gesetz gegen die gemeingefährlichen Bestrebungen der Sozialdemokratie*«, das deren »*Umsturz der bestehenden Staats- oder Gesellschaftsordnung*« verhindern sollte. Die zweite Seite der Doppelstrategie lag in der Schaffung eines gesetzlich gesicherten Sozialsystems, das die größten sozialen Nöte abfedern und so die sozialen Spannungen mäßigen und den Zulauf zu Kommunisten und Sozialisten beenden sollte. Inhaltlich wurde die staatliche Sozialgesetzgebung durch einen langen Vorlauf evangelischer und katholischer Sozialethiker bestimmt.

Mit der **Bismarckschen Sozialgesetzgebung** ist erstmalig in der Menschheitsgeschichte ein staatlich garantiertes Solidarsystem installiert worden. Beachtlich ist, dass in den zwischen 1883 und 1889 geschaffenen Sozialversicherungen (Krankenversicherung, Unfall- und Invalidenfürsorge, Altersversicherung) das **paritätische Prinzip**, d. h. die soziale Mitverantwortung der Wirtschaft bzw. der Unternehmer und ihre 50-prozentige Beteiligung an den Beiträgen.[122]

Auf dieser Grundlage wurden der **Sozialstaat** und die **Soziale Marktwirtschaft** aufgebaut. In den 50er bis in die 70er Jahre des vorigen Jahrhunderts konnte auf Grund der ungebremsten Wachstumsmöglichkeiten (offene Wachstumsfelder) und der Vollbeschäftigung zwischen den Profitinteressen der Unternehmen und den sozialen Interessen der Lohnempfänger und den Steueraufgaben des Staates ein Ausgleich geschaffen werden – dies entsprechend der Verpflichtungen des Grundgesetzes zur sozialen Absicherung eines jeden Bürgers und der Gemeinwohl- und Sozialpflichtigkeit von Eigentum.[123]

Im Zuge der **Neoliberalisierung der Marktwirtschaft** seit den 80er-Jahren werden die ausgleichenden sozialen Regelwerke zunehmend eingeschränkt. Dies zeigt sich vor allem in zwei Tendenzen oder Strategien der neoliberalen Wirtschaftsstrategen:

Die erste Strategie liegt in der **Steuerbegünstigung der Kapitaleigner** und Großunternehmen: Der Anteil des Steueraufkommens aus Gewinnen und Vermögen hatte eine deutlich sinkende Tendenz: er lag 1950 bei etwa 23 %, 1990 bei 20 %, 2004 bei 15 %. Dagegen hat der Anteil des Steueraufkommens

---

[122] nach Arno Klönne, Daniel Kreutz, Otto Meyer »Es geht anders! Alternativen zur Sozialdemontage«, S.34ff.; Soziallexikon unter »Sozialversicherung«; »ABC der Globalisierung« von Attac

[123] Grundgesetz Artikel 1, 14, 20(1), 28(1)

aus Lohnsteuern eine deutlich steigende Tendenz: er lag 1950 bei 9 %, 1990 bei 32 %, 2004 bei 28 %.[124]

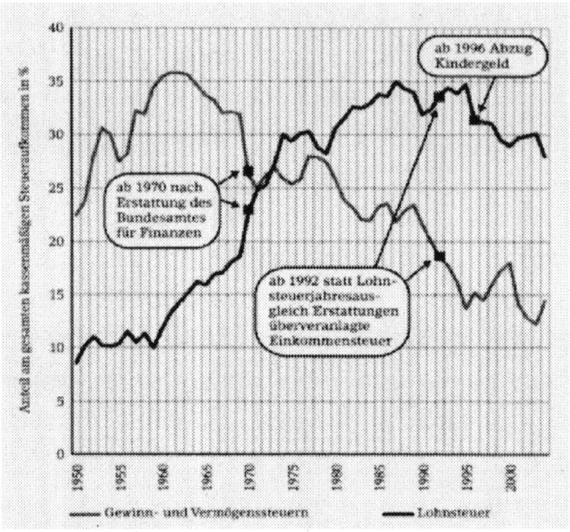

Abb. 21: Entwicklung des Steueraufkommens in Deutschland

Diese **Umkehrung der Steuerlast** wurde betrieben, obwohl sich das Sozialprodukt seit 1960 versiebenfacht hat, das Einkommen aus Unternehmen und Vermögen fast um das Zwölffache gestiegen ist, das Nettoeinkommen der Lohnabhängigen nur um das Dreifache.[125] Es stimmt einfach nicht, was bestimmte Interessen immer wieder behaupten, dass die Reichen den größten Anteil der Steuerlast tragen. Das gesamte Steueraufkommen lag 2009 bei 485 Mrd. €. Davon entfielen nur etwa 11 % auf Gewinne und Einkommensteuern der hohen Einkommensklassen.[126] Die Politiker erhofften sich von dieser Steuerbegünstigung der Kapitaleigner, dass die freigewordenen Gelder in neue Unternehmen investiert und so neue Wachstumsschübe und Arbeitsplätze generiert werden. Diese Hoffnung hat sich zum größeren Teil als Illusion erwiesen: Die Gelder wurden eher in Banken und in Fonds angelegt, die eine höhere Rendite brachten als betriebliche Gewinne.

---

[124] Grafik und Zahlen aus Jahrbuch Gerechtigkeit I »Armes reiches Deutschland«, S. 242

[125] Vgl. Horst Afheldt, »Wirtschaft die arm macht«, S. 32ff. Mehr dazu im ausgeführten Baustein »Steuer und Sozialsystem einer Solidarischen Ökonomie«

[126] Nach Joachim Janke, Wochenbrief 13 vom 17.6.2010

Die zweite Strategie zum Rückbau des Sozialstaates ist die **schrittweise Privatisierung des Sozialsystems**: Die Sozialbeiträge der Unternehmen werden eingefroren oder abgesenkt, die Sozialbeiträge der Arbeitnehmer steigen an und / oder es werden private Zusatzversicherungen erhoben, die allein der Arbeitnehmer zu tragen hat (»Kopfpauschale«, »Riesterrente«). Die Privatversicherungen breiten sich gegenüber der gesetzlichen Versicherung zunehmend aus. Es handelt sich hier um einen schleichenden **Paradigmenwechsel**: weg vom paritätischen und solidarischen Prinzip hin zu einem privategoistischen Selbstversorgerprinzip. Somit entsteht eine Zweiklassen-Sozialwirtschaft: Die Wohlhabenden, die sich eine Privatversicherung leisten können, werden als Kranke und Rentner durch ihre Privatversicherungen gut versorgt; die weniger Wohlhabenden sind auf die gesetzlichen Versicherungen angewiesen, die wesentlich geringere Leistungen aufbringen und zur besseren Versorgung privat aufgestockt werden sollen. Auch hier schlägt die kapitalistische Exklusion zu Gunsten Privilegierter gegen die Inklusion aller durch.

Konturen eines solidarischen Steuer- und Sozialsystems

Das Steuer- und Sozialsystem einer solidarischen Ökonomie will diesen Weg wieder umkehren und das solidarische Sozialstaatsprinzip sichern. Dabei ist es gut, sich die **elementaren Grundfunktionen** von Abgaben bewusst zu machen: Die Notwendigkeit einer »Staatssteuer« zur Finanzierung aller hoheitlichen und öffentlichen Aufgaben des Gemeinwesens, ohne die ein Gemeinwesen nicht funktionieren kann, daneben die Notwendigkeit einer »Sozialsteuer« zur Finanzierung der sozialen Absicherungen im solidarischen Füreinander-einstehen der Bürger.

In einer Solidarischen Gesellschaft ergeben sich für die Erhebung von Abgaben folgende grundlegende Prinzipien:

- das **Einheitsprinzip**: es werden von *allen* Bürgern, von *allen* Einkünften Abgaben gezahlt (Prinzip »Bürgerversicherung«);
- das **Leistungsfähigkeitsprinzip** durch progressive Besteuerung: die wirtschaftlich Stärkeren zahlen höhere Anteile als die wirtschaftlich Schwächeren;
- das **Solidaritätsprinzip**: die öffentlichen Ausgaben kommen den Schwächeren überproportional zugute;

- das **Paritätische Prinzip**: zu gleichen Anteilen zahlen Unternehmen und Angestellte Sozialabgaben;
- das **Lenkungsprinzip**: die Höhe der Abgaben richtet sich nach sozialen und ökologischen Zielorientierungen (Nachhaltigkeitsbilanz).
- das **Vereinfachungsprinzip**: das Steuersystem ist so zu vereinfachen, dass jeder Bürger und die Politiker (!) dessen Sinnhaftigkeit, Ordnung und Sprache verstehen.

Konkret werden folgende **sieben Neuregelungen im Steuer- und Sozialsystem** vorgeschlagen, die hier aber nur in ihren groben Konturen skizziert werden:

1. Eine **gesetzliche Sozialversicherung für alle Bürger**. Hier zahlen alle Bürger aus allen Einkünften Beiträge nach gleichen Kriterien und Regelsätzen für Krankheitskosten, Rente, Pflegeversicherung u. ä. (Bürgerversicherung). Daneben kann es Zusatzversicherungen geben, z. B. für eine zusätzliche Ausbildungsversicherung, für Lebensversicherungen, für eine Zusatzrente u. ä. Diese werden aus zusätzlichen Abgaben der Bürger finanziert. Hierfür kann es auch genossenschaftliche oder Privatversicherungen geben.

2. Für Unternehmen tritt an Stelle der Arbeitsplatz gebundenen eine **steuerfinanzierte Sozialabgabe**. Diese wird durch eine Wertschöpfungssteuer erhoben. Mit ihr beteiligen sich die Unternehmen weiter am paritätischen Sozialversicherungssystem, dies aber nicht mehr über den Produktionsfaktor Arbeit. Die Wertschöpfungssteuer besteuert die Wertschöpfung eines Unternehmens unabhängig davon, ob diese Wertschöpfung durch den Einsatz von Arbeit, Kapital oder Boden erzeugt wurde. Die Wertschöpfungssteuer wird errechnet aus dem Bruttoumsatz abzüglich aller betrieblichen Aufwendungen und Abschreibungen; der verbleibende Mehrwert wird besteuert. Aus dieser Wertschöpfungssteuer gehen beispielsweise 50 % an die Sozialkassen und 50 % in die Kassen der Öffentlichen Hand (Staat, Kommune o. ä.).

3. Besteuerung der Unternehmen nach Kennziffern der Gemeinwohlbilanz. Das heißt, dass die Höhe der Wertschöpfungssteuern nicht mehr ausschließlich nach dem finanziellen Ergebnis des Unternehmens errechnet wird, sondern auch nach Kennziffern der ökologischen Nachhaltigkeit, der Arbeitsplatzsicherung, der regionalen Auswirkung, des sozialen Engagements etc. Aufgrund dieser Kennziffern können Steuersätze angehoben bzw. gesenkt werden. Sie bieten damit ein geeignetes Anreizsystem für ein gemeinwohlorientiertes Verhalten des Unternehmens. So kann z. B. zur Berechnung des Sozialsteueranteils in der Wertschöpfungssteuer ein »Arbeitsplatzkoeffizient« zugrunde gelegt werden, der höher besteuert bei wenigen Arbeitsplätzen pro Produktionseinheit, geringer besteuert bei mehr Arbeitsplätzen pro Produktionseinheit.[127]

4. Neues Ausbalancieren der Einkommenssteuer und Verbrauchssteuer (Umsatzsteuer). Sie sind neben der Wertschöpfungssteuer die Haupteinnahmequelle der Staatssteuer. Die Vorschläge, anstelle der Einkommensteuer viel mehr oder nur über sehr hohe Verbrauchsteuern zu besteuern, hätte zwar den Vorteil, den Gesamtverbrauch in unserer Gesellschaft zu reduzieren und auf ein ökologisch notwendiges Schrumpfen des Material- und Energieumsatzes zuzugehen, würde aber die Ärmeren wesentlich höher belasten. [128] Wahrscheinlich ist eine ausgewogene Kombination von Einkommenssteuer und Verbrauchssteuer am sinnvollsten, wobei die Verbrauchssteuer in ihrer Höhe lebensnotwendige Güter, normale Gebrauchsgüter und Luxusgüter unterschiedlich hoch besteuern sollte.

5. Neben oder verbunden mit der Verbrauchssteuer sollte es eine **Besteuerung der Ressourcen** direkt an der Quelle der Ressourcenerschließung (Mengensteuer) geben. Endliche Ressourcen werden mit einer höheren Steuer belegt als regenerative Ressourcen. Diese Besteuerung ist ökologisch wesentlich zielgenauer als die jetzt praktizierte allgemeine Verbrauchssteuer (Lenkungsfunktion der Steuer).

6. Wiedereinführung einer vernünftigen Vermögenssteuer und Erbschaftssteuer. Nur so kann das Leistungs- und Solidarprinzip einer Gesellschaft wiedergewonnen werden, in dem der Stärkere mehr gibt als der Schwächere. Zugleich kann eine exorbitante Anhäufung von Reichtum verhindert werden.

7. Einführung eines Bedingungslosen Grundeinkommens. Der faszinierende Grundgedanke ist der, dass diese soziale Grundsicherung an die Stelle der bisherigen Sozialhilfen, des Arbeitslosengeldes, der Harz IV-Sätze, des Kindergeldes, des Grund-BAföG, der Grundrente tritt und jedem Bürger ohne Bedürftigkeitsprüfung allein auf Grund der Tatsache, dass er Bürger des Landes ist, gezahlt wird. Im Einzelnen gibt es hier eine Fülle umstrittener Vorschläge. Die Hauptvariante gehen in drei Richtungen:

---

[127] Ausführlich oben im Abschnitt »Partizipatorische Unternehmensverfassung«

[128] Nach Götz Werner sollte die Verbrauchssteuer bei 50 % liegen, dafür die Einkommenssteuer drastisch runtergefahren werden, siehe Görz W. Werner: »Ein Grund für die Zukunft: das Grundeinkommen« 2006, S.32ff.

a) Sehr hohes bedingungsloses Grundeinkommen für alle, so dass der Bürger vom Arbeitszwang befreit und der Unternehmer günstigste Bedingungen für Arbeitsplätz anbieten muss.

b) Niedriges bedingungsloses Grundeinkommen für alle, das nur die nötigste soziale Grundsicherung absichert, ein starker Anreiz zur Arbeit bleibt, die wie oben beschrieben durch Teilen des Arbeitsvolumens, Reduzieren der Regelarbeitszeit und ganzheitliche Arbeitsweise die »*Entfremdung des Menschen in der Arbeit*« überwindet und Freiräume für Eigenarbeit, Familie und gesellschaftliche Tätigkeit schafft.

c) Grundeinkommen nach einer negativen Einkommenssteuer, in dem das Grundeinkommen mit dem Einkommen aus der Erwerbsarbeit verrechnet wird: bei keinem oder sehr geringem Arbeitseinkommen volle Zahlung des Grundeinkommens vom Finanzamt (»negative Steuer«), bei mittlerem Arbeitseinkommen etwa die Hälfte, bei sehr hohem Einkommen keine Zahlungen, sondern voller Steuersatz. Die dritte Variante ist die wohl am ehesten realisierbare und wird in der Akademie Solidarische Ökonomie favorisiert.

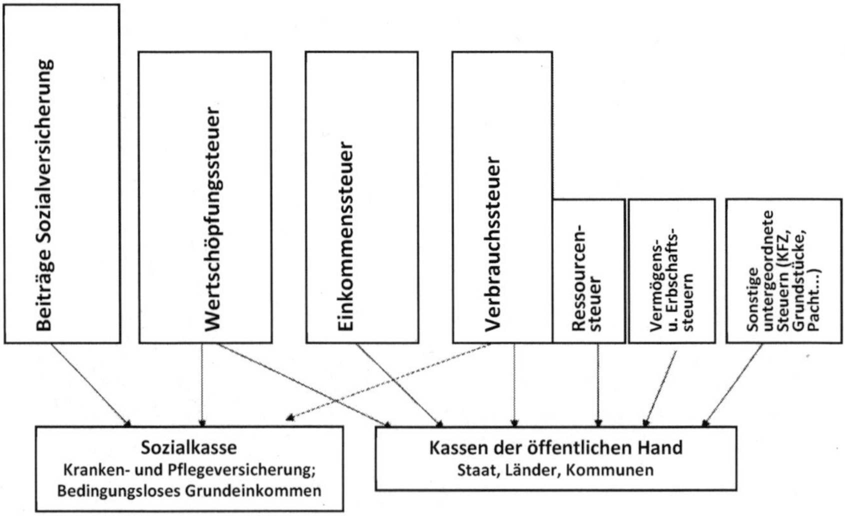

Abb. 22: Gesamtschau eines neuen Steuer- und Sozialsystems

Wichtig zum Verständnis und Funktionieren des Grundeinkommens sind mindestens noch folgende Hinweise: Das Bürgereinkommen wird aus der Sozialversicherung gezahlt. Die bisherigen sozialen Transferleistungen würden für ein geringes Grundeinkommen fast reichen, könnten durch Einnahmen aus der Mehrwertsteuer aufgestockt werden. Bürger, die nur das Grundeinkommen beziehen, zahlen keine Steuern und Sozialversicherungsbeiträge, sind aber in den Sozialversicherungen mit versichert. Wie die Grafik auf der Vorseite (Abb. 22) zeigt, könnte im Ganzen ein sehr vereinfachtes und klares Steuer- und Sozialsystem entstehen.

4.6. Zum systemischen Zusammenwirken der Neuansätze einer solidarischen Arbeits-, Lohn- und Sozialkultur

Es gibt verschiedene Initiativen und Gruppierungen, die einen der oben skizzierten Vorschläge in der Art favorisiert, dass sie meinen, mit diesem einen Ansatz alle entscheidenden Probleme im Bereich Arbeit, Einkommen und Sozialwesen lösen zu können, so z. B. in den Bewegungen zum Bedingungslosen Grundeinkommen oder in den Initiativen »Arbeit teilen«. Wir meinen, dass keiner der oben skizzierten Vorschläge für sich allein realisierbar ist oder gar aus sich allein die Lösung des Arbeits-, Einkommens- und Steuerkomplexes sein kann. Vielmehr müssen sich die verschiedenen Ansätze einander flankieren, stützen und systemisch zusammenwirken. Die Skizze auf der folgenden Seite (Abb. 23) macht das systemische Zusammenspiel deutlich.

Die Teilung des Arbeitsvolumens und das Reduzieren der Regelarbeitszeit ist möglich, weil durch das Grundeinkommen kein voller Lohnausgleich nötig ist. Ebenso machte die Ablösung der Sozialabgaben von den Arbeitsplätzen es den Unternehmern eher möglich, Arbeitsplätze zu schaffen und zu flexibilisieren. Das leistungsgerechte und solidarische Lohnsystem bringt einen ausgeglicheneren Wohlstand in die Gesellschaft, der das ganze System stabilisiert. Im Zusammenwirken aller Faktoren könnten alle arbeitsfähigen Menschen in den ökonomischen Prozess von Arbeit, Produktion, Lohn, Konsum, Steuer- und Sozialabgaben einbezogen werden und ihr Recht auf Erwerbsarbeit realisieren.

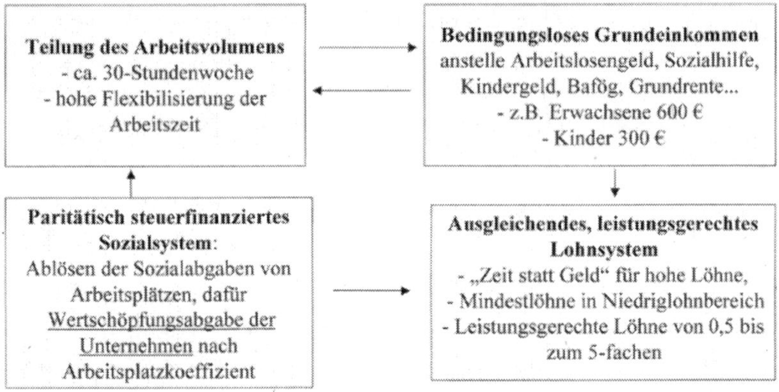

Abb. 23: Zusammenwirken verschiedener Bausteine einer solidarsichen Arbeits-, Lohn- und Sozialkultur

Der größte **soziokulturelle Gewinn** liegt in der Befreiung aus der einseitigen Dominanz der Erwerbsarbeit und in einem wesentlich größeren Freiraum für das Zusammenspiel von Erwerbsarbeit, Familien- und Eigenarbeit, bürgerschaftlichem Engagement und Muße. Machen wir es uns an einem fingierten Beispiel klar:

Mann und Frau mit drei Kindern müssten nicht in alter Weise zusammen mit 60 oder 80 Stunden voll arbeiten, um den Unterhalt ihrer Familien zu erarbeiten. Sie würden beide in Teilanstellung zusammen etwa 45 Wochenstunden einer Erwerbsarbeit nachgehen (z. B. er 30 Stunden, sie 15 Stunden) und hier etwa 1.800 € netto verdienen. Dazu käme ein Grundeinkommen von 1.900 € (bei negativer Einkommenssteuer für die Eltern zweimal 500 €, für die Kinder dreimal 300 €). Mit zusammen 3.700 € Monatseinkommen wäre ein ausreichendes Auskommen gegeben. Es bliebe viel Zeit für Freizeit, Eigenarbeit und Familie, für gemeinsame Kindererziehung. Die Existenzangst vor Arbeitslosigkeit wäre verschwunden. Die Geburtenrate würde steigen. Und es wäre viel Zeit da für Kultur und für ehrenamtliches Engagement in Vereinen, Kirchengemeinde, zivilgesellschaftlichen Gruppen oder Parteien.

Bernd Winkelmann

5 Ökosoziale Globalisierung, Regionalisierung und Subsistenzwirtschaft

5.1 Zum Charakter der neoliberalen Globalisierung

Das Phänomen der Globalisierung ist nicht neu. Vielmehr ist Globalisierung ein **immerwährender Prozess menschlicher Zivilisation**. Schon seit Anbeginn menschlicher Zivilisationen gab es den Drang der Menschen, der Stämme, Staaten und Kulturen, über den eigenen Bereich hinauszugehen, andere Räume zu erkunden, sich nutzbar zu machen, zu besiedeln. Das »nach draußen Gehen« wurde oft zur **Expansion**, veranlasst durch die notwendige Suche nach neuen Ressourcen (Weideplätze, Rohstoffe), aber auch durch das instinkthafte Verlangen nach Neuem (Entdeckerdrang). Solange die neuen Gebiete dünn besiedelt waren, die Fremden eine Minderheit oder nicht die wesentlich Stärkeren waren, konnte die Expansion friedlich geschehen und im vorteilhaften Austausch beider Seiten. Sobald der Raum enger wurde und die Übermacht der Fremden oder die Angst vor den Fremden zu groß wurde, kam es zu Aggressionen, zum Erobern und Unterwerfen mit all den leidvollen Kriegen, Vertreibungen, Vernichtungen, Ausbeutungen und Versklavungen. Mit **Beginn der Neuzeit** (15./16. Jahrhundert) nahm auf Grund neuer technischer Möglichkeiten der europäischen Kultur (Kompass, bessere Schiffe u. a.) die Expansionsbewegung rasant zu und führte mit der Entdeckung der bisher fremden Kontinente bis an die »Grenzen der Erde«. Die neuen Länder z. B. in Amerika, Afrika, Australien waren schon besiedelt und in ihrer Weise kultiviert, die Expandierenden waren aber in technischer und militärischer Stärke den Einheimischen meist überlegen. Die Expansion wurde zur **Kolonialisierung** der sonstigen Welt: das Erobern, Unterwerfen und Missionieren der fremden Kulturen durch die eigene wurde zum Leitparadigma einer ganzen Epoche. Anfang des 20. Jahrhunderts stieß man das erste Mal an die Grenzen einer bisher grenzenlosen Globalisierung: Alle Länder waren entdeckt, in Kolonien oder Macht- und Interessensphären aufgeteilt. Nun konnte nur noch in den beiden Weltkriegen des

20. Jahrhunderts der erobernde Expansionsdrang ausgelebt werden und fand in der nicht mehr ausdehnbaren Welt sein selbstmörderisches Ende.[129]

Globalisierung heute wird vor allem als wirtschaftliches Geschehen gesehen und meist im neoliberalen Sinne verstanden bzw. praktiziert. **Neoliberale Globalisierung** meint eine freie Weltwirtschaft (»Freihandel«), in der vor allem Großunternehmen und die internationale Finanzwirtschaft weitgehend jenseits nationaler und staatlicher Begrenzungen und Auflagen agieren können. Die Globalisierung im heutigen Sinne begann in den 80er Jahren des vorigen Jahrhunderts und hatte verschiedenen **Ursachen**: Einmal gingen in den Industriestaaten nach der Aufbauphase nach dem 2. Weltkrieg die Wachstumsraten des BIP deutlich zurück. Sie sanken von ca. 8 % auf 1 – 3 %. Weiteres Wachstum war eher durch Expansion nach außen möglich (Exportüberschüsse, Betriebsverlagerungen ins Ausland). Zum anderen machte die sprunghafte Entwicklung der elektronischen Informationstechnologien (IT) seit den 90er-Jahren ein weltweites sekundenschnelles Agieren möglich. Zusätzlich verführte der Zusammenbruch des Ostblocks zu einer schrankenlosen weltweiten Globalisierung des westlichen Wirtschaftssystems. Und schließlich hatten die neoliberalen Wirtschaftstheorien von Friedrich August von Hayek, Milton Friedman u. a. schon lange einen ideologischen Vorlauf für eine uneingeschränkte expansive Liberalisierung des Waren- und Kapitalverkehrs geliefert.

Trotz dieser Entwicklungen sollte Globalisierung nicht nur im engen wirtschaftlichen Sinne, sondern im gesamt-zivilisatorischen Sinne verstanden werden. Dann werden auch ihre umfassenden positiven und negativen Seiten sichtbar und erst so können zielgenauer Alternativen entwickelt werden.
Zur **positiven Seite der Globalisierung** gehört eine Vielfalt von Facetten:

- Moderne Globalisierung führt zu einer viel häufigeren und dichteren Begegnung der Kulturen und Religionen. Das kann zu einem größeren Verständnis zwischen ihnen führen und das Bewusstsein für die Eine gemeinsame Welt fördern – vorausgesetzt, dass die Beheimatung im Eigenen und die Offenheit gegenüber Anderem die Angst vor dem Fremden überwindet.
- Weltweite elektronische Kommunikation zwischen den Menschen und Gruppen mit kaum noch abzuschirmenden Informationen fördert die

---

[129] vgl. Meinhard Miegel: »Exit. Wohlstand für alle«, S. 43ff.

Beteiligung von immer mehr Menschen am internationalen Austausch. Das hat Demokratisierungsprozesse und die internationale Wachsamkeit gegen Menschenrechtsverletzungen und andere Fehlentwicklungen gestärkt (z. B. in China, Nordafrikanischen Staaten, Syrien u. a.).

- Durch die Möglichkeiten der Globalisierung vernetzen und verstärken sich auch soziale, friedensethische, ökologische und kulturelle Bewegungen, Aufbrüche und Zusammenschlüsse (z. B. in den Weltsozialforen, in der Afrikanischen Revolution 2011/12).
- Durch die Globalisierung können sich technisches und wissenschaftliches Know-how schnellstens verbreiten und enorme Innovationsschübe auslösen.
- In den aufsteigenden Entwicklungsländern (Schwellenländern wie China, Indien, Indonesien, Brasilien u. ä.) schaffen neue Technologien ganz neue Industrien und damit neue Arbeitsplätze für Millionen Menschen. Sie holen Menschen, die daran Anteil haben, aus Hunger und schwerer Armut heraus – wenn auch oft durch Vernichtung bisheriger Arbeitsplätze und unter sozial und ökologisch nicht vertretbaren Bedingungen und Ausgrenzung Vieler.[130]
- Deutschland profitiert wie andere hochentwickelte Industrieländer von der Globalisierung durch eine »positive« Außenhandelsbilanz (Exportüberschüsse), durch billige Rohstoffe, Nahrungs- und Futtermittel aus den Entwicklungsländern und Billigstangebote vieler Produkte aus Niedriglohnländern.
- Hochspezialisierte mittelständische Firmen, die sich gegenüber Transnationalen Konzernen behaupten können, können Arbeitsplätze im eigenen Land halten und gegebenenfalls neue schaffen.
- Es gibt große Wachstumsschübe, z. T. extrem hohe Gewinne und Renditen bei Firmen, die sich auf den Weltmärkten Vorrangstellungen erkämpfen können. Das sind vor allem Transnationale Konzerne und weltweit agierende Finanzunternehmen.

Sicher wird schon hier in den letzten Aufzählungen die Ambivalenz und negative Wirkung der Globalisierung erkennbar. Aber zunächst soll gesehen werden, dass es durch die Globalisierung und Technisierung der Wirtschaft zu

---

[130] z. B. hat Indien seit 1991 jährlich etwa 6 % Wirtschaftswachstum, hat eine wohlhabende Mittelschicht von ca. 100 Mio. Einwohnern. Die Zahl der Inder, die mit weniger als mit einem US$ pro Tag auskommen müssen, liegt bei ca. 450 Mio.

Innovationsschüben und Vermögenszuwächsen gekommen ist, wie es das bisher in der Menschheitsgeschichte noch nie gegeben hat: Das Bruttosozialprodukt der Welt ist von 1991 bis 2004 auf das 2,5-fache gestiegen; die Energiebereitstellung hat sich seitdem mehr als verdoppelt. Mit den heute produzierbaren Nahrungsmitteln könnten 12 Mrd. Menschen ernährt werden. Mit den wissenschaftlichen Erkenntnissen und dem technischen Know-how von heute könnten die Umweltprobleme gemeistert werden. Die **Paradoxie** unserer gegenwärtigen Zivilisation liegt allerdings darin, dass diese »Gewinne« die Grundprobleme, Konflikte und zerstörerischen Seiten dieser Entwicklung nicht gelöst, sondern auf vielen Ebenen verschärft haben. Die für unser Thema gravierendsten **Negativseiten der Globalisierung** sollen hier nur in Stichworten skizziert werden:

- Die von den Industrieländern forcierte Durchsetzung des Freihandels gegenüber den Entwicklungsländern (EL) führt zu einer Exportschwämme der Industrieländer, die die Märkte der Entwicklungsländer überflutet, so deren Wirtschaft stranguliert und deren kleinbäuerliche Landwirtschaft in vielen Fällen zerstört. Dies ist durch die staatliche Subventionierung der Exportgüter und den Protektionismus zu Gunsten der Industrieländer besonders perfid. Beispiel: staatlich subventionierter Export von Billigsthühnerfleisch aus Europa macht die eigene landwirtschaftliche Produktion und den Markt in afrikanischen Ländern kaputt.
- Betriebs- und Arbeitsplatzverlagerung in Billiglohnländer und Exporte aus diesen Ländern führen zur Überflutung der heimischen Märkte in den Industrieländern mit Billigimporten aus den Entwicklungsländern, es folgt eine Schwächung der klein- und mittelständischen Regionalwirtschaft in den Industrieländern, Erodierungstendenz des Mittelstandes, teilweises Absinken in die Unterschicht; verstärkte Arbeitslosigkeit, Zunahme prekärer Lebensverhältnisse auch in den reichen Staaten.
- Global agierende Unternehmen können leichter als heimische Unternehmen nationale ökologische Auflagen umgehen. Das führt meist zur rücksichtslosesten Ausbeutung der natürlichen Ressourcen, zur Zerstörung von Lebensräumen (z. B. Erdöl-Shell-Produktion in Afrika). Zudem führen die weltweiten großen Transportwege zu einem sehr hohen

Umwelt- und Energieverbrauch und verletzen den natürlichen »ökologischen Raumwiderstand«[131].

- Nicht kontrollierte internationale Finanzmärkte schädigen mit ihrem spekulativen Anlagesystem, mit entsprechenden Geldblasen und deren Platzen die Realwirtschaft, erleichtern Steuerflucht und Steuervermeidung der Großunternehmen; so empfindlicher Verlust an Steuereinnahmen, zunehmende Staatsverschuldung, Verarmung der »Öffentlichen Hand«.
- Gravierend, aber bisher zu wenig beachtet sind die schweren psychosozialen Verunsicherungen und Verwerfungen, die bei den Verlierern der Globalisierung auftreten: Das Gefühl, anonymen Weltmächten ausgeliefert zu sein, durch sie ins Aus getrieben zu werden; Gefühl der Überfremdung und des Verlustes an »Beheimatung«; Demütigung, Angst und Ohnmachtserfahrungen, Perspektivlosigkeit, Depression; Erfahrung, darin von der Politik allein gelassen zu werden; daraus Apathie und/oder Wut, Politik- und Demokratieverdrossenheit; Flucht in Nationalismen, rechts- oder linksextremistische Ausbrüche – dies oft in einem Gefühlsstau mit einem gefährlichen eruptiven Potential.[132]

Es gibt verschiedene Ansätze in der internationalen Politik, die negativen Folgen der Globalisierung einzudämmen oder zu überwinden. So wurde auf der ersten großen Weltumweltkonferenz Rio 1992 der Grundsatz formuliert, dass die Völker der Welt eine *»nachhaltige Wirtschafts- und Lebensweise«* entwickeln müssten. Zur Realisierung dieser Prinzipien sind z. T. schon vor Rio 1992 und in den Folgejahren eine Reihe von internationalen Umweltschutzabkommen beschlossen worden, z. B. das Washingtoner Artenschutzabkommen (CITES) von 1973, die Artenschutzkonvention (CBD) und die Konvention zur Bekämpfung der Wüstenbildung (beide in Rio 1992), das Kyoto-Protokoll von 1997 und die Arbeit in folgenden Weltumweltkonferenzen.

Des Weiteren gibt es eine Fülle internationaler Weltwirtschaftsverhandlungen und Verhandlungsgremien, so die Treffen der G8-Staaten, dann der G20-Staaten, die wiederholten Verhandlungen um die Allgemeinen

---

[131] Der »ökologische Raumwiderstand« setzt sich im Transportwesen zusammen aus: Entfernung, Zeit, Energieaufwand, Umweltschäden (z. B. CO_2-Ausstoß) im Verhältnis zur Tonnage.

[132] Diese »psychischen und sozialen Destruktionen im Neoliberalismus« werden ausführlich analysiert im Buch von Duchrow, Bianchi, Krüger, Petracca: »Solidarisch Mensch werden« 2006; bes. Kapitel 3 »Die Traumatisierung der Verlierer«.

Zoll- und Handelsabkommen (GATT), die jährlichen Treffen des Weltwirtschaftsforums in der Schweiz (WEF in Davos), große Sonderkonferenzen der Vereinten Nation z. B. der Millenniumsgipfel 2000 In New York u. a.

Die **Hauptforderungen**, um die es in den verschiedensten Verhandlungen immer wieder geht, sind diese:

1. Vereinbarung von Mindeststandards in der Sozialpolitik und Umweltpolitik zur Vermeidung von Sozial- und Umwelt-Dumping,

2. Harmonisierung der Wettbewerbspolitik, zur Vermeidung des Missbrauchs von Marktmacht (insb. durch Kartelle, Oligopole und Monopole).

3. Harmonisierung der Steuerpolitik zur Vermeidung von Steuerflucht und Steuerhinterziehung (Vereinbarung von Mindeststeuersätzen),

4. die Kontrolle des internationalen Kapitalverkehrs zur Reduzierung der Spekulation und zur Vermeidung von Finanz- und Verschuldungskrisen.

Darüber hinaus gibt verschiedene Bewegungen zur Selbstverpflichtung internationaler Unternehmen, soziale und ökologische Standards zu realisieren, so im Corporate »Social Responsibility« (CSR) und im »Codes of Conduct«. Oder im Aufruf Kofi Annans von 1999 zum »Global Compact«, in dem zehn Prinzipien für Menschenrechtler, Arbeitsnormen, Umweltschutz und Korruptionsbekämpfung definiert werden und dem sich verschiedene Unternehmen angeschlossen haben. In verschiedenen Vorschlägen wird gefordert, die bestehenden internationalen Behörden wie die Welthandelsorganisation (WTO), die Weltbank, den Internationalen Währungsfonds (IWF) und die Internationale Arbeitsorganisation der Vereinten Nationen (ILO) in der Art zu reformieren, dass sie die benannten Forderungen durchsetzen können.[133]

All diese Bemühungen haben im Einzelnen Fortschritte erreicht und sind zu unterstützen. Doch zu einem wirklichen Durchbruch zur weltweiten Durchsetzung der Ziele ist es bisher nicht gekommen. So hat die ILO zwar weitreichende soziale und ökologische Standards formuliert, aber gerade die ILO ist gegenüber der WTO und dem IWF politisch machtlos. Die beim Millenniums-Gipfel der Vereinten Nationen 2000 in New York formulierten Ziele zur Halbierung von Armut, Hunger, schweren Krankheiten bis 2015 gelten schon heute als nicht mehr als erreichbar. Auch die Verhandlungen bei

---

[133] So z. B. im Projekt eines »Global Marshall-Planes« siehe Franz-Josef Radermacher z. B. in »Balance oder Zerstörung. Ökosoziale Marktwirtschaft als Schlüssel zu einer weltweiten nachhaltigen Entwicklung«, S. 125 ff.

den Weltumweltkonferenzen z. B. 2002 in Johannesburg, 2009 in Kopenhagen, 2011 in Durban zeigen, dass Nationalinteressen und die Widerstände aus der Wirtschaft die Politik in der Durchsetzung einer wirklichen Nachhaltigkeit weitgehend machtlos werden lassen.

Die Verhandlungen über das MAI-Abkommen und TRIPS-Abkommen zeigen, wie die Lobbyarbeit der Internationalen Konzerne die oben genannten Bemühungen immer wieder zu unterlaufen versuchen. Das sogenannte TRIPS-Abkommen (»Übereinkommen über handelsbezogene Aspekte der Rechte des geistigen Eigentums«) wurde als Ergänzung der Allgemeinen Zoll- und Handelsabkommen (GATT) 1994 mit dem Ziel in Kraft gesetzt, globale Monopolstrukturen für die Verwertung von Geschäftsideen, Erfindungen und Entdeckungen zu sichern. Das MAI-Abkommen (Multilaterales Investitionsabkommen) wurde 1995 unter Ausschluss der Öffentlichkeit mit dem Ziel entwickelt, ausländischen Investoren in Entwicklungsländern nahezu uneingeschränkte Freiheiten zu ermöglichen. Die Ratifizierung dieses Abkommens konnte durch vorzeitige Veröffentlichungen und dem folgenden Einspruch Frankreichs und zivilgesellschaftlicher Gruppen 1998 gestoppt werden. Das uneingeschränkte Agieren der internationalen Finanzmärkte ist trotz der von ihnen ausgelösten größten Finanzkrise bisher nicht wie versprochen reguliert oder wirklich kontrolliert worden.

Immer wieder wird deutlich, dass in dieser Entwicklung die **Transnationalen Konzerne** (TNC) eine besonders gefährliche Rolle spielen. Sie stellen eine ungeheuer große oligopole Machtkonzentration dar. So verfügten 2004 die 500 größten transkontinentalen Konzerne über ein Vermögen von 52 % des Welt-Bruttosozialprodukts. Darin üben sie direkt und indirekt eine große politische Macht aus, beeinflussen und steuern mit bestbezahltem Lobbyismus nationale und internationale politische Gremien und Institutionen (z. B. WTO, IWF, Weltbank) und große politische Entscheidungsprozesse (G8-, G20-Konferenzen, Weltklimakonferenzen u. a.).[134] Sie entziehen sich fast gänzlich nationalen Regularien und der demokratischen und öffentlichen Kontrolle und unterlaufen am ehesten soziale und ökologische Standards der Internationalen Arbeitsorganisation (ILO-Bestimmungen). Trotz versuchter Gegensteuerung durch EU-Wettbewerbsbehörde und Kartellämter überschwemmen und beherrschen die TNC mit ihrer Vormachtstellung die Märkte der Weltwirtschaft oft bis in die kleinsten Regionen hinein, untergraben am stärksten die mittelständische Wirtschaft und höhlen eine

---

[134] Jean Ziegler im Weltsozialbericht 2005 nach taz, vom 21.10.2005, S.11

eigenständige gesunde Regionalentwicklung aus. In Krisenzeiten sind Großkonzerne allerdings wesentlich Kollaps anfälliger als kleingliedrigere regionale Einheiten, sie reißen diese beim eigenen Kollabieren oft mit in den Abgrund (Zweig- und Zulieferbetriebe einzelner Wirtschaftszweige; vgl. Autokrise, Finanzkrise u. ä.)

Betrachtet man die neoliberale Globalisierung insgesamt, kann als **erstes Fazit** gesagt werden:

1. Die neoliberale Globalisierung ist die Expansion einer bestimmten Art des Wirtschaftens über Völker, Staaten und Kulturen, die zu Recht als eine moderne Form des Kolonialismus bezeichnet wird.

2. Die neoliberale Globalisierung wirkt in den Entwicklungsländern insofern entwicklungshemmend, als sie die dortigen Eigenpotentiale überfremdet, schädigt bzw. zerstört, mehr Ressourcen aus diesen Ländern abzieht, als sie in diese hineingibt, diese Länder sozial und in der Wohlstandentwicklung extrem spaltet und schwere Konfliktausbrüche provoziert (Aufstände, Terrorismus, Bürgerkriege u. ä.).

3. Die neoliberale Expansion wirkt nicht nur nach außen, sondern ebenso nach innen in ihre Ursprungsländer hinein: Sie verletzt oder zerstört auch hier die Entwicklung kleingliedriger regionaler Wirtschaftseinheiten und damit die Stabilitätsbasis des Wirtschaftens insgesamt.

4. Die neoliberale Globalisierung muss als Hauptmotor der ökologischen Zerstörung unseres Planeten angesehen werden. Denn hier entfalten sich die ökologischen Zerstörungen am schärfsten und sind bisher am wenigsten kontrollierbar und beherrschbar.

5. Die systemimmanente Ursache dieser Fehlentwicklung sind die im Kapitel »Sackgasse Kapitalismus« ausgeführten Prinzipien, Leitvorstellungen, Mechanismen und Ideologien kapitalistischer Wirtschaftsweise: die Unterwerfung allen Wirtschaftens unter das Kapitalmehrungs- und Privatisierungsprinzips, unter das zwanghafte Wachstumsstreben, unter die Konkurrenz- und Externalisierungspraxis, die nun auf die ganze Welt ausgeweitet wird und immer die Schwächeren zugunsten der Stärken benachteiligt. Auch hier ist wieder die für den Kapitalismus typische Exklusion des gemeinsamen Wohls und der Interessen anderer wahrzunehmen.

6. Die bisherigen Versuche der Politik, die negativen Auswirkungen der Globalisierung zu überwinden, sind bisher an der strukturellen Eigengesetzlichkeit kapitalistischer Wirtschaftsweise, an der Übermacht der Transnationalen Konzerne und der internationalen Finanzindustrie sowie an vielen nationalen Eigeninteressen gescheitert.

Da die bisherige Politik offensichtlich nicht im Stande ist, die neoliberale Globalisierung in eine ökologisch und sozial verträgliche Globalisierung zu verwandeln, könnte diese Wirtschaftsweise – wie es sich einige ihrer Vertreter wünschen – ohne Ende so weiter gehen. Dies wird aber garantiert nicht so sein. Soziale Aufstände können mit viel Gewalt vielleicht noch einige Jahre niedergeschlagen werden. Die drohenden ökologischen Zusammenbrüche aber nicht.

Es gibt einen **»ökologischen Imperativ«** [135] für die Überwindung des globalisierten neoliberalen Kapitalismus. Das heißt: Die ökologischen Grundgesetze des Lebens erzwingen quasi diktatorisch eine Umkehr menschlichen Wirtschaftens. Die Fakten sagen es mit unerbittlicher Härte: Schon jetzt hat der Ökologische Fußabdruck unseres Wirtschaftens das für das Ökosystem unserer Erde verträgliche Maß weltweit um 20-30 % überschritten. Die weitere expansive Ausbeutung der natürlichen Rohstoffe wird zunehmend an deren Erschöpfung ihr Ende finden[136]. Der immer raschere Verlust an Biodiversität – der Vielfalt an Tier- und Pflanzenarten – wird zu einem empfindlichen Rückgang an Regenerationsfähigkeiten der Natur und des Lebens führen. Wenn diese Prozesse nicht aufgehalten werden und wenn es nicht gelingt, sehr schnell das Wachsen des Material- und Energiedurchsatzes unseres Wirtschaftens in ein Schrumpfen dieser Durchsätze umzukehren, wird es Umweltkatastrophen, Ressourcen-zusammenbrüche, Ressourcenkriege, Hungerkatastrophen, Umweltmigrationen und Aufstände geben. Diese werden nicht nur millionenfach natürliche und menschliche Opfer kosten, sie werden auch für die kapitalistische Wirtschaft viel teurer und verlustreicher werden, als jedes ökologische Vorbeugungsprogramm. Die bisherige expansive Wachstumswirtschaft wird zusammenbrechen. Die neoliberale Globalisierung und ihre Folgen zeigen eindeutig: Das Zivilisationsmodell des Kapitalismus ist an sein Ende gekommen.

---

[135] »Ökologischer Imperativ« nach Hans Jonas in seinem Buch »Das Prinzip Verantwortung« 1979: *»Handle so, dass die Wirkungen deiner Handlungen verträglich sind mit der Permanenz echten menschlichen Lebens auf Erden«.* Vgl. auch Hermann Scheers »Energ-ethischer Imperativ« im gleichnamigen Buch 2010

[136] Verschiedene Wissenschaftler wie z. B. Niko Paech sprechen hier nicht nur ein »Peak Oil«, sondern ein »Peak everything« in den nächsten 20 bis 30 Jahren.

5.2 Prämissen und Neuansätze einer ökosozialen Globalisierung

Soll die Menschheitsentwicklung nicht in eine schwere zivilisatorische Crashsituation hineingeraten, muss die neoliberale Globalisierung in eine ökosoziale Globalisierung transformiert werden. Eine **ökosoziale Globalisierung** meint ein globales Zusammenwirken allen Wirtschaftens, in dem die ökologische Nachhaltigkeit und das soziale Wohlergehen aller Völker und aller Menschen im höchstmöglichen Maß realisiert werden kann. Aus dieser Zielstellung ergeben sich vier **Grundprämissen** für solch eine Transformation:

1. Ökologisierung der gesamten Weltwirtschaft,

2. Überwindung der Bevorteilung der wohlhabenden entwickelten Länder zu Ungunsten der wenig entwickelten Länder,

3. Weltweite Durchsetzung sozialer und ökologischer Standards,

4. Primat der Politik als eine gemeinsame Weltinnenpolitik.

Voraussetzung für die Durchsetzung dieser Zielstellungen wären einmal die systemverändernde Überwindung der im Kapitel »Sackgasse Kapitalismus« beschriebenen kapitalistischen Prinzipien, Mechanismen und Ideologien notwendig, zum anderen ein entsprechendes politisches Handeln – eben eine gelingende Weltinnenpolitik.

Wie gezeigt, kommt die Kraft zu politischen Veränderungen kaum aus den bisherigen politischen Institutionen. Sie könnte sich aber aus dem Wirken der vielen weltweiten **Nichtregierungsorganisationen** (NRO's), Basisgruppen, Netzwerken und Bürgerinitiativen entwickeln. Die bekanntesten und wohl wirkungsvollsten sind die Aufklärungskampagnen des World-Watch-Instituts, die Initiative Transparency International, die ATTAC-Bewegung, die Weltsozialforen, die Oxfam-Initiative, Brot für die Welt, Fair-Handels-Initiativen, Amnesty International, Greenpeace, Verbraucherinitiativen und Verbraucherboykotte, die Occupy-Bewegungen usw. Verhandlungsteilnehmer großer UN-Verhandlungen sagten wiederholt, dass ohne das Wirken dieser Bewegungen die bisherigen Fortschritte nicht erreicht wären und dass hier das größte progressive Veränderungspotential liegt. Beispiele sind hier die beginnenden Verhandlungen über eine Finanztransaktionsteuer, der Ausstieg aus der Atomenergie in Deutschland, die internationale Bewegung der Kleinkredite usw.

Um zu grundlegenden Veränderungen auf der Ebene der Weltwirtschaft zu kommen, müssten hierfür **vier politische Hauptforderungen** durchgesetzt werden: 1. Die Überwindung des Dogmas vom »Freihandel«, 2. die Entmachtung der Transnationalen Konzerne und der internationalen »Finanzindustrie«, 3. eine Neuerfindung internationaler Weltwirtschaftsbehörden, 4. die Entwicklung einer modernen regionalen Subsistenzwirtschaft als ausgleichendes Gegengewicht zur Globalisierung.

Zu 1.: Die Überwindung des Dogmas vom »Freihandel«: Die Behauptung, dass Freihandel zwischen den Ländern automatisch zum »komparativen« Vorteil aller Beteiligten führt,[137] hat sich als Illusion und Ideologie des Liberalismus erwiesen. Entsprechende der disproportionalen Gesetzmäßigkeit des Marktes[138] führt der »Freihandel«, sobald es einen Schwächeren und einen Stärkeren gibt, automatisch zur Benachteiligung des Schwächeren, denn der Stärkere kann Preise und andere Marktbedingungen diktieren und praktiziert dabei oft einen einseitigen Protektionismus zu seinen Gunsten.

Klassische Beispiele hierfür sind die subventionierten Exporte der Industrieländer an Lebensmitteln, Baumwolle u. a. in Entwicklungsländer, die die dortigen Produktionen und Märkte zerstören. Zudem werden – wie es die MAI- und TRIPS-Verhandlungen zeigten – in den meist von den Industrieländern diktierten Handelsgesetzen Vorteile zugunsten der Industrieländer festgeschrieben. Darüber hinaus zeigen Zahlen und Fakten, dass verstärkter Welthandel nicht sukzessive zum Anstieg des Weltsozialprodukts führt. So hat sich von 1970 bis 2000 der Welthandel um fast das Sechsfache erhöht, das Weltbruttosozialprodukt aber nur reichlich um das Zweifache.[139]

Darum muss es wieder legitim und entsprechend geregelt werden, dass sich schwächere Regionen und Märkte durch Schutzzölle und ähnliche Regelungen vor einem Überschwemmt- und Beherrschtwerden von außen schützen können. Das heißt nicht, dass ein internationaler Handel aufgegeben wird. Vielmehr bedarf es internationaler Handelsabkommen, die die schwächeren Regionen und Partner schützen und ihnen chancengleiche oder auch bevorzugte Handelsbedingungen gegenüber den stärkeren Partnern einräumen. Das wären die entscheidenden Entwicklungshilfen, in der die Schwächeren in ihrer Entwicklung aufholen können und ein Welt-

---

[137] So der Begründer der Theorie vom Freihandel und der Nationalökonomie David Ricardo im 18. Jahrhundert

[138] Siehe Kapitel »Sackgasse Kapitalismus« S. 15

[139] Ausführlich dargestellt in Horst Afheldt »Wirtschaft, die arm macht« 2003, S. 121f.

Wohlstandsausgleich möglich wäre.

Zu 2.: Die Entmachtung der Transnationalen Konzerne und der internationalen »Finanzindustrie«: Inwiefern es notwendig und möglich ist, die spekulative »Welt-Finanzindustrie« zu entmachten, ist im Abschnitt »Schuldgeld und öffentliches Kapital« beschrieben worden. Ebenso wird man nicht umhin kommen, die Transnationalen Konzerne (TNC) zu entmachten bzw. aufzulösen, wenn man die Weltwirtschaft in eine ökosoziale und gemeinwohlorientierte Ökonomie verwandeln will. Eine stärkere Kontrolle der TNC und von außen aufgenötigte »good Governance-Regeln« werden nicht reichen. Nötig ist vielmehr, ihre innere Struktur und damit sie selbst aufzulösen. Dazu gehören: a) die Größe: es darf keine Größen der TNC oder Finanzinstitute geben, die so systemrelevant sind, dass sie bei Versagen nicht aufgelöst werden können. Dazu gehört b) die Akkumulation ungeheuer großer Summen in alleiniger Verfügung der TNC-Kapitaleigener. Dazu gehören c) ihre Dominanz und Beherrschung des Welthandels und der globalen Vernetzungsstrukturen.

Nötig ist die Auflösung der TNC in viele kleinere Wirtschaftseinheiten. Dabei kann es durchaus international agierende Unternehmen geben. Diese sollten aber immer regional eingebunden sein und nach den Prinzipien der »Partizipatorischen Unternehmensverfassung« geführt werden, also in Mitbestimmung und Anteilhabe aller Beteiligten und Betroffenen in den Regionen, in denen sie agieren.

Zu 3.: Neuerfindung internationaler Weltwirtschaftsbehörden: Die heute schon vorhandenen internationalen Weltwirtschaftsorganisationen wie die WTO, der IWF und die Weltbank u. a. müssten so grundlegend umgebaut oder neu erfunden werden, dass sie dem Welthandel Rahmenbedingungen und Regeln geben, die für Fairness und Ausgleich, für die Förderung der Schwächeren und für ökologische Nachhaltigkeit sorgen. Mit den neuen ökonomischen Regelwerken und entsprechender Institutionen wären z. B. auch die heute schon vorhandenen sozialen Standards der ILO und die ökologischen Standards des UN-Umweltprogramms (UNEP) durchzusetzen. Die internationalen Weltwirtschaftsbehörden müssten unter der Regie einer erneuerten Vereinten Nation laufen, so etwas wie eine Welt-Wirtschafts-

Innenpolitik realisieren und mit entsprechenden Machtbefugnissen ausgestattet werden.[140]

5.3 Stärkung einer kleingliedrigen Ökonomie – Erkenntnisse der Systemtheorie

Die Negativseiten der Globalisierung können nur dann grundlegend überwunden werden, wenn einer globalisierten Wirtschaft die Stärkung einer kleingliedrigen regionalen Wirtschaft gegenübersteht und wenn regionales und globales Wirtschaften in einer positiven Synergie zusammenspielen. Zum Verständnis dieser Synergie sind Erkenntnisse der Systemtheorie äußerst hilfreich.

Die Wirtschaft ist wie jedes Gebilde in Natur und Gesellschaft ein hochkompliziertes »lebendiges« System. Solche Systeme gelten dann als lebensfähige Systeme, wenn sie zur Selbstorganisation, zur Reproduktion und zur Transformation ihrer selbst fähig sind. Diese Fähigkeiten sind dann am höchsten, wenn es einen hohen Grad an Subsidiarität und Vernetzung der Teilsysteme gibt. Mit »**Subsidiarität**« ist die Fähigkeit zur Selbstverantwortung und Selbstorganisation in kleineren, auch untergeordneten Teilsystemen gemeint.[141] Diese funktioniert aber nicht isoliert von anderen oder gegen andere, sondern in enger **Vernetzung**, im Austausch und Zusammenwirken mit anderen Teilsystemen und dem Gesamtsystem. Dabei ist der Grad und die Art und Weise der Vernetzung entscheidend.[142]

Es zeigt sich sowohl in der Natur wie in den Gesellschaften, dass Systeme mit vielen Teilsystemen, die eigenständig und subsidiär leben, aber gut kooperieren, die stabilsten, anpassungsfähigsten und überlebensfähigsten Systeme sind. Jedes Teilsystem hat seine eigenständige Aufgabe, zugleich tauscht es mit Anderen Informationen und Potentiale aus, übernimmt Aufgaben, die andere nicht wahrnehmen, bereichert so das Gesamtsystem und kann bei Schwächen oder Ausfall von diesem aufgefangen werden.

---

[140] Dies ist der Ansatz des Global-Marshall-Plans, der u. a. von Franz Josef Radermacher vertreten wird; vgl. Radermacher »Globalisierung gestalten«, S. 124

[141] »Subsidiarität« von spätlat. *subsidium:* zurückgestellte Reserve, Eigenverantwortung in untergeordneten Bereichen

[142] Grafik und Inhalte nach Frederic Vester: »Neuland des Denkens. Vom technischen zum kybernetischen Zeitalter« 1986, S. 40ff.

Zugleich wird das Wachstum einzelner Bereiche immer von der Verträglichkeit dieses Wachstums für das umgebende System begrenzt oder gefördert, pendelt sich also in ein ausgleichendes stabilisierendes Maß ein. Von dieser Vielfalt, Beweglichkeit und Eigenpotenz der Teilsysteme und deren Zusammenspiel lebt und profitiert das Gesamtsystem.

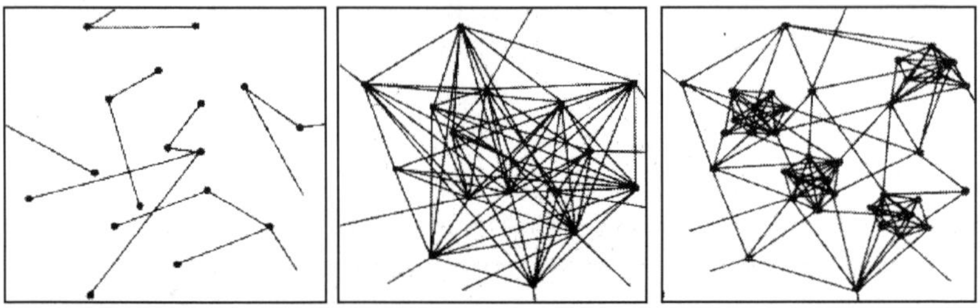

a) unvernetzte, lineare Beziehung; sehr instabiles System	b) vernetztes System, aber kaum eigenständige Subsysteme; Tendenz zur zentralen Steuerung, sehr störanfällig	c) System mit vielen Subsystemen in starker Vernetzung; höchste Stabilität

Abb. 23: Die Wirkung unterschiedlicher Vernetzungsart

Die kapitalistischen Systeme arbeiten überwiegend in Abgrenzung, Konkurrenz, und im Kampf gegeneinander. In natürlichen Systemen gibt es durchaus auch konträre, einander widerstreitende, einander verdrängende Kräfte und Momente. Doch entgegen dem vulgärdarwinistischen Natur- und Lebensverständnis überwiegen hier die synergetischen Kräfte, Vernetzungen und Kooperationen – sichtbar in einzelnen Ökosystemen wie auch im Gesamtökosystem der Erde. Die Synergien sind darum im Zusammenspiel und in der Evolution des Lebens so wichtig, weil sie Ressourcen und Kräfte sparen, das Gesamtsystem stabilisieren und vielfältigere und nachhaltigere Wirkungen erzielen.[143]

[143] So auch bei Gottwald, Klepsch (Hrsg.) »Tiefenökologie. Wie wir in Zukunft leben wollen« 1995; Joachim Bauer: »Prinzip Menschlichkeit. Warum wir von Natur aus kooperieren« 2006

Die **Schlussfolgerungen aus der Systemtheorie für die Wirtschaft** liegen auf der Hand und werden von der Wirklichkeit bestätigt. Große, zentralistische bzw. oligopole Wirtschaftseinheiten können zwar große Macht entfalten, andere Einheiten verdrängen oder vernichten, sind aber schwerfälliger, in Vielfalt ärmer, weniger anpassungsfähig, in manifesten Krisen instabiler und kollapsanfälliger (z. B. Finanzindustrie, Autoindustrie, Energiewirtschaft). Sie können zwar oft billiger produzieren, tendieren aber zu Uniformierung der Produkte und Produktionsweisen und zum Ausschluss von Menschen aus dem Ökonomischen Prozess von Arbeit, Produktion, Einkommen, Konsum, Steuer- und Sozialsystem (»Entlassungsproduktivität«).

Kleinere Wirtschaftseinheiten, die weitgehend subsidiär arbeiten und gut vernetzt sind, beziehen sehr viel mehr Menschen in den Ökonomischen Prozess ein. Sie sind in ihrem Zusammenspiel in Produkten und Produktionsweisen vielfältiger und flexibler. In Krisenzeiten können zwar Einzelbetriebe auch rasch zusammenbrechen, es können aber vom Gesamtgefüge her kleinere Wirtschaftseinheiten schnell ersetzt, aufgefangen oder wieder aufgebaut werden. Kleingliedrige Wirtschaftseinheiten sind somit stabiler, regenerationsfähiger und überlebensfähiger. Auch die Wachstumszwänge können in kleingliedrigen Wirtschaftseinheiten eher zugunsten einer sich einpendelnden Gleichgewichtsökonomie überwunden werden, eben weil hier flexibler, zielgenauer, weniger überproduktiv und im Sinne einer gewollten Entschleunigung langsamer produziert werden kann. Darum sind kleingliedrige Wirtschaftseinheiten für eine nachhaltige Ökonomie vorzuziehen.[144]

Darüber hinaus ist ein wichtiger sozialpsychologischer Aspekt zu beachten: Global aufgestellte Großunternehmen wirken auf Menschen im Arbeitsprozess meist als anonyme, unüberschaubare Macht, in der sich der Mensch wie von »unsichtbarer« Fernmanager-Hand bestimmt und in seiner Eigenverantwortung und Kreativität einschränkt fühlt und oft nur durch Druck motiviert wird. Er sieht weniger die großen Sinnzusammenhänge des Unternehmens und fühlt sich im Arbeitsprozess eher »entfremdet« und nicht »beheimatet«. Ganz anders in kleingliedrigen regionalen subsidiären Arbeits-

---

[144] Die Übertragung systemtheoretischer Erkenntnisse auf die Wirtschaft, wie sie hier skizziert wird, hat der amerikanische Ökonom David Korten in seinem Buch »The Post-Corporate World: Life after Capitalism«, 2000, ausgeführt von Duchrow, Bianchi in »Solidarisch Mensch werden« S. 280 ff. ausführlich wiedergegeben.

einheiten. Hier arbeitet der Mitarbeiter in der Regel in überschaubaren und vertrauten Beziehungen, wird in seiner Funktion auch als Person über seine Funktionalität hinaus anerkannt. Hier ist er in die Mitverantwortung der subsidiären Arbeit deutlich mehr einbezogen, lebt weniger in Fremdbestimmung, hat in seinen kürzeren Arbeitswegen einen geringeren »Raumwiderstand«. Dennoch lebt er durch Vernetzung mit anderen Wirtschaftseinheiten regional und global in einem offenen Horizont – die Beziehung zwischen »global denken« und »lokal handeln« kann hier ihre erlebbare Gestalt finden. Mit dem Letzten wird allerdings deutlich, dass das hier Gesagte nur Wirklichkeit wird, wenn die Kleingliedrigkeit nicht zur Abschottung und Provinzialität führt, sondern in einer weiten, auch globalen Vernetzung fungiert.

5.4 Entwicklung einer modernen regionalen Subsistenzwirtschaft in einer globalen Welt

Der schon eingeführte Begriff der »Subsidiarität« meint gegenüber dem Zentralismus, Eigenverantwortung und Funktionen so weit wie möglich in untergeordneten Bereichen hineingeben. »**Subsistenz**« und »subsidiär« meint selbsterhaltendes, auch sich selbstversorgendes Handeln.[145] Gegenüber der globalen Großwirtschaft von Konzernen und großen zentral gesteuerten Verkaufsketten können regionale Subsidiarität und Subsistenzwirtschaft gewissermaßen eine Schlüsselrolle zur Überwindung der neoliberalen Globalisierung einnehmen.

Moderne regionale Subsistenzwirtschaft heißt allerdings nicht, dass jede Kommune sich mit allen Dingen des Lebens selbst versorgen muss, wie früher bäuerliche Wirtschaften und Dörfer oder indigene Stämme sich fast gänzlich selbst versorgen konnten. **Moderne regionale Subsistenzwirtschaft** heißt vielmehr: möglichst viele wichtige Bereiche einer Region in eigener Regie und in eigenen Wirtschaftskreisläufen bewirtschaften – dies freilich wie oben beschrieben in Vernetzung, Austausch und Synergien mit Außenbezügen und übergeordneten Einheiten. **Ziel subsidiären Wirtschaftens** ist nicht Profit- und Kapitalmehrung, sondern eigene, gegenseitige und ausreichende Versorgung mit dem Lebensnotwendigen. Vorrang haben hier Produkte und Produk-

[145] »Subsistenz« von lat. *subsistentia*: in sich selbst Bestand haben, Selbstversorgung

tionsweisen der Nützlichkeit, der Sparsamkeit, Wiederverwertung und Langlebigkeit, der Beteiligung und persönlichen Zusammenarbeit vieler.[146] Zur subsidiären regionalen Versorgung eignen sich vor allem:

- landwirtschaftliche Grundnahrungsmittel (vor allem Gemüse, Obst, Fleisch aus der Region),
- die wichtigsten Handwerks-, Reparatur- und Dienstleistungen,
- Grundversorgung mit Wasser, Abwasser, Abfallwirtschaft, Energiewirtschaft (»Stadtwerke«),
- regionales Verkehrswesen, Nahverkehr, Straßen- und Wegewirtschaft,
- Forstwirtschaft, Landschaftspflege, Tourismus, Kunst und Kultur,
- Sozialfürsorge, Gesundheitswesen, Schulen und Bildungseinrichtungen auf regionaler Ebene.

Durch die regionale subsidiäre Wirtschaftsweise werden viele Produkte, Dienstleistungen und sonstige Angebote innerhalb und für die Region erstellt und im Austausch einander zu Verfügung gestellt. Das macht sie unabhängiger, stärkt sie gegenüber Außenbestimmungen, senkt den Umweltverbrauch in den Transportwegen und nimmt mehr Menschen in die wirtschaftlichen, sozialen und kulturellen Prozesse hinein.[147]

Für die regionale Ebene einer modernen Subsistenzwirtschaft sind vor allem vier **Konkretisierungen** hilfreich und sollten angestrebt werden:

1. Es sollte möglichst viel im Sinne der **Wiedergewinnung einer modernen Allmende** gestaltet werden: gemeinsam bewirtschaftete Gemeingüter wie Wälder, Wiesen, Flüsse, aber auch Soziales, Kulturelles usw. Das gemeinsame Bewirtschaften der Gemeingüter kann je nach Gegenstand auf dörflicher, städtischer oder kommunaler Ebene (Landkreis) und gegebenenfalls auf Länderebene organisiert werden. Es gibt Anzeichen dafür, dass sich weltweit eine neue »Commons-Ökonomie« als Gegenbewegung zur neoliberalen

---

[146] Hiermit nehme ich ein Verständnis von Subsistenzwirtschaft auf, wie es z. B. in der globalisierungskritischen Debatte als Gegenmodell zur globalisierten kapitalistischen Marktwirtschaft reflektiert wird; so im »Institut für Theorie und Praxis der Subsistenz« (ITPS) in Bielefeld. Siehe Rudolf Bahro »Apokalypse oder Geist einer neuen Zeit« 1995; Claudia von Werlhof, Veronika Bennholdt-Thomsen, Nicholas Faraclas (Hrsg.): »Subsistenz und Widerstand: Alternativen zur Globalisierung« 2003. Eine gute Umschreibung der »Subsistenzwirtschaft« unter www.uni-protokolle.de/Lexikon; auch Reemda Tieben unter www.uni-münster.de

[147] Ähnlich und ausführlich bei Susanne Elsen »Die Ökonomie des Gemeinwesens« in Gigold/Embshoff »Solidarische Ökonomie im globalisierten Kapitalismus« S.101 ff.

Privatisierung der Gemeingüter entwickelt.[148] Pionierarbeit im Sinne einer Commons-Ökonomie leisten kommunitäre Lebens- und Wirtschaftsprojekte wie z. B. in den Kommunen Niederkaufungen, Ökodorf Sieben Linden, Lebensgarten Steyerberg, Parimal Gut Hübental u. a.

2. Die verschiedensten Unternehmensformen – die privatwirtschaftlichen, die kommunalen oder staatlichen, die genossenschaftlichen – sollten nach den Kriterien und Gestaltungsmöglichkeiten der **»Partizipatorischen Unternehmensführung**« geführt werden, wie sie im Abschnitt »Partizipatorische Unternehmensführung« beschrieben wurden. In den »betrieblichen Wirtschaftsräten« spielen neben den am Unternehmen Beteiligten auch Vertreter der Kommunen und der Umweltverbände eine wichtige Rolle, die regionale Interessen in die unternehmerische Planung mit einbringen. Noch wichtiger sind die **»Regionalen Wirtschaftsräte**«. Hier werden wesentlich stärker die regionalen Interessen und Entwicklungsmöglichkeiten der Unternehmen in das gesamtwirtschaftliche Geschehen einer Region eingebracht. Sie könnten dabei die positiven Funktionen des Zunftwesens und der Handwerkskammern aufnehmen und weiterentwickeln. Schon heute geschieht eine Realisierung regionaler Abstimmungen in den »Regionalen Planungsgemeinschaften« und in »Raumplanungsbehörden« der Länder. Bei entsprechender Weiterentwicklung können die Regionalen Wirtschaftsräte einmal eine Austausch- und Abspracheebene sein, die im Raum der Region eine niedermachende Konkurrenz verhindert, Markträume für alle Beteiligten sichert, Kooperation und Vernetzung fördert und zum anderen die für die Region nötigen Rahmenpläne erstellt. So kann sich eine nachhaltige subsidiäre Regionalwirtschaft entwickeln, die sich sowohl nach innen wie nach außen in größere Bezüge hinein vernetzt.

3. In einer regionalen Subsistenzwirtschaft werden **genossenschaftliche Unternehmen** einen besonderen Vorzug bekommen, soweit sie ihrer inhärenten Tendenz zur regionalen Interaktion nachgehen. Die genossenschaftliche Wirtschaftsweise kann eine sehr unterschiedliche Gestalt und Dichte haben:

a) lose Erzeuger- und Vermarktungsbörse der Region,

---

[148] Ausführlicher im Abschnitt »Eigentum« S. 112 Grundlegende Arbeiten in Elinor Ostrom: »Die Verfassung der Allmende« 1999; Silke Helfrich: »Wem gehört die Welt?« 2006

b) genossenschaftliche Betriebe und Konsumgenossenschaften – getrennt oder besser als:

c) Reproduktionsgenossenschaften als Zusammenschluss von Produktions- und Verbrauchergenossenschaften. Diese haben für eine regionale Subsistenzwirtschaft eine herausragende Bedeutung, weil in ihnen die Subsistenz in direktester Kooperation realisiert werden kann. Eine voll ausgereifte regionale Subsistenzwirtschaft wäre so etwas wie eine große regionale Reproduktionsgemeinschaft.

4. Eine regionale Subsistenzwirtschaft kann durch die Einführung einer **regionalen Komplementärwährung** wesentlich gefördert werden: Neben dem Euro gilt eine Regionalwährung (z. B. »Chiemgauer«, »Kirschblüten« u. ä.), die zinsfrei mit Verfallszeiten als reines Tauschmittel gebraucht wird, darum rasch zirkuliert, den Regionalhandel belebt und die Überfremdung mit Fernprodukten eindämmt.

Diese vier Konkretisierungen tendieren in sich und verstärken sich gegenseitig in Richtung einer sich selbst tragenden Regionalwirtschaft. Doch neben einer guten inneren Vernetzung und Kooperation in der Region muss es entsprechend der Kriterien der Systemtheorie gute **vernetzte Beziehungen nach außen** geben. Das heißt, eine Region arbeitet nicht abgeschlossen nur für sich, sondern betreibt in den verschiedensten Außenbezügen einen lebhaften Austausch und Handel mit anderen Gewerken – diese als Zulieferer und mit Zulieferbetrieben, mit Nachbarregionen, auf Länderebene, in nationalen, europäischen und globalen Bereichen. Dabei kommt das gestufte Subsidiaritätsprinzip zur Geltung: Produktion und Dienstleistungen, die gut auf der unteren Ebene realisiert werden können, sollten hier realisiert werden; Waren und Dienstleistungen, die nur oder besser in anderen Regionen (z. B. Südfrüchte) oder größeren Einheiten erstellt werden können (z. B. Schwerindustrie, Hochtechnologien), sollten dort erstellt und in Einfuhr und Ausfuhr gehandelt werden.

Auch die Wirtschaftspolitik und Verwaltungsabläufe sollten verstärkt nach dem Subsidiaritätsprinzip arbeiten: alle Verantwortungen, Entscheidungen und Funktionen, die realitätsnäher und effektiver auf der unteren Ebene wahrgenommen werden, sollten nach unten gegeben werden. Alle Verantwortungen und Funktionen, die besser in größeren Zusammenhängen und Einheiten wahrgenommen werden können, sollten auf höherer Ebene – auf nationaler-, auf EU-, auf gobaler Ebene – übernommen werden.

Zusammenfassend ist deutlich zu sehen: Erst wenn die globale Wirtschaft mit einer starken subsidiären Regionalwirtschaft unterlegt und diese in alle Ebenen hinein gut vernetzt ist, hat das Wirtschaften eine auf Zukunft hin nachhaltige Stabilitätsbasis. Damit wäre ein grundlegender **Paradigmenwechsel** gegeben: weg von einer ausbeutenden, die Regionen auszehrenden kapitalistischen Globalisierung hin zu einer partizipatorischen, kooperativen und solidarischen Regionalwirtschaft in globaler Vernetzung. Diese Entwicklung würde die Regionen zu ökonomisch, sozial und kulturell aufblühenden Lebensräumen werden lassen. Sie würde wesentlich mehr Menschen in den ökonomischen Prozess von Arbeit, Produktion, Einkommen, Konsumtion, Steuer- und Sozialsystem aktiv und selbstverantwortlich einbinden: Sie würde die Kluft zwischen den Entwicklungsländern und den Industrieländern schrittweise überwinden. Sie würde den ökologischen Umweltverbrauch deutlich reduzieren. Sie würde auch der global agierenden Weltwirtschaft eine ökonomisch stabile und nachhaltige Basis geben. Sie würde in möglichen kollapsartigen ökologischen, ökonomischen und sozialen Zusammenbrüchen die Ebene sein, aus der sich am ehesten eine neue Art des Wirtschaftens aufbauen könnte.

Wolfgang Fabricius

6 Reproduktionsgenossenschaft

6.1 Einführung

Mit wachsender Differenzierung der technischen Fähigkeiten des Menschen entfaltete sich auch die Arbeitsteilung. Mit der Zeit wurden die Tätigkeiten durch Maschinen unterstützt, Manufakturen und Fabriken entstanden. Der Arbeitsplatz war nicht mehr das Zuhause sondern zunehmend Manufaktur oder Fabrik. Reproduktion und Produktion fielen auseinander, die Selbstversorgung wich der Fremdversorgung.

Befanden sich anfangs die Unternehmen noch im Familienbesitz, so wanderten sie mit der Zeit immer mehr in den Besitz von Investoren, die die Produktion zur Mehrung ihres Kapitals einsetzten. Dann kamen die Aktionäre dazu, die ihr Kapital wandern ließen, noch bequemer waren dann Fonds, die schließlich das Kapital ihrer Anleger auf den Finanzmärkten »hebelten“. Der entstehende Überschuss an Produkten wurde per Bedarfsweckung abgesetzt. Alles war auf Produktion und Gewinnmaximierung getrimmt. Aber unser Globus ist Gemeingut und begrenzte Ressource. Der »Peak-Everything« und die exponentiell wachsende Menschheit erzwingen ein Gegensteuern. Bestimmend darf nicht die konkurrierende Produktion, sondern muss die kooperative Reproduktion von Individuum und Gesellschaft sein. Für die Reproduktion von Mensch und Natur müssen ökonomische Alternativen entwickelt und praktiziert werden, die einen zufriedenstellenden Lebensstandard sichern, aber dennoch ohne Profitrate auskommen. Solche Konzepte werden im Rahmen der Solidarwirtschaft bzw. Solidarischen Ökonomie analysiert und erprobt.

Solidarwirtschaft hat den Kapitalismus von Anfang an begleitet. Bereits zu Beginn des Konkurrenzsystems Kapitalismus haben sich – zunächst wenig beachtet aber kontinuierlich zunehmend – in Europa und weltweit Genossenschaften bzw. Kooperativen entfaltet, um vom Kapital okkupierte Bereiche, insbesondere der Infrastruktur der Daseinsvorsorge, für die Bürger zurückzuerobern. Die Genossenschaften lassen sich prinzipiell in drei Gruppen einteilen, die Produktions-, die Handels- und die Reproduktionsgenossenschaften. Es existieren allerdings viele Mischformen.

Die Mitglieder der Produktionsgenossenschaften sind die im Unternehmen Tätigen. Sie benötigen in der Regel externe Investoren, Auftraggeber und Abnehmer. Diese Genossenschaften entsprechen am direktesten unserer produktionsorientierten Denkweise und nehmen deshalb in der Diskussion den größten Raum ein, sind aber die am wenigsten beständigen und richten sich auch nicht direkt, sondern allenfalls indirekt gegen das Profitsystem. Mit Adornos Diktum »Es gibt kein richtiges Leben im falschen« könnte gesagt werden: Was soll eine solidarische Produktion, wenn die Produkte auf den kapitalistischen Markt wandern. Das spanische Mondragon ist u. a. deshalb ökonomisch erfolgreich, weil es die Alterssicherung seiner Mitarbeiter auf den Finanzmärkten hebelt.

Landwirtschaftliche Produktionsgenossenschaften sind einerseits wegen der agrarwirtschaftlichen Subventionierung und andererseits wegen der relativ kurzen Vermarktungswege in diesem Bereich erfolgreich, unterscheiden sich aber nicht relevant von anderen kommerziellen Unternehmungen.

Die mächtigsten und exponiertesten Handelsgenossenschaften in Deutschland sind wohl Rewe und Edeka. Sie wurden ursprünglich von Geschäftsführern von Einzelhandelsgeschäften gegründet, um gemeinsam einkaufen zu können. Diese Unternehmen unterscheiden sich nicht wesentlich von Supermärkten nichtgenossenschaftlicher Form. Rewe und Edeka sind als Deutschlands größte Einzelhandelsketten zwar betriebswirtschaftlich sehr erfolgreich, können aber nicht als solidarwirtschaftliche Unternehmen angesehen werden.

Zu den Handelsgenossenschaften können auch die Winzergenossenschaften gerechnet werden, die eine gemeinsame Vermarktung, zum Teil auch eine gemeinsame Verarbeitung ihrer Erzeugnisse betreiben. Auch im Providerbereich entstehen Handelsgenossenschaften mit gemeinsamem Einkauf von Internetkapazität.

Als Reproduktionsgenossenschaften werden hier im Wesentlichen alle Arten von Konsumgenossenschaften im Bereich der Daseinsvorsorge inklusive Genossenschaftsbanken bezeichnet. Ihre Mitglieder sind die Investoren, Auftraggeber und Abnehmer der Produkte und Leistungen dieser Unternehmungen. Sie werden im Dienstleistungsbereich gegründet und übernehmen Schritt für Schritt auch die Produktion der von ihren Mitgliedern benötigten Produkte. Leider sind sie vom ursprünglichen reinen Mitgliedergeschäft abgekommen und damit zum Teil Akteure auf dem kapitalistischen Markt geworden.

Der Begriff »Reproduktionsgenossenschaften« bezeichnet besser die Zielsetzung dieser Unternehmungen als die Begriffe Verbraucher- oder Konsumgenossenschaften, da diese einerseits mit »Verbrauch« oder »Konsum« einen eher destruktiven Eindruck vermitteln, andererseits die Intention dieser Genossenschaften, sich über die Distribution hinaus auch in die Produktion vorzuarbeiten, nicht primär erkennen lassen und deshalb zu permanenten Missverständnissen führen.

Weil im Idealfall nur die Reproduktionsgenossenschaften primär die Ablösung des Profitsystems zum Ziel haben, ist ihre Entstehung und Entfaltung Hauptgegenstand des folgenden Textes.

6.2 Die Ursprünge der genossenschaftlichen Solidarwirtschaft

Während Elinor Ostrom vorwiegend Genossenschaften beschreibt, die Ressourcen verwalten, bildeten sich im Kapitalismus des 18. Jahrhunderts Genossenschaften heraus, die sich mit der Infrastruktur der Daseinsvorsorge, der Reproduktion von Individuum und Gesellschaft, befassten. Von folgenden

Pionieren wird berichtet[149]: Im Jahre 1760 erwarben Werftarbeiter von Chatham und Woolwich eine eigene Mühle und eine eigene Bäckerei um ihre Lebenshaltungskosten zu senken. 1769 kauften Weber aus Fenwick in Schottland die Waren für ihre Familien gemeinsam ein. 1777 bis 1800 betrieben zwei schottische und eine englische Lebensmittel-Assoziation je einen Laden. 1812 eröffnete in Lennoxtown in Schottland die *Friendly Victualling Society,* die weltweit erste Genossenschaft mit einem Rückvergütungssystem. Sie existierte 153 Jahre, bis sie 1965 mit einer Nachbargenossenschaft verschmolzen wurde. 1799 richtete Robert Owen in seiner Fabrik *New Lanark*, Schottland, für seine Arbeiter neben zahlreichen Verbesserungen der Arbeitsbedingungen (Verkürzung der Arbeitszeit auf 10,5 Stunden, Kinderarbeit erst ab zehn Jahren, eine Schule für Kinder ab zwei Jahren, Kranken- und Altersversicherung, Güter des täglichen Bedarfs auf dem Firmengelände zu niedrigen Preisen, preiswerte Wohnungen etc.) zahlreiche kleine Arbeits- und Lebensgemeinschaften ein. New Lanark war allerdings, obwohl Genossenschaft, nicht genossenschaftliches Eigentum dieser Arbeiter. Owen verkaufte *New Lanark* 1820, um in den USA in größerem Maßstab *New Harmony* zu errichten und so zerfiel *New Lanark* wieder. Konsumgenossenschaften hat Owen als Verfälschung seiner Ideen bezeichnet.

1827 gründeten William King und William Bryan im südenglischen Badeort Brighton die Co-operative Trading Association, die erste konsumgenossenschaftliche Bewegung mit etwa 300 Genossenschaften. Sie gaben die erste Genossenschaftszeitung den »Co-operator« heraus. In den 1830er Jahren zerfiel diese Bewegung jedoch wieder, weil sie den Genossen weder niedrigere Preise noch eine Rückvergütung anbot.

1832 gründeten Weber in Rochdale auf der Basis von Kings Ideen die Rochdale Friendly Cooperative Society und eröffneten ein Jahr später einen Genossenschaftsladen, der jedoch zwei Jahre später wieder geschlossen werden musste, weil sie ihrer Kundschaft Kredit gewährt hatten und dann selbst kein Geld mehr besaßen um Waren einzukaufen. Weil sie selbst keinen Kredit aufnehmen wollten, wurde der Laden geschlossen.

Rochdaler Pioniere: 1844 haben 28 dieser Weber, die sich jetzt *Redliche Pioniere von Rochdale (Rochdale Society of Equitable Pioneers*) nannten, auf

---

[149] Hasselmann 1971: Erwin Hasselmann, »Geschichte der Deutschen Konsumgenossenschaften«, COOP Verlag GmbH, Hamburg 1971

der Basis der Erkenntnisse aus ihren eigenen und ihrer Vorgänger Versuche mit einem gegenüber 1932 überarbeiteten Konzept einen neuen Laden eröffnet. In den ersten Jahren des Bestehens arbeiteten die Genossen ehrenamtlich. Erst als die Mitgliederzahl 600 überstieg (1848) wurden die ersten Angestellten entlohnt. 1849 wurde ein Buch- und Zeitungsladen, 1850 eine Schule für Kinder und 1855 eine Schule für Erwachsene eingerichtet. 1850 erwarb man Anteile an einer Kornmühle. Damit wurde diese bisher eigenständige Produktivgenossenschaft zum Produktionsbetrieb der Konsumgenossenschaft, eine Baumwollspinnerei und -weberei, eine Schlachterei etc. kamen in den nächsten Jahren hinzu.

Die Arbeiter, die sich bislang mit verfälschten Produkten ernährt und mit minderwertigen Stoffen gekleidet hatten, bezogen jetzt vorzügliche Lebensmittel, webten selbst ihre Kleiderstoffe, mahlten selbst das Korn, schlachteten selbst ihr Vieh. 1860 wurde auch eine Unterstützungskasse für Krankheits- und Todesfälle eingerichtet und immer weitere Lebensbereiche konnten selbstbestimmt verwaltet werden. Die Rochdaler Pioniere beschlossen deshalb die Rücklage von Geldern für soziale und kulturelle Aufgaben und für den weiteren Ausbau ihres Unternehmens. 1865 waren es 6000 Mitglieder, das Gesamtkapital betrug 1,5 Mio. Thaler (das entspricht etwa dem damaligen Jahreslohn von etwa 15.000 Arbeitern).[150]

The Rochdale Society of Equitable Pioneers existierte unabhängig bis 1991, dann erfolgte der Zusammenschluss mit den in Rochdale ansässigen *United Co-operatives* und 2007 mit *The Co-operative Group* in Manchester.

Rochdale war Vorbild für alle weiteren Gründungen von Konsumvereinen und -genossenschaften, die sich weltweit ausbreiteten und heute insgesamt 800 Millionen Mitglieder haben. Rochdale nennt sich aufgrund seiner Geschichte bis heute *Birthplace of co-operation* (Geburtsort des Genossenschaftswesens).

Entfaltung der Genossenschaften in Deutschland: Bereits 1845 erfolgten erste Gründungen von Konsumvereinen in Sachsen. 1867 wurde vom Preußischen Reichstag das erste Genossenschaftsgesetz verabschiedet, das 1889 Reichsgesetz wurde und zusätzlich eine Haftungsbeschränkung für die Mitglieder erhielt. 1892 untersagte die SPD ihren Mitgliedern die Mitwirkung in Ge-

[150] Huber, Victor Aimé, »Die Selbsthülfe der arbeitenden Klasse durch Wirtschaftsvereine und innere Ansiedlung« 1848

nossenschaften und auferlegt ihnen, Gründungen entgegenzutreten. 1894 wurde von den Konsumgenossenschaften die Großeinkaufsgesellschaft Deutscher Konsumvereine (GEG) in Hamburg gegründet, die wegen der wachsenden Abnahmemengen beim Einkauf günstigere Rabatte erzielen konnte. Auch nahm sie viele wirtschaftlich bedrohte Produktivgenossenschaften auf und erweiterte somit die Eigenproduktion des Konsumgenossenschaftsbereichs.

1902 erfolgte der Ausschluss der Konsumgenossenschaften aus dem Allgemeinen Verband von Schulze-Delitzsch durch die Produktivgenossenschaften. Somit trennten sich die Produzenten von den Konsumenten zumindest auf Verbandsebene. 1903 wurde von den Konsumgenossenschaften der Zentralverband Deutscher Konsumgenossenschaften (ZdK) gegründet.

1905 hatten die Genossenschaften eine Million Mitglieder und erst jetzt, 60 Jahre nach den ersten Gründungen, forderten die Gewerkschaften erstmals dazu auf, Genossenschaften zu unterstützen.

1910 wurde auf dem Internationalen Sozialisten- und Gewerkschaftskongress in Kopenhagen weltweit dazu aufgerufen, Konsumgenossenschaften zu gründen bzw. ihnen beizutreten. Nach diesem Beschluss hob auch die SPD in Deutschland das Verbot der Mitwirkung in Genossenschaften auf.

Nicht zuletzt wegen des hohen Ansehens, das sich die Konsumgenossenschaften während des Ersten Weltkriegs mit guten Produkten zu fairen Preisen erworben hatten, erfolgte zwischen 1918-22 eine Beitrittswelle von etwa einer Million Mitgliedern.

1930 zählten die deutschen Konsumgenossenschaften etwa 3,5 Millionen Mitglieder. Mit deren Familienangehörigen wurden damit etwa zehn Millionen Menschen versorgt.

Die Konsumgenossenschaften und das Dritte Reich: Bereits vor 1933 forderten die reaktionären Mittelständler die sofortige Auflösung der »jüdisch-marxistischen« Konsumgenossenschaften, was allerdings zu bedrohlichen Ernährungsengpässen geführt hätte. Der Angriff auf die Konsumgenossenschaften erfolgte deshalb schrittweise in mehreren Stufen:

- das 1933 bereits erlassene Rabattgesetz reduzierte in § 5 die Rückvergütung auf den handelsüblichen Rabattwert von 3 %,
- es wurden regelrechte Beutezüge veranstaltet und überall Verteilungsstellen der Konsumgenossenschaften zerstört,
- bereits zugesagte Kredite wurden gestrichen,
- Neugründungen wurden verboten,

- eine Konzessionspflicht wurde eingeführt,
- die demokratische Selbstverwaltung wurde durch das Führerprinzip ersetzt, d. h. Vorstands- und Aufsichtsratsmitglieder wurden von oben bestellt. (z. B.: Als sich Vorstände diesem Vorhaben widersetzten, marschierte eine Hundertschaft SA auf. Als die Anwesenden sich der Repression entziehen wollten, wurden sie mit Waffengewalt daran gehindert, den Saal zu verlassen. Die entsprechende Neubesetzung von Vorstand und Aufsichtsrat war dann nur noch reine Formsache),
- 1934 wurde das Kreditwesengesetz erlassen,
- Einlagen mussten ausbezahlt werden,
- das 1935 erlassene »Gesetz über die Verbrauchergenossenschaften« schrieb vor, dass wirtschaftlich gefährdete Konsumgenossenschaften aufzulösen seien,
- in Pressekampagnen wurde den Genossenschaften der wirtschaftliche Bankrott unterstellt und einzelnen Genossenschaftlern persönliche Bereicherung vorgeworfen,
- 1942 wurden die Reste der Konsumgenossenschaften in das neu gegründete Gemeinschaftswerk der Deutschen Arbeitsfront überführt. Damit wurden ca. 1.500 Konsumgenossenschaften mit ca. 12.000 Läden, 400 Lagern, 300 Bäckereien, 60 Fleischereien und 200 sonstigen Betrieben vom nationalsozialistischen Staat enteignet.

6.3 Die Nachkriegszeit

Nach dem Zusammenbruch des »Dritten Reiches« lag auch die Genossenschaftsbewegung in Trümmern. Das ehemalige Genossenschaftseigentum im Besitz der »Deutschen Arbeitsfront« wurde von den Besatzungsmächten beschlagnahmt und kommissarisch verwaltet. Zwar hatten sich die Militärregierungen der Besatzungszonen für den Aufbau von Genossenschaften ausgesprochen, jedoch waren solche Aufbauversuche der unterschiedlichen Politik der Militärregierungen in den einzelnen Zonen ausgeliefert. Im kapitalistischen Teil Deutschlands tendierte man dazu, individuelles Eigentum dem kollektiven vorzuziehen, während im sozialistischen Teil staatliches Eigentum kollektivem vorgezogen wurde.

Die Konsumgenossenschaften hofften noch lange, sich in Ost und West wieder zu einer großen Konsumgenossenschaftsbewegung mit einem starkem

Zentralverband und der Großeinkaufsgesellschaft zusammenschließen zu können. Sie mussten jedoch einsehen, dass das bei zwei verschiedenen Gesellschaftssystemen auch für sie nicht möglich war. Zunächst kam es also darauf an, auf lokaler Ebene wieder in den Besitz des ehemaligen konsumgenossenschaftlichen Vermögens zu kommen. Dies war nicht einfach, da alles bis zur Währungsreform unter der Aufsicht der Militärregierungen stand und Vollmachten erteilt und auch wieder zurückgezogen wurden. Auch die Trennung der Mitglieder und Einrichtungen in Ost und West bereitete große Schwierigkeiten.

Der Westen: Nach dem Dritten Reich hatten die Konsumgenossenschaften in der BRD mit vielen externen und internen Problemen zu tun, die auch mit dem Neoliberalismus und dem »Wirtschaftswunder« zusammenhingen:

- Weiterbestehen von Gesetzen des Dritten Reiches (Rabattgesetz und Kreditwesengesetz),
- Neoliberalisierung des genossenschaftlichen Denkens und Handelns (etwa ab 1952),
- Einführen des Nichtmitgliedergeschäfts (Anbieterseite des kapitalistischen Marktes!),
- Aufnahme von Krediten (Kreditexpansion!),
- Erstarken der Konkurrenz durch amerikanische Supermärkte und amerikanisches Kapital,
- das steigende Lohnniveau der Arbeitnehmer machte die Mitgliedschaft in Genossenschaften überflüssig,
- für die – entsprechend dem steigenden Anspruchsniveau – stetig wachsende Produktpalette wurde die genossenschaftliche Entscheidungsstruktur zu schwerfällig und
- der Antikommunismus: Das Wort Genosse wurde zu sehr mit dem Realsozialismus der DDR identifiziert.

Auch wurde das Genossenschaftsgesetz schrittweise immer weiter dem Aktiengesellschaftsgesetz angenähert. 1973 wurde beispielsweise die Mitgliederversammlung weitgehend entmündigt, indem in das Gesetz aufgenommen wurde, dass der Vorstand die Genossenschaft unter eigener Verantwortung zu leiten hat.

Der Osten: In der DDR regelte der Befehl 176 der Sowjetischen Militäradministration in Deutschland (SMAD176) vom 18.12.1945 die organisatorischen, rechtlichen und wirtschaftlichen Seiten des Wiederaufbaus der Konsumgenossenschaften. Sie sollten aber dann durch die staatlichen Handelsorganisationen (HO) abgelöst werden, was allerdings nie vollständig gelang, weil die HO zu unattraktiv und die Konsumgenossenschaften zu beliebt waren. Die Konsumgenossenschaften wurden jedoch systematisch u. a. durch folgende Maßnahmen behindert:

- 1949 wurde der »gesellschaftliche Einzelhandel« erstmals in den Volkswirtschaftsplan einbezogen.
- 1953 sollten die Konsumgenossenschaften per SED-Beschluss den Schwerpunkt ihrer Tätigkeit auf das Land verlegen.
- 1956 wurden sie gesetzlich der Weisungsbefugnis des Ministeriums für Handel und Versorgung unterstellt, und damit quasi verstaatlicht.
- 1960 musste der genossenschaftliche Großhandel zugunsten des staatlichen Großhandels aufgegeben werden.
- 1968 wurden Bäckereien (z. B. Lichtenberg) dem VEB Backwarenkombinaten angegliedert.
- Der Konsum Berlin musste wichtige Objekte wie die Markthalle, die Ackerhalle, das Bauarbeiterhotel und die Bauarbeiterversorgung abgeben.

6.4 »Die 68er APO«

Bis auf den Wohnungs- und Bankenbereich gelang es den neoliberalen Nachkriegskräften im Westen und dem Staat im Osten, die Solidarwirtschaft zurückzudrängen bzw. in Schach zu halten. Die 68er außerparlamentarische Opposition (APO) kämpfte für eine antiautoritäre partizipative Demokratie. Es wurde zwar von Vergesellschaftung gesprochen, aber praktische Ansätze einer Solidarischen Ökonomie waren nicht erkennbar. Erst mit dem Tunix- und Tuwat-Kongress rückten auch ökonomische Aspekte ins Blickfeld. Der Mehringhof wurde gekauft, es fanden Hausbesetzungen statt, es entstanden Erzeuger-Verbraucher-Gemeinschaften (EVGen), Ökodörfer wurden gegründet etc. Es fehlte jedoch ein spezielles strategisches Grundkonzept zur Ablösung des Profitsystems.

Die antiautoritären Aktivitäten der 68er- und die Auseinandersetzungen der 70er- und 80er-Jahre hatten eher appellativen und demonstrativen Charakter und waren mehr gegen den Staat als gegen das Profitsystem gerichtet.

Robert Kurz kritisiert diese Alternativprojekte sehr herb, aber nicht unzutreffend: *»Die Reste der jüngeren Alternativbewegung dagegen besetzten hauptsächlich Marktnischen im Kasinokapitalismus durch handwerkliche Lu-*

xusproduktion für eine betuchte Honoratiorenkundschaft, durch Edel- und Ethno-Gastronomie, Kultur- und Sozialarbeitsklitschen (kommerziell oder am Staatstropf) usw.

Hier hat sich ein klassisches Mittelstands- und neues Spießbürgerpotential übelster Sorte zusammengebraut, das entweder den keynesianischen Umverteilungsgeldern hochkonkurrent nachjammert oder gar längst wieder »stolz« auf sein »selbsterarbeitetes« und selbsterrafftes Kleineigentum ist, protestantischen Arbeitsmasochismus pflegt und politisch zwischen kommunaler SPD-Mafia und grünen Realos angesiedelt ist. ... Zwar gibt es unter den Resten der Alternativbewegung auch Menschen, die sich ihren emanzipatorischen Anspruch und die radikale Gesellschaftskritik nicht abgeschminkt haben, aber sie finden dafür in ihrem eigenen Milieu keinen sozialen Boden mehr«.[151]

6.5 Ablösung des Profitsystems oder »Occupy the Economy«

»Ist es nicht verrückt: Man kann sich eher das Ende der Welt als das Ende des Kapitalismus vorstellen«.[152]

Dreh- und Angelpunkt für eine nachhaltige Reproduktion der Gesellschaft ist die Entwicklung von Alternativen, die ohne Profitrate auskommen. Kern dieser Konzepte ist die Umkehr der mit unserem Wirtschafts-, Steuer- und Sozialversicherungssystem erfolgenden, staatlich abgesicherten Umverteilung des Geldes von unten nach oben. Hinzu kommt die Rendite der Eigentümer über den Mehrwert aus dem Arbeitsprozess, der auch Bestandteil des Preises aller Produkte und Dienstleistungen auf dem kapitalistischen Markt ist. Der Staat, der nie ein Staat der Eigentumslosen, sondern immer ein Staat der Eigentümer war, die ihr Eigentum sichern und mehren wollten, begleitet und steuert auch diesen Prozess. Primäres Ziel der Solidarischen Ökonomie muss deshalb sein, den Automatismus der Umverteilung von unten nach oben, vom Arbeitsertrag zum Kapitalertrag, über alternative Strukturen zu durchbrechen.

Die Umverteilung über den Mehrwert veranschaulicht das Marxsche Wertgesetz ($W = c + v + m$): Im Preis der Ware (W) sind die Kosten für Ressourcen und Infrastruktur (c), die Löhne (v) und der Mehrwert (m), der Profit des Inves-

---

[151] Kurz 2001: Robert Kurz, Antiökonomie und Antipolitik. Zur Reformulierung der sozialen Emanzipation nach dem Ende des »Marxismus« http://www.opentheory.org/keimformen/text.phtml 2001

[152] Occupy-Aktivist in der ARD

tors, enthalten. Ist aber der Konsument der Kapitalgeber, wird der Mehrwert aufgehoben (W = c + v) und die Produzenten können sich mit den Konsumenten darüber unterhalten, ob die Löhne (v) erhöht, die Preise (W) gesenkt oder die Infrastruktur (c) zur Arbeitserleichterung erweitert bzw. verbessert wird. Die Alterssicherung müsste nicht über die Finanzmarkthasardeure in den Banken und Versicherungen erfolgen, sondern könnte im Sinne eines Peer-to-Peer-Banking über Direktinvestitionen in die selbst genutzte Daseinsvorsorge stattfinden. Wie hilfreich solche Investitionen im Dienstleistungs- und Eigentumsbereich der Daseinsvorsorge (Lebensmittel, Wohnen, Bildung, Gesundheit etc.) sein können, zeigt die Strategie der oben angeführten Rochdaler Pioniere.

Auch Robert Kurz hat diesen Prozess der Umverteilung und deren Aufhebung treffend dargestellt: »*Historisch hat sich der Markt von den Grundstoffen, den Vor- und Zwischenprodukten immer weiter vorgeschoben und immer mehr reproduktive Bezüge okkupiert; nicht nur bis zu den Endprodukten, die direkt in die Konsumtion eingehen, sondern darüber hinaus bis zur Vermittlung der Konsumtion selber in Form von Dienstleistungen und bis in den Intimbereich. ...*

Für eine emanzipatorische Bewegung, die sich der Notwendigkeit bewusst ist, aus Keimformen heraus die gesellschaftliche Identität von Produktion und Konsumtion auf einer höheren Entwicklungsstufe wiederherzustellen, folgt daraus, dass sie in genau umgekehrter Reihenfolge von den Dienstleistungen und den direkt in die Konsumtion eingehenden Endprodukten ausgehend dem Markt seine historische Beute wieder entreißen muss, um von diesen Endpunkten aus die gesamte Reproduktion aufzurollen und emanzipatorisch umzuformen, bis sie bei den Grundstoffen angelangt und das warenproduzierende System aufgehoben ist«.[153]

Um wenigstens ein lineares Wirtschaftswachstum zu erzielen, mussten die Bürger veranlasst werden, einerseits entsprechend intensiv zu produzieren und andererseits ebenso intensiv zu konsumieren. Auf der Seite der Produzenten wurde also die Produktivität durch Rationalisierung, Automatisierung und Erhöhung der Arbeitsintensität gesteigert.

Auf der Seite der Konsumenten folgte, als in den 50er Jahren die Bedarfsdeckung erreicht war, über eine immer raffiniertere Werbung eine Bedarfswe-

---

[153] Vgl. Kurz, Robert, ebda

ckung (aus der Hausfrau wurde z.B. eine Frau Saubermann und aus der Frau Saubermann die Frau Keimfrei), dazu kam die Ex-und-Hopp-Produktion (es wurden in die Produkte gezielt Verschleißfaktoren eingebaut sowie Einweg- und Wegwerfartikel produziert). Um mehr kaufen zu können, sollten die Konsumenten sich verschulden (selbst zinsfreie Kredite wurden und werden gewährt). Der Export brachte zusätzliche Gewinne und durch die Globalisierung konnte alles noch weiter perfektioniert werden. Neuerdings werden Gesetze erlassen, um die Menschen zum Kauf zu animieren (Abwrackprämie) bzw. zu zwingen (Sparlampe). Statt die **Bedarfsweckung** in den Luxusetagen unserer Gesellschaft weiter zu perfektionieren, sollte die **Bedarfsdeckung** aller Menschen angestrebt und erreicht werden.

Die Reproduktionsökonomie erlebt jetzt in vielen Bereichen und unterschiedlichen Formen, beispielsweise in Selbsthilfevereinen, in Verbrauchergemeinschaften, in landwirtschaftlichen Projekten (Solidarische Landwirtschaft, Community Supported Agriculture (CSA), Nichtkommerzielle Landwirtschaft, etc.), in einem Genossenschaftskaufhaus, in einer Initiative Genossenschaft von unten, in einem Allmende-Kontor etc., eine lebhafte Renaissance.

Umfassendere Ansätze etablieren sich beispielsweise in den **Dorfläden und dem Dorfladennetzwerk in Deutschland:** In bereits rund 200 Ortschaften in Deutschland gibt es Dorfprojekte, die schon in den ersten zwei bis drei Jahren schwarze Zahlen schreiben. Über das Angebot von Milch und Käse hinaus helfen Jugendliche Senioren im Umgang mit dem Internet. Müttern dient das Ladenlokal als Treffpunkt. Schulkinder erhalten warmes Mittagessen. Es entstehen Dorfgemeinschaftshäuser mit Einkaufs-, Kommunikations- und Bildungsmöglichkeiten.

Die Vorteile eines Dorfladens sind vielfältig: Arbeit und Geld bleiben in der Region, Produkte aus der Heimat, Einzigartigkeit der Produktpalette, gesunde und bewusste Ernährung, Verantwortung gegenüber der Natur, Qualität der Produkte und der Arbeit, kürzere Fahrwege, höhere Wertschätzung der Erzeuger, Steigerung der Attraktivität und Existenzsicherung des Ortes, Kommunikation und Vermittlung von Kenntnissen.

Auch **Dorfbewegungen in Europa** entfalten sich: Die Bürger von eingemeindeten Dörfern ärgern sich, dass die ihre Ortschaft betreffenden Entscheidungen nicht mehr von ihnen selbst getroffen werden können, sondern nur noch von außen, von der übergeordneten Gemeinde, kommen. Deshalb haben sich in Finnland und Schweden (1970), Dänemark (1976), Norwegen (1977),

Holland (1979), England (1980), Schottland (1982), Wales und Irland (1990), Estland (1992), Portugal (1993), Ungarn (1998), Slowakei (2000), Island (2001), Polen und Litauen (2002), Slowenien (2003) und Lettland (2004) Dorfbewegungen u. a. in Vereinen mit bis zu 4000 Dörfern zusammengefunden.

»Eine Dorfaktions-Bewegung ist eine leise Revolution. Sie will Akteure des jeweiligen Dorfes motivieren und befähigen, ihre Zukunft selbst zu gestalten – indem sie eigene Dorfentwicklungspläne ausarbeiten, lokale Aktionen zu deren Realisierung organisieren und partnerschaftliche Beziehungen zu den Örtlichen Behörden aufbauen«.[154]

Neustart Schweiz will mit dem Aufbau von vielfältigen **Nachbarschaften** und Nachbarschaftszentren beginnen, die als selbstständige wirtschaftliche und soziale Organismen die wichtigsten Bedürfnisse des Alltags abdecken (Begegnung, Versorgung, Dienstleistung, Freizeitgestaltung). Das ökologische und soziale Potenzial solcher Nachbarschaften mit 500 bis 1000 Bewohnern und Bewohnerinnen ist erheblich. Erste Erfahrungen sind sehr positiv.

Dario Azzellini beschreibt sehr ausführlich die im Jahre 2006 durch Gesetz geschaffenen **Kommunalen Räte in Venezuela**, die ebenfalls auf Nachbarschaftsbeziehungen beruhen.[155] Auf Anhieb entstand eine explosionsartige Gründungswelle von etwa 50.000 dieser Räte (consejos comunales). Wesentlichstes Entscheidungsorgan dieser Räte sind die Nachbarschaftsversammlungen. Alle Bewohner und Bewohnerinnen ab dem 15. Lebensjahr wählen Sprecher und Sprecherinnen für verschiedene Bereiche wie Bildung, Gesundheit oder Infrastruktur, die die Arbeit der Kommunalen Räte unterstützen. Mehrere kommunale Räte können sich zu einer Comuna und mehrere Comunas und Räte zu einer Kommunalen Stadt zusammenschließen. Die Kommunalen Räte bestehen in städtischen Gebieten aus etwa 200 bis 400, in ländlichen Gebieten aus 20 und in indigenen Gemeinden aus 10 Familien. Eine Anschubfinanzierung erhalten die Räte durch den Staat und seine Institutionen, zum anderen Teil auch durch die Kommunen. Ehrenamtliche Arbeit wird zusätzlich geleistet.

Die nicht sehr erfolgreichen etwa 200.000 Produktionsgenossenschaften Venezuelas, die teilweise nur wegen der staatlichen Subventionen weiterbe-

---

[154] Halhead, Vanessa, »Dorfbewegungen in Europa – Verallgemeinerte Erfahrungen«, Berlin 2006

[155] Azzellini, Dario, Partizipation, Arbeiterkontrolle und die Commune: »Bewegungen und soziale Transformation am Beispiel Venezuela«, Hamburg 2010

standen, haben durch die kommunalen Räte, die bereits selbst Kooperativen gründen, sinnvolle Auftraggeber erhalten. Über die Kommunalen Räte bestimmen so die Verbraucherinteressen immer direkter die Produktion und die Ökonomie.

6.6 Entscheidungsstruktur

Wie fatal das Fehlen von partizipativen Entscheidungsstrukturen sein kann, lässt sich vielleicht am Beispiel der DDR veranschaulichen. Artikel 12 der Verfassung der DDR lautete: *»Die Bodenschätze, die Bergwerke, Kraftwerke, Talsperren und großen Gewässer, die Naturreichtümer des Festlandssockels, Industriebetriebe, Banken und Versicherungseinrichtungen, die volkseigenen Güter, die Verkehrswege, die Transportmittel der Eisenbahn, der Seeschiffahrt sowie der Luftfahrt, die Post- und Fernmeldeanlagen sind Volkseigentum. Privateigentum daran ist unzulässig«.* Damit war selbst jede nichtkommerzielle autonome Nutzung und Pflege dieser Gemeingüter behindert, ja unterbunden.

Die Strategie der (linken) Parteien war bisher nur auf die Machtergreifung ausgerichtet. Wenn sie die Macht errungen hatten, errichteten sie eine monohierarchische Parteidiktatur und unterdrückten alle Ansätze von autonomer Ökonomie und Solidarwirtschaft.

Dazu Robert Kurz: »Der Mainstream des alten Arbeiterbewegungs-Marxismus ... organisierte sich nicht reproduktiv und lebensweltlich antikapitalistisch, sondern bloß politisch, als historische abstrakte »Willenskundgebung« ohne reale reproduktive Verankerung, und damit als »politische Partei« (und parallel dazu gewerkschaftlich für den Kampf um systemimmanente Gratifikationen).

Alles wurde dem Ziel der politischen Machtergreifung untergeordnet, um dann folgerichtig »von oben«, durch zentrale etatistische Eingriffe, die kapitalistische Reproduktion gewissermaßen sozialistisch-planwirtschaftlich »umstülpen« zu wollen. Die politische Macht erscheint hier als der archimedische Punkt und ein alternativer Staatsapparat (»Arbeiterstaat«) als der zentrale Hebel der Umwälzung«.[156]

Es kommt also nicht allein auf den Besitz der Gemeingüter an, sondern neben einem geeigneten ökonomischen Konzept, das den Bedürfnissen der Kon-

---

[156] Vgl. Kurz, Robert, ebda

sumenten und Produzenten gerecht wird, auch auf eine transparente und partizipative Entscheidungsstruktur.

Genossenschaften: Genossenschaften wurden und werden von den Mitgliedern – »von unten« – gegründet, müssen von unten ständig gepflegt und im Bedarfsfall auch von unten »renoviert« werden. In Genossenschaften sind zweierlei Entscheidungsstrukturen relevant: die formalen, gesetzlich vorgeschriebenen, aber auch zusätzliche inhaltliche, nicht vom Gesetz verlangte, die deshalb in der Satzung verankert werden müssen. Während die Mitglieder von Vertreterversammlungen, die ab 1500 Genossenschaftsmitgliedern eingerichtet werden können, die Mitgliederversammlung im Wesentlichen ablösen, alle Detailentscheidungen einer Genossenschaft zu bewerten haben und somit inhaltlich überfordert sind, können bereichsbezogene Arbeitsgruppen sich der Details dieser Bereiche annehmen.

Die »Freie Scholle« in Bielefeld hat beispielsweise ihre gesetzliche Selbstverwaltung um eine haus- und bezirksbezogene Struktur erweitert. Denkbar sind zusätzliche Arbeitsgruppen für bestimmte Themen wie Energieeinsparung, Begrünung der Anlage, Anordnung der Fahrradparkplätze, Fluchtwege, eine Leihgemeinschaft, Versorgungsgemeinschaften für Lebensmittel, Gegenstände des täglichen Bedarfs und Dienstleistungen aller Art etc. wie sie beispielsweise in der Möckernkiez-Genossenschaft in Berlin geplant sind.

Durch Verschmelzung von Reproduktionsgenossenschaften in den unterschiedlichsten Bereichen der Daseinsvorsorge können in einem späteren Schritt die das Profitsystem akzeptierenden Kommunen und Staaten von profitfreien Kommunen und Staaten »von unten« abgelöst werden.

Bauprinzipien langlebiger Allmenderessourcen-Institutionen. Unter Bauprinzip versteht Elinor Ostrom[157] ein wesentliches Element oder eine wesentliche Bedingung, kraft derer sich Institutionen aufrechterhalten und die generationenlange Einhaltung ihrer Regeln gesichert haben. Sie wagt jedoch nicht zu behaupten, dass diese Bauprinzipien notwendige Bedingung für die institutionelle Robustheit der Allmenderessourcen-Szenarien sind, sondern sieht weiteren Forschungsbedarf. Sie führt folgende mit einer umfangreichen Wissenschaftlergruppe aus weltweiten Analysen ermittelte grundlegende Bauprinzipien auf:

---

[157] Ostrom, Elinor, »Governing the commons. The evolution of institutions for collective action«, (dt. Verfassung der Allmende) 1990/1999

- Klar definierte Grenzen und einen wirksamen Ausschluss von externen Nichtberechtigten.
- Regeln bezüglich Aneignung und Bereitstellung der Allmenderessourcen müssen an die lokalen Bedingungen angepasst sein.
- Die Betroffenen nehmen an Vereinbarungen zur Änderung der Regeln teil.
- Überwachung der Einhaltung der Regeln durch die Betroffenen.
- Abgestufte Sanktionsmöglichkeiten bei Regelverstößen.
- Mechanismen zur Konfliktlösung.
- Die Selbstbestimmung der Gemeinschaft wird durch übergeordnete Regierungsstellen anerkannt.
- Einbettung in ein komplexeres System

Auch die **Erweiterung und Intensivierung der Operationsräume durch Kommunikationstechnik** ist von entscheidender Bedeutung. Die Erfindung der Lautschrift ergänzte die mündliche Überlieferung wesentlich und ermöglichte große Staatsgebilde wie das Griechische und das Römische Reich. Der Buchdruck, der das aufwendige Abschreiben ablöste, erlaubte dem Abendland, sich auf weitere Kontinente auszudehnen. Die Informationstechnik und das Internet schließlich bieten jedem Individuum noch lange nicht ausgeschöpfte Möglichkeiten der globalen Kommunikation und Kooperation.

Visionär war Linus Torvalds Entscheidung, seinen neuentwickelten Kernel, Linux genannt, 1991 im Quellcode der weltweiten Gemeinde der Softwareentwickler zur gemeinsamen Weiterentwicklung zur Verfügung zu stellen, die bis dahin nur kompilierte Codes und Lizenzen kannten. Es entfaltete sich die Produktion *Freier Software* (Linux, Apache, Libre Office etc.) und analog dazu der Austausch von *Freiem Wissen* (Wikipedia, Open Knowledge etc.).

Ganz wesentlich für die weitere Entwicklung von Kommunikation und Kooperation war auch die Erfindung (1989) und Implementierung (1991) des HTML-Protokolls durch Tim Berners Lee am CERN in Genf, das die Entfaltung des World Wide Web (WWW) ermöglichte. Auf dieser Basis hat sich eine **Peer-to-Peer-Produktion** (engl. peer: »Gleichgestellter«, »Ebenbürtiger«), der direkte Zusammenschluss von Konsument und Produzent, Abnehmer und Anbieter von Produkten und Dienstleistungen, entwickelt.

Investoren, Groß-, Zwischen- und Einzelhandel, Verlage etc. werden bei dieser Produktion Schritt für Schritt überflüssig. Werbung wird durch Produktinformation ersetzt, die auch sozioökologische Indices umfasst. Von Nutzergemeinschaften können selbst die Funktionalität und das Design der Produkte mitentwickelt werden. Die Finanzierung der Produktion kann als Vorfinanzierung über Peer-to-Peer-Banking erfolgen, die auch zu einer merklichen Dämpfung unsinniger Luxusproduktion führen dürfte.

IV. Gesellschaftlicher Wandel

Harald Bender

1 Transformationsstrategien und Wandlungsprozesse[158]

1.1 Das Paradigma der Transformation

Die Kapitalwirtschaft heutiger Prägung ist den Herausforderungen an ein lebensdienliches Wirtschaftssystem für das 21. Jahrhundert nicht gewachsen. Sie kann die volkswirtschaftlichen und globalen Probleme, vor denen wir heute stehen, nicht lösen, sondern verschärft sie durch die Logik der ihr eigenen Prinzipien und Mechanismen. Statt Lösungen bereit zu stellen, kumuliert sie sich gegenseitig verstärkende Krisen der Wirtschafts- und Sozialsysteme, des Finanzsystems und der planetaren Ökologie zu einer umfassenden **Krise unserer Zivilisation**. In ihren konstitutiven Strukturen steht sie sozial, ökologisch und ökonomisch nachhaltigen Wirtschaftsweisen diametral entgegen.

Vor dem Hintergrund dieser Diagnose stellt sich die Frage, wie ein anderes, **solidarisches statt konkurrenzgetriebenes**, ein **lebensdienliches statt profitmaximierendes** Wirtschaftssystem entwickelt werden kann, das einen Grundlagenwechsel möglich macht und die renditegesteuerte Wirtschaftsweise in ihren heutigen Wirkzusammenhängen transformiert und überwindet. Eine solche **Transformation der systemischen Grundlagen** ist nötig, da die Ziele einer lebensdienlichen und solidarisch ausgerichteten Ökonomie nicht vereinbar sind mit den Prinzipien der *Steuerung* der Wirtschaft durch die *Akkumulation* von Kapital. Der Solidargedanke schließt dabei die leistungslose Bereicherung durch Kapitalbesitz mit ihrer Verstetigung und Verschärfung sozialer Ungleichheit aus. Der Gedanke der Lebensdienlichkeit und Nachhaltigkeit erfordert eine Überwindung der exponentiellen Wachstumsdynamik, die in der Kapital- und Kapitalzinsrechnung angelegt ist und in fortwährenden Zyklen zu immer umfassenderen Krisen führt.

---

[158] Der hier veröffentlichte Beitrag entstand im Rahmen der Diskussionen und Ausarbeitungen der Arbeitsgruppe »Gesellschaftlicher Wandel und Strategie« der Akademie für Solidarische Ökonomie unter Mitarbeit und kritischer Begleitung von Klaus Simon, Hans-Jürgen Fischbeck, Johannes Bickel, Rainer Rodenwald und Wolfgang Fabricius.

Es steht heute außer Frage, dass das individuelle Streben nach Macht und Eigentum nicht die übergreifende Orientierung und auch nicht jene unsichtbaren Mechanismen (Adam Smiths »Invisible Hand«) bieten kann, welche zur Lenkung wirtschaftlicher und gesellschaftlicher Prozesse dringend erforderlich sind. Im Gegenteil kann der direkte Zusammenhang zwischen kapitalgetriebenem Wirtschaften und den verheerenden Folgen für das ökologische und soziale Gleichgewicht heute als nachgewiesen gelten. Für ein lebensdienliches Wirtschaften ist also ein wirklicher Grundlagenwechsel nötig, der auf lokalen, regionalen und globalen Ebenen den Übergang zu im vollen Sinne nachhaltigen Formen der Ökonomie erlaubt. Auf oberster Bezugsebene muss dabei die Frage gestellt werden, wie die notwendige Vorherrschaft internationalisierter Politik über die global agierenden Finanzakteure erreicht werden kann und was hierfür auf der Ebene der jeweiligen Volkswirtschaften die Voraussetzungen sind.

Wie und mit welchen Schritten ein solcher Wandel konkret in Gang gesetzt werden könnte, lässt sich heute erst in Ansätzen beschreiben.[159] Eine **Transformationsstrategie**, an deren Umsetzung »vor Ort« und in den einzelnen Ländern und Regionen unseres globalisierten Wirtschaftssystems mitgewirkt werden kann, muss sich des Charakters dieses grundlegenden Wandels bewusst werden, ohne ihn in den Einzelmaßnahmen schon voraussetzen zu dürfen, wenn sie handlungsfähig und politisch wirksam werden will.

1.1.1 Grundfragen einer Transformationsstrategie[160]

Wann werden Umgestaltungen, Veränderungen und Reformen zu »Transformationen« im Sinne der *Verwandlung* in eine neue Form? Und muss das Ursprüngliche und Wesenhafte des Vorherigen dabei in irgendeiner Form erhalten bleiben oder kann es sich im Kern zu etwas Neuem wandeln? Kann es eine »Transformation des Kapitalismus« also geben oder sind im Zuge eines in Schritten beschreibbaren Wandlungsprozesses nur Neu- und Umgestaltungen *im* Kapitalismus möglich, die den Wesenskern und die kapitalistischen Wirkprinzipien letztlich unangetastet lassen? Eine bewusste Strategie des Wandels muss sich mit diesen Fragen auseinander setzen – bis hin zur Frage,

---

[159] Siehe z. B. in Stephany Griffith-Jones, Jose Antonio Ocampo and Joseph E. Stiglitz (Hrsg.), »Time for a Visible Hand. Lessons from the 2008 World Financial Crisis«, Oxford 2010

[160] Zur Grundlegung der Transformationsperspektive siehe auch Bender, Harald: Die Zeit der Bewegung. Strukturdynamik und Transformationsprozesse, Verlag Peter Lang 1997.

inwiefern schrittweise Transformationen in »geschlossenen« sozialen Systemen[161] überhaupt möglich sind oder ob es nicht vielmehr die scharfen Umbrüche sind, die historisch den Übergang zu etwas Neuem markieren.

Diese Grundfragen einer Transformationsstrategie zu stellen, heißt nicht, sie vollständig beantworten zu wollen. Die vollständige Antwort ist das Ende des Fragens und die Suche nach echter Transformation kann nur mit einer grundsätzlichen Haltung des Fragens einhergehen.

Was ist der Kern des Kapitalismus? Ist dieser transformierbar? Ist es das Profitstreben und die individuelle Bereicherung oder ist es die Grenzenlosigkeit der Kapitalwirtschaft in ihrer rechnungsförmigen Anwendung instrumenteller Rationalität und Effizienz bei der Durchdringung aller Bereiche und Verhältnisse? Kann es eine sukzessive Transformation geben oder gibt es nur den scharfen Bruch der disruptiven Überwindung?

Rationalität, Effizienz und Machbarkeit sind auf gesellschaftlicher Ebene die Versprechungen und Zielgrößen der modernen Kapitalwirtschaft. Freiheit und Bedürfnisbefriedigung sind die Versprechungen für den Einzelnen. Eine Transformation des Kapitalismus im Sinne einer »Aufhebung« wird auch diese Kriterien »aufheben« müssen – im vielfältigen Sinne dieses Wortes – also auch im dem Sinne, sie nach »oben«, in den Bereich des bewussten Gestaltens zu bringen und ihre positive Gehalte zu bewahren. Denn wir brauchen Effizienz, Rationalität und Machbarkeit auch jenseits der Akkumulationslogik des Kapitals, wenn wir unser Leben frei und ohne Not gestalten wollen.

Damit eine Transformation der gesellschaftlichen Verhältnisse möglich wird, die zugleich die Produktivkräfte erhält, die wir zur Überwindung der globalen Krisen brauchen, sind konkrete Schritte in partiellen Politikfeldern nötig. Ab einem gewissen Punkt a) der Veränderung von Rahmenbedingungen und Teilbereichen und b) der Krisendynamik des bestehenden Systems können diese konkreten Schritte einen qualitativen Umschlag herbeiführen, aus dem ein neues System von Wirtschaft und Gesellschaft erwächst. Wann und wie dies geschieht, ist nicht planbar. Die Wahrscheinlichkeit, dass es geschieht, kann

[161] Die sozialwissenschaftliche Systemtheorie mit Niklas Luhmann als prominentestem und produktivstem Vertreter geht davon aus, dass soziale Systeme zwar »umweltoffen« sind, also Umweltereignisse verarbeiten, aber zugleich »selbstreferentiell geschlossen«, d. h. sie verarbeiten alle Umwelteinflüsse nur nach internen Kriterien. In dieser Sicht ist die systemische Binnenlogik ultrastabil. Was nicht in dessen Kriterien gefasst werden kann, ist ein äußeres Geschehen, an das das System keinen Anschluss nimmt. Vgl. Luhmann, Soziale Systeme. Grundriss einer allgemeinen Theorie, Suhrkamp 1987.

aber planvoll erhöht werden. Die hierfür notwendigen Schritte, werden im Folgenden zur Diskussion gestellt.

1.1.2 Krise und Transformation

Die Krisen des Kapitalismus sind so alt wie der Kapitalismus selbst. Und doch überlebte das markt- und geldbasierende System der Kapitalakkumulation bislang jede Krise und jede Vernichtung der Buch- und Sachwerte – ob in ökonomischen Zusammenbrüchen oder in Kriegen.

Aber der Kapitalismus ist nicht nur krisenanfällig, er ist auch stark! Aus den Ruinen der Überakkumulation reicht er stets aufs Neue seine Hand des Nehmens und Gebens unter dem Versprechen des »Morgen mehr«. Die Krisen- und Untergangstrategen, die den Zusammenbruch herbeisehnen, damit ein Ende komme – und sei es mit Schrecken – müssten heute auf einen globalen und irreversiblen Kollaps spekulieren. Die Klimakatastrophe gibt hierfür das endzeitliche Szenario ab. Doch ethisch ist es nicht vertretbar, die Katastrophe und die Vernichtung aktueller Lebensgrundlagen zum Meilenstein einer Überwindungsstrategie zu machen. Ist es also sinnlos, dem Kapitalismus noch etwas entgegen zu halten? Ihn angesichts seiner radikalen Rücksichtslosigkeit gegenüber marktfernen Kriterien verändern und aufheben zu wollen?

Die Geschichte der politischen Kämpfe gegen die Macht des Kapitals kennt im Wesentlichen zwei Varianten: Hier den Klassenkampf mit seinem Versuch, der Macht der Kapitalbesitzer die Macht der Besitzer von Arbeitskraft entgegen zu stellen. Doch deren politische Frucht – die »Diktatur des Proletariats« – ist aus historischer Erfahrung diskreditiert. Das Diktat der Stellvertreter einer als Proletariat definierten Klasse hat dem anonymen Diktat der Kapitallogik keine bessere Zukunft entgegensetzen können. Auf der anderen Seite steht die politische Zähmung und Einfriedung der Marktgesetze und -auswüchse durch demokratisch legitimierte Steuerung, Kontrolle und Reformen. Der im weitesten Sinne »sozialdemokratische« Weg also, der gleichwohl die »Privatisierung der Welt«, die Merkantilisierung aller Beziehungen, die national wie global immer breiter klaffende Schere sozialer Ungleichheit sowie die Ausbeutung aller menschlichen und natürlichen Ressourcen nicht aufhalten konnte.

Diese zweite, den Kapitalismus »zähmende« und mildernde Variante der Politik hatte sich in der Phase der Prosperität nach dem zweiten Weltkrieg politisch in den meisten Ländern durchgesetzt und erschien im »Common Sense« lange alternativlos. Doch sie konnte das Akkumulationsgesetz in seinem Kern nicht aufheben. Wo Kapital stetig mehr Kapital erzeugt, wird der Druck der Verwertung aller verfügbaren Grundstoffe materieller und sozialer Natur immer stärker. Das von den Wirtschaftsakteuren und Regierungen mit dem absehbaren Ende des Nachkriegswachstums aktiv gestaltete und forcierte Projekt der Globalisierung nimmt heute den gesamten Erdball als Reserve möglicher Märkte in Anspruch und ist auf die vollständige Kapitalisierung aller noch nicht verwerteten sozialen und natürlichen Ressourcen ausgelegt. Deren Verbrauch oder Erhalt wird dabei zur Frage ihrer Preise und Kosten am Markt.[162]

Die politische Gestaltung begrenzter wirtschaftlicher Verhältnisse, sei es in einem Betrieb oder innerhalb einer Volkswirtschaft, kann dem globalisierten Kapitalismus heute kein hinreichendes Gewicht mehr entgegensetzen.[163] Der ökologische wie soziale Kollaps, der aus der systemlogischen Vollständigkeit der Erschöpfung der jeweils verfügbaren Mittel resultiert, ist durch eine schlichte Politik der sozialen oder ökologischen Abfederung nicht aufzuhalten. Und zugleich ist dieser Kollaps keine auch nur in »weiterer Perspektive« erstrebenswerte Option. Denn je weniger verbleibt, je vollständiger die Zerstörung also ist, desto verlockender klingt für die Überlebenden das Versprechen des morgen wieder einsetzenden Wachstums durch Markt und Akkumulation.

Blicken wir also ins Unausweichliche? Sind die Optionen verbraucht? Oder gibt es eine weitere Option, die rational beschreibbar und praktisch umsetzbar ist? Das **Projekt einer »Transformation« privat- und marktkapitalistischer Strukturen hin zu einer lebensdienlichen, solidarischen und zukunftsfähigen Ökonomie** soll hier eine neue Chance eröffnen. Keine Gewissheit – aber die Perspektive eines beschreibbaren und in einzelnen Schritten gangbaren Pfades.

---

[162] Auch die Bestrebungen, durch »Klimazertifikate« und Emissionsrechtehandel die Erdatmosphäre zu kapitalisieren, gehen in diese Richtung.

[163] Sebastian Dullien u. a. sehen dies in Ihrem 2009 von der Friedrich Ebert Stiftung veröffentlichten Papier »Der gute Kapitalismus« anders: »Damit der Kapitalismus seine produktive (»gute«) Dynamik möglichst frei von seinen zerstörerischen Tendenzen entfalten kann, muss er an die Leine genommen werden: durch den Staat und die Gesellschaft. Die Leine darf nicht zu lang, aber auch nicht zu kurz sein. In einer idealen Welt muss auch der globale Kapitalismus eine globale Regulierung oder Leine haben, um im Bild zu bleiben«. (ebd. S. 6)

1.1.3 Reform und Transformation

Was heißt »Transformation«? Was unterscheidet sie von einer »Reform« in bester und aufgeklärtester Absicht? Die »Transformation« soll eine grundlegende Änderung der Wirkzusammenhänge von Wirtschaft und Gesellschaft mit sich bringen. *Trans*formation heißt Umformung im Sinne der Verwandlung in eine neue Form. Die *Re*form ist hingegen eine Erneuerung, bei der die Strukturen und Zusammenhänge des Bisherigen nicht vollständig, sondern allenfalls graduell verändert werden. *Reform* wurde im politischen Diskurs lange Zeit »progressiv« gebraucht, z.B. als Beschreibung des Weges der Demokratisierung der Gesellschaft und der Herstellung von Chancengleichheit. Der Begriff wurde im vergangenen Jahrzehnt dann vor allem zur Restaurierung ordoliberaler Verhältnisse insbesondere im Bereich der Sozialpolitik und neoliberaler Rückführungen politischer Einflüsse auf die Wirtschaft verwendet. In der jüngeren politischen Praxis bezeichnete »Reform« mithin jede Änderung von Rahmenbedingungen – ob in progressiver oder restaurativer Perspektive, ob mit dem Versuch, gegebene Strukturen zu überwinden oder zu verfestigen bzw. wieder herzustellen.

Um diese Richtungen von Reformen im Weiteren klar zu unterscheiden und zur Transformation in Beziehung setzen zu können, wollen wir die Begriffe wie folgt verwenden:

- **Restaurative Reformen:** Änderungen von Rahmenbedingungen, die auf eine Wiederherstellung vorheriger Strukturen abzielen.
- **Stabilisierende Reformen:** Änderungen von Rahmenbedingungen, die die Stabilität vorhandener Strukturen erhöhen und die Krisenanfälligkeit und Veränderbarkeit des vorhandenen Systems verringern.
- **Transformierende Reformen:** Änderungen von Rahmenbedingungen, die die Wahrscheinlichkeit der grundlegenden Veränderung gegebener Strukturen und der Herausbildung neuer Systembedingungen erhöhen.
- **Transformation:** Umformung und Verwandlung des gesamten wirtschaftlichen und gesellschaftlichen Zusammenhangs unter Herausbildung neuer Systembedingungen und Ordnungsstrukturen.
- **Transformationsschritte:** Änderungen von Rahmenbedingungen in einzelnen, umgrenzten Bereichen, die dort eine grundlegende Umformung herbeiführen und neue Systembedingungen schaffen sowie Schaffung neuer Bereiche, in denen neue und grundlegend andere Systembedingungen gelten.

- **Transformationsprozesse:** Das Zusammenwirken verschiedener Reform- und Transformationsschritte, die in ihrer Synergie einen geschichtlichen Prozess tiefgreifender Transformation bewirken können.

»Transformation« heißt also Umformung im Sinne der *Verwandlung* in eine neue Form. Was nun gibt Transformations*schritten* und Transformations*prozessen* die Qualität, ein in seinen Funktionen und Zusammenhängen »geschlossenes« System bis hin zu seiner Umwandlung und Aufhebung zu verändern? Wie sehen die Transformationsschritte aus, auf die wir hinarbeiten wollen, und wie kann sich der neue Handlungszusammenhang, der entstehen soll, konkret entwickeln? Eine Antwort, die den Rahmen der Transformationsstrategie und die Zielpunkte des Transformationsprojektes absteckt, muss die grundlegenden Erfahrungen bisherigen sozialen Wandels in Rechnung ziehen: Echte Transformationen sind immer *historische Prozesse*, die niemals nur aus planerischen und willentlichen Entscheidungen resultierten. Sie erfordern die Wirkkraft sozialer Bewegungen und einschneidender Ereignisse, die Deutungsgewohnheiten sprengen und Raum geben für echte Novität. Das wirklich Neue – also die *Novität des Künftigen* – ist ohne Beispiel. Dieser selbstverständliche Satz wird allzu leicht vergessen, wenn eine »Utopie« gezeichnet und gekennzeichnet werden soll. Dies heißt: Wir kennen die konkrete Gestalt der Gesellschaft, die am Ende eines Transformationsprozesses stehen wird, heute noch nicht. Aber wir können die **Antithesen**, die der heute vorherrschenden Wirtschaftsweise gegenüber stehen, heute schon formulieren:

- Wo hier Konkurrenz herrscht, ist dort Solidarität.
- Wo hier ein »Mehr« steht, ist dort ein »Genug«.
- Wo hier die Grenzüberschreitung Programm ist, ist es dort die Bewahrung und der Schutz von Grenzen.
- Der alles berechnenden Persönlichkeit steht die mitfühlende gegenüber.
- An die Stelle des egoistischen Marktakteurs tritt der solidarisch Handelnde.
- An die Stelle der Repräsentation tritt die Partizipation.
- Aus Funktionszwang wird die Freiheit der Entscheidung.
- Aus der Angst um die Existenz wird die Befreiung zur Gestaltung.
- Aus der Befriedigung eigener Interessen wird die Befriedigung gemeinsamer Bedürfnisse.
- Aus dem Ausschalten des Anderen das Aufnehmen des Nächsten.
- Aus der Externalisierung von Folgen wird die Übernahme von Verantwortung.

- Statt um Konsumquantität geht es um Lebensqualität.
- Statt um die Verfügung über andere Menschen geht es um die Verfügung über die eigene Zeit.
- An die Stelle von Allmachtfantasien tritt die Anerkennung der eigenen Kleinheit und Endlichkeit.
- Statt um das Wachsen des Ego geht es um das Wachsen des Selbst.

Indem diese Antithesen formulierbar und auf einer Wertebene zustimmungsfähig sind, haben sie eine innere Realität, die die Anschlusspunkte des Neuen markiert.

1.1.4 Widersprüche und Transformationsdynamik im Kapitalismus

Im Alten steckt der Keim des Neuen. Wäre es anders, dann wäre der Kapitalismus in der Tat das »Ende der Geschichte«, wie es von neoliberalen Theoretikern schon ausgerufen wurde.[164] Die Transformation des Kapitalismus ist aber in ihm selbst und in seinen inneren Widersprüchen schon angelegt.[165] Doch verlaufen die Konflikt- und Bruchlinien heute anders als zu Zeiten Karl Marx' und der historischen Arbeiterbewegung. Es ist nicht mehr zuerst und allein der Widerspruch von Wertschöpfung und Wertaneignung – also zwischen Arbeit und Kapital – der heute auf einen Systemwandel drängt, sondern der Widerspruch zwischen grenzenlosem Anspruch der Kapitalakkumulation und der sozialen und ökologischen Begrenztheit der Welt, zwischen der Selbstbezüglichkeit des renditegetriebenen Wachstums auf der einen und dem Anspruch lebensdienlicher politischer Gestaltung auf der anderen Seite. Indem der sich globalisierende Kapitalismus heute alle Ressourcen und sozialen Verhältnisse in seine Systemlogik hineinzieht, macht er zugleich das logische Ende seines Wachstums sichtbar. Das Versprechen der volkswirtschaftlichen und individuellen Wohlstandsmehrung wird obsolet, angesichts der absehbaren

---

[164] Francis Fukuyama, »The End of History and the Last Man«, 1992. Fukuyama knüpft an Hegels Geschichtsphilosophie an und sieht in der Verknüpfung von politischer Demokratie und wirtschaftlichem Liberalismus die »letzte Synthese«, die sich überall und endgültig durchsetzen werde.

[165] Schon Karl Marx beschreibt diese Transformation »von innen« in seinen Schriften zur politischen Ökonomie. Für ihn sind schon die Kapitalgesellschaften (!) Stationen zur Selbstnegation des privatkapitalistischen Systems. Dass die Transformation eines gesellschaftlichen Zustandes in diesem und in dessen Widersprüchen selbst angelegt ist, ist Grundannahme der dialektischen Geschichtsphilosophie (Hegel), an die Marx anknüpfte und an die auch Fukuyama (1992) anzuknüpfen behauptet.

Erschöpfung aller Ressourcen und angesichts des fortschreitenden Verlustes freier Handlungsoptionen in einem anonymisierten System weltumspannender ökonomischer Zwänge.

»Unregierbarkeit« wird zum weltweiten Status Quo der Politik gegenüber den finanzkapitalistischen Systemen und Märkten und ihren *Global Players*. Hier zeigt sich der zweite große Widerspruch des globalisierten Kapitalismus: Der Widerspruch zwischen der vermeintlichen Freiheit der Gestaltung der Lebensumstände durch erfolgreiche Kapital- und Warenallokation und der faktischen Unfreiheit des Handelns in immer undurchdringlicheren Zwängen, bis hin zur Gefangenschaft in den Eigengesetzlichkeiten des Systems und der sozialen Verhältnisse, die es hervorbringt.

Die Richtung der aus den **inhärenten Widersprüchen gespeisten Transformationsdynamik** im modernen Kapitalismus lässt sich aus diesen Befunden ableiten:

- Die **Überwindung des Wachstumszwanges** kann Ressourcen auch für künftiges Wirtschaften erhalten.
- Die **Erschließung und Wiedergewinnung kapitalferner Handlungsräume** kann individuelle Freiheitsgrade neu eröffnen und der Verabsolutierung der Kapital- und Warenlogik in allen sozialen Beziehungen entgegenwirken.
- Ein klares und durchsetzungsfähiges **Primat demokratischer und partizipativer Politik** kann im volkswirtschaftlichen wie im internationalen Maßstab Gestaltungsräume wieder erschließen.
- Die **Demokratisierung der Wirtschaft** ist heute das Gegenmodell des an sein Ende stoßenden Prinzips der ökonomischen Herrschaft des Kapitals. Dabei müssen neue Eigengesetzlichkeiten etabliert werden, die andere Formen des Wirtschaftens in den Betrieben und Unternehmen ermöglichen.

1.2 Pfade und Kernelemente der Transformation

Die Transformation hat klare Zielvorstellungen und ist doch ein offener Prozess. Denn sie zielt auf die Überwindung von Strukturen ab, die *in sich* kaum transformierbar sind: Die Steuerung wirtschaftlichen Handelns durch die »privaten« Interessen der Akteure und die systemischen Notwendigkeiten der Kapitalakkumulation sind in ihrem Kern nicht veränderbar, wenn nicht Wirtschaft und Gesellschaft als Ganzes sich transformieren und im Kern der Austauschbeziehungen für die Handelnden ein Stück weit schon transformiert sind. Dies gilt umso mehr, wenn mögliche Transformationsschritte nicht in »Inseln« und Nischen verwirklicht werden können, sondern gesamtgesellschaftlicher Natur sind. Ein grundlegender institutioneller Umbau von Wirtschaft und Gesellschaft wird wahrscheinlich nur im Rahmen von tiefgreifenden Destabilisierungs- und Umbruchphasen möglich sein, wie sie in unserer abschließenden Betrachtung der ***Transformationsszenarien*** dargelegt sind. Dennoch müssen die einzelnen Schritte heute schon bedacht und wo immer möglich auch schon versucht werden. Dabei stellt sich die Frage, in welchen Bereichen heute mögliche Schritte denkbare Transformationspfade erschließen, die in ihrem Zusammenhang und unter den genannten Bedingungen zu grundlegendem Wandel führen können.

1.2.1 Systemische Strategie und Transformationspfad »solidarischer Markt«

Das vorherrschende Wirtschaftssystem hat seine Stärke in dem, was soziologisch als **»systemische Integration«** bezeichnet wird, d. h. es reproduziert seine Existenzbedingungen durch die Verschränkung vieler Einzelhandlungen innerhalb eines auf allgemeinen Prinzipien beruhenden Rahmens. Eine erfolgversprechende Transformationsstrategie muss in diesem Sinne ebenfalls »systemisch« sein. Das heißt, sie arbeitet nicht primär mit direkten politischen Regulierungen (auch wenn diese im Einzelfall immer wieder nötig sein mögen), sondern mit strategischen Veränderungen der **Rahmenbedingungen**, des Handelns. Diese sollen das vom Einzelnen und von Unternehmen in solidarischer Perspektive erwartete Handeln rational und auch aus Einzelperspektive vorteilhaft machen. Die Frage der Bedingungen eines unternehmerischen Handelns am Markt, das nicht unter Wachstums- und Akkumulationszwang steht, und gleichwohl aus der Binnenlogik des Unternehmens gesteuert wird, ist hierbei zentral.

Ein wesentlicher Transformationspfad ist deshalb die Entwicklung eines **»solidarischen Marktes«,** [166] der jenseits des Verwertungs- und Wachstumszwanges folgendes leisten muss:

- Austausch von Gütern und Leistungen ohne asymmetrische Machtbeziehungen.

---

[166] Siehe hierzu auch die Manuskripte »Partizipatorische Unternehmensverfassung« und »Markt und Wettbewerb in einer Solidarischen Ökonomie« der Akademie für Solidarische Ökonomie.

- Stabilisierung von kooperativen Austauschbeziehungen zwischen Unternehmen.
- Erlangung einer für jedes Unternehmen stabilen »optimalen Größe«.
- Schaffung von Inklusions- oder Anschlusschancen für bisher nicht in den Produktions- und Dienstleistungsprozess eingebundene Menschen bzw. Unternehmen.
- Permanente Steigerung der Effizienz der Güterproduktion und der Qualität von Dienstleistungen.
- Kanalisierung von Effizienz- und Qualitätsgewinnen unter den Kriterien:
  - Minderung des Ressourcenverbrauchs
  - Erhöhung der verfügbaren Gemeingüter
  - Steigerung der Freiheitsgrade der Lebensgestaltung durch Verminderung der notwendigen Erwerbsarbeitszeit
  - Minderung externer sozialer und ökologischer Kosten (national wie global)
- Positive Schrumpfungsoptionen für ökologisch und sozial defizitäre Unternehmen.
- Rechtliche Fundierung und Förderung einer gemeinwohlorientierten Unternehmerrolle.
- Förderung partizipativer Unternehmensformen.

Die Formulierung und Anwendung **betriebswirtschaftlicher Grundsätze jenseits der Kapitallogik** ist ein Kernelement dieser Transformation. Erst wenn es möglich wird, ohne Gewinn- und Akkumulationszwang dauerhaft erfolgreich zu wirtschaften, werden die Alternativen solidarischer Wirtschaftssektoren »mikroökonomisch« attraktiv.[167]

1.2.2 Transformationspfad Vergesellschaftung des Kapitals

Leitende Prämisse der privaten Kapitalwirtschaft ist die Extraktion von Renditen aus dem ökonomischen Prozess der Wertschöpfung. Diese Renditen werden in privater Verfügung akkumuliert, um innerhalb oder außerhalb des Unternehmens zur Erzielung weiterer Renditen reinvestiert zu werden.

---

[167] In der Genossenschaftsbewegung wird zum Beispiel das Kriterium der Wertschöpfung anstelle des betriebswirtschaftlichen Kriteriums »Gewinn« vorgeschlagen. Siehe hierzu z. B. die »Wertschöpfungsbilanz« der Mondragon Gruppe aus den Jahren 2007 und 2008. Quelle http://www.mondragon-corporation.com/DEU/Wirtschaftliche-Daten/Wirtschaftliche-Situation-und-Vermögenslage-/Entwicklung-Des-Wertzuwachses.aspx am 31.03.2010

Hiermit einher gehen die immanenten Zwänge zu fortwährender Rationalisierung und fortwährendem mit ihrem zerstörerischen Potential für die natürlichen und sozialen Grundlagen der Gesellschaft. Wirtschaftspolitische Forderungen müssen deshalb auf der Ebene der obersten Prämissen die Kriterien einer nachhaltigen Wirtschaftsweise formulieren, die auf Extraktion – also das Herausziehen – von Kapitalrenditen verzichten kann und nicht von exponentiellem oder linearem Wachstum abhängig ist.

Neben *privatem Kapital*, das im Wirtschaftsliberalismus als »Motor" globalen wirtschaftlichen Wachstums gilt, müssen Formen *öffentlichen Kapitals* treten, die Wachstum in gesellschaftlich sinnvollen, ökologisch verträglichen und politisch gewollten Bereichen ermöglichen oder aber Wirtschaftssektoren vom Wachstumszwang freistellen oder gar gezielt schrumpfen lassen. Als Kriterien für den Einsatz öffentlichen Kapitals dient dabei nicht die Extraktion und Akkumulation von Kapital, sondern die positive Auswirkung eines öffentlich-gemeinnützigen Wirtschaftssektors und seiner öffentlichen, demokratisch verfassten Unternehmungen auf seine gesellschaftliche und natürliche Umwelt. Hierfür sind verbindliche Maßstäbe zu entwickeln, die die Auswirkungen auf den Arbeitsmarkt und die gesellschaftliche Arbeit, auf die natürliche Umwelt sowie die gesellschaftlichen Lebensbedingungen unter solidarischen Prämissen erfassen – einschließlich der Auswirkungen im Rahmen globalisierter Wirtschaftsbeziehungen. [168]

Ein öffentlich-gemeinnütziger Wirtschaftssektor ist nicht mit staatlichen Unternehmen in ihrer Rolle der Bereitstellung öffentlicher Versorgung gleichzusetzen. Unternehmen des öffentlich-gemeinnützigen Sektors können stattdessen privat (z. B. gemeinnützige Gesellschaft mit Beschränkter Haftung, gGmbH) oder genossenschaftlich oder auch staatlich organisiert sein. Entscheidend ist, dass sie mit öffentlichem Kapital arbeiten und ihr Handeln durch die Erreichung definierter, in öffentlichem Interesse liegender Effekte gesteuert wird. Hierbei spielen die Befriedigung sozialer Grundbedürfnisse sowie die

---

[168] Wer sich ernsthaft mit der Zukunft unseres globalen öko-sozialen Systems auseinandersetzt, muss differenzieren – nach Branchen und nach Ländern. Er sieht, dass jedes Industrieland sowohl auf Wachstum als auch auf Schrumpfung angewiesen ist: Wachsen müssen Sektoren wie der Bildungsbereich, viele Leistungen im Gesundheitswesen, die Altenpflege, der Umweltschutz, die erneuerbaren Energien, neue Transportsysteme und der Faire Handel (häufig Bereiche mit schwacher Lobby!). Schrumpfen müssen dagegen viele Teile des Verkehrssektors, die Nutzung fossiler Energien und der Atomenergie, generell der Ressourcenverbrauch und der Schadstoffausstoß. Vgl. hierzu auch Bausteine »Wachstum«.

Schaffung ökologisch und sozial nachhaltiger Wirtschaftskreisläufe eine besondere Rolle.

Der gesellschaftliche Charakter des Kapitals. Jedes neu in Umlauf gebrachte Geld ist »in sich« ein öffentliches Kapital, da es von der Zentralbank als einer Institution der Gesellschaft »geschöpft« und zur Verfügung gestellt wird.[169] Deshalb gibt es keinen rein privaten Kredit, der auf der »Schöpfung« von Kapital basiert. Jeder »geschöpfte« Kredit ist ein Stück weit öffentlich und deshalb muss jedes hieraus resultierende Kapital ein Stück weit öffentlich sein. Umgekehrt kann zentral geschöpftes Geld niemals rein privates Kapital sein. Denn es wird durch eine öffentliche Hand privaten oder anderen öffentlichen Händen zweckgebunden zur Verfügung gestellt. Diese Funktion wird im Bankensystem wahrgenommen und ist eine gesellschaftliche Aufgabe – so wie auch die Geldschöpfung einen gesellschaftlichen Vorgang darstellt. Aus der Geldschöpfung entstammendes Kapital als öffentliches Kapital zu behandeln und es auch im Verwertungsprozes weiter zu vergesellschaften, ist ein wesentlicher Transformationsschritt in einer heute durch privates Kapital dominierten Gesellschaft.

Das Geldsystem ist aktuell in einem Zustand, in dem nicht länger der Geld-Ware-Geld Zyklus wie nach Marx zusätzliches Geld – also eine Akkumulation von Kapital – hervorbringt (G – W – G'), sondern Geld wird anscheinend direkt zu mehr Geld (G – G'). In diesem Zustand wird allgemein geglaubt, dass das Geld selbst neues Geld hervor bringt. Aber Geld wirft keine Jungen, wie es so schön heißt, es »trägt« keine Zinsen, es tut nichts. Was lediglich stattfindet ist die Aneignung einer noch größeren Schuld durch den, der das Geld als Kapital besitzt. Das Schuldverhältnis, das hinter jedem Kapital steckt, wird dabei nicht nur verstetigt, sondern dynamisiert. Auf gesellschaftlicher und rechtlicher Ebene müssen die Verhältnisse überwunden werden, die dies ermöglichen. Die private Aneignung des Zinses ist deshalb ein zentraler Punkt dessen, was wir in solidarwirtschaftlicher Perspektive zu überwinden versuchen.

---

[169] Daran ändert sich auch nichts, wenn die Zentralbank, wie in den USA, privat ist oder wenn eine Privatbank den Kredit ausgibt, da im Moment der Kontierung bei der Zentralbank eine Schuld konstituiert wird, für die die Gemeinschaft einsteht – und sei es in Form von Inflation – wenn sie vom Kreditnehmer nicht zurückgezahlt wird. Deshalb ist das bei der Zentralbank »geschöpfte« Kapital selbst bei privater Bereitstellung und Verwaltung als öffentliches Gut anzusehen.

Die deutschen Kreditinstitute haben im Boomjahr 2008 432 Mrd. Euro an Zinsen eingenommen[170]. Dies liegt weit über den gesamten Steuereinnahmen des Bundes und der Länder (249 Mrd. Euro in 2008[171]) und bedeutet nicht zuletzt auch eine Verschiebung von Macht. Die Zinserträge der Kreditwirtschaft gehören – nach Abzug der betrieblichen Kosten – in öffentliche oder genossenschaftliche Hand. Das ist ein klarer und zielgerichteter Transformationsschritt, der schon vor einem grundlegenden Wandel der Wirtschaftsweise die Machtverhältnisse nachhaltig ändert und ein »Primat der Politik« überhaupt erst möglich macht.

Die Linearisierung des Zins. Im Abschnitt zum »Wachstumsirrtum« wurden die Folgen des exponentiellen Anstiegs der Zinseszinsfunktion ausführlich beschrieben. Man kann den Wachstumszwang und die Effekte steigender sozialer Ungleichheit, die dem Zinssystem inhärent sind, wesentlich abmildern, indem man den Zins linearisiert. Die Linearisierung des Zinses bedeutet, dass der Zinsfuß in jedem Zyklus um den Zinseszins reduziert wird, so dass der Zins nach einer errechenbaren Anzahl von Jahren ausläuft und nicht mehr »ewig« ist[172]. Auch auf dieser Basis wäre kapitalistisches Wirtschaften noch möglich, aber es wäre in weit stärkerem Maße an eine tatsächliche und demokratisch-partizipatorisch gestaltbare Wertschöpfung geknüpft, statt an die Eigendynamik der Kapitalströme. Deren Wachstum würde durch eine Zinslinearisierung wesentlich reduziert, statt sich durch die Zinseszinsdynamik stetig und immer schneller (»exponentiell«) aufzublähen.

1.2.3 Transformationspfad Verfassungswandel und ökonomische Verfassungsgrundsätze

Jede staatliche Gewalt ist in der Bundesrepublik Deutschland an die Grundsätze der Verfassung, insbesondere an den Grundrechtekatalog und an die Prinzipien der Volkssouveränität gebunden. Das politische System der BRD ist eine

---

[170] Siehe Monatsbericht der Deutschen Bundesbank, 63. Jahrgang, Nr. 9, September 2011, S. 52f

[171] Siehe Monatsbericht des BMF, August 2008, S. 47

[172] Wenn man diese Linearisierung an verschiedenen Beispielen durchrechnet (z. B. anfänglicher Zinssatz von 50 % oder von 10 %), so ergibt sich, dass die Summe der zu zahlenden Zinsen unabhängig vom Ausgangswert des Zinses immer bei der Summe des ursprünglichen Kreditbetrages ausläuft, so lange der Zinssatz nicht über 50 % liegt. Nur die Dauer der Zinszahlung ist entsprechend umso länger, je niedriger der ursprüngliche Zinssatz war.

»wertegebundene Ordnung«, in der alles staatliche Handeln in letzter Instanz auf den Grundwert der Menschenwürde und jede staatliche Ordnung auf das Demokratieprinzip verpflichtet ist. Im Rahmen dieser Verfassungssystematik können staatliche Gestaltungs-, Schutz- und Leistungspflichten definiert werden, die auf alle nachgeordneten Gesetzgebungen durchschlagen.

Für den Bereich der Wirtschaft hat dies bislang kaum stattgefunden. Da der Staat das wirtschaftliche Handeln durch seine Gesetzgebung, durch eigenes Handeln, durch die Infrastrukturplanung, durch das Förder- und Steuerrecht, durch das Gesellschaftsrecht und auf vielerlei andere Weise prägt und gestaltet, muss er auch im wirtschaftlichen Sektor auf verfassungskonforme Ziele und Maßgaben verpflichtet werden.

Zu nennen sind hier im Wesentlichen drei Bereiche, bei denen ein Verfassungsrang angestrebt werden soll:

- Das **Nachhaltigkeitsgebot**: Der Staat schützt und fördert in Verantwortung vor den kommenden Generationen sozial und ökologisch nachhaltige Wirtschaftsweisen (angelehnt an die Nachhaltigkeitsdefinition von H. Brundtland).
- Der **Schutz der Gemeingüter**: Der Staat stellt den Schutz von Boden, Wasser und Luft als der Gesellschaft verfügbare Gemeingüter sicher. Jede private Nutzung ist dem Wohl der Allgemeinheit verpflichtet. Auch Gesundheits- und Bildungseinrichtungen können als zu schützende Gemeingüter definiert werden.
- Die **Demokratisierung und Gemeinwohlbindung der Wirtschaft**: Der Staat sichert durch seine Gesetzgebung die Partizipation der Bürger an der wirtschaftlichen Gestaltung ihrer Lebensumstände und die Gemeinwohlbindung wirtschaftlicher Aktivitäten.

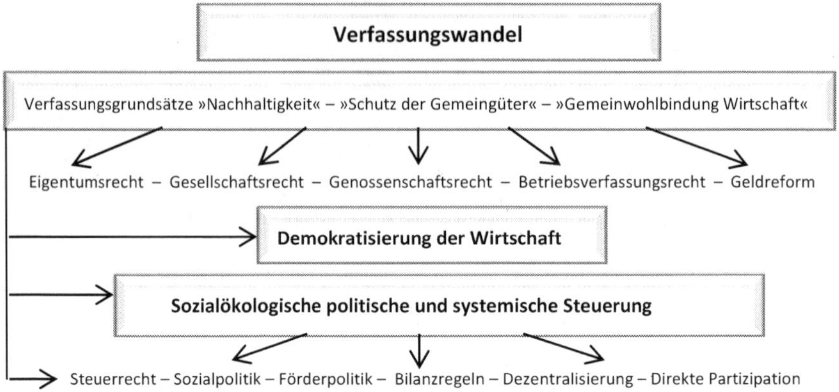

Abb. 24: Verfassungswandel und institutioneller Umbau von Wirtschaft und Gesellschaft

Diese Grundsätze garantieren zusammen eine nachhaltige und dauerhafte Förderung aller Transformationsbestrebungen und des Aufbauprojektes solidarischer Ökonomie.

Das Schaubild zeigt, wie die Verfassungsgrundsätze auf die nachgeordneten Rechtsfelder durchschlagen und die Erfordernisse einer Demokratisierung der Wirtschaft sowie einer sozialökologischen Steuerung nach sich ziehen. Dies wiederum hat Auswirkungen auf die Ausgestaltung der Regelungen des Steuerrechts, der Sozialpolitik usw. Insgesamt ergibt sich ein institutioneller Umbau von Wirtschaft und Gesellschaft im Sinne solidarökonomischer Grundsätze.

1.3 Strategiefelder des Transformationsprojektes

Eine systematische Transformationsstrategie beinhaltet zumindest drei Strategiefelder: 1. Den Aufbau solidarwirtschaftlicher Projekte, 2. Den systemischen und institutionellen Umbau von Wirtschaft und Gesellschaft, 3. Bewegungsarbeit und Mobilisierung. Diese knüpfen an bestehende Strukturen an und verändern sie, um eine Umschlag- und Wendesituation (den »Kipppunkt«) wahrscheinlicher zu machen und bessere Chancen für Alternativen zu erschließen.

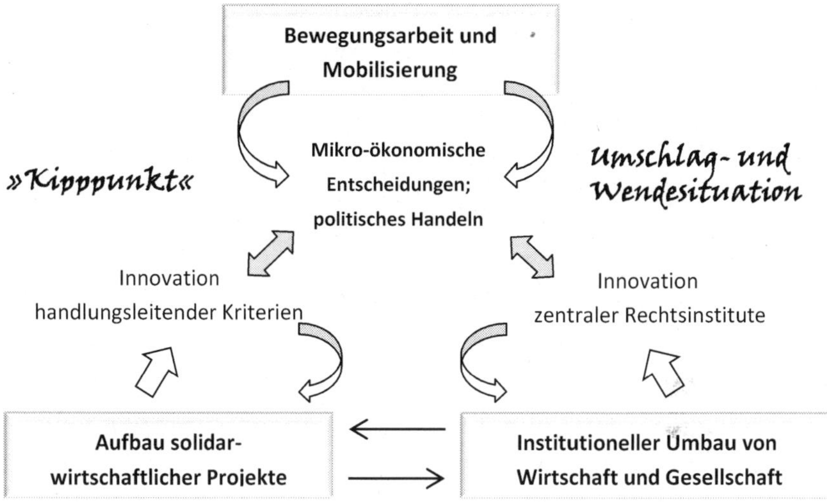

Abb. 25 Strategiefelder des Transformationsprojektes

Die Abbildung zeigt im Überblick den Zusammenhang der im Weiteren dargestellten Strategiefelder. Der »Kipppunkt" ist dabei eine Folge vieler Einzelentscheidungen, die insbesondere im Bereich des wirtschaftlichen Handelns zu einem Systemwandel führen können, wenn dort massenhaft andere Prioritäten und Handlungsweisen greifen. Ein Aufbau solidarwirtschaftlicher Projekte und ein institutioneller Umbau, der neue Handlungschancen bereitstellt, sind dabei die auf jeden Einzelnen wirkenden Bedingungen, die eine neue Ausrichtung des wirtschaftlichen Handelns möglich machen. Die Bewegungsarbeit mit ihren Mobilisierungsprozessen und inneren Strukturen stellt die Vernetzung der Akteure, die Sichtbarkeit im politischen Prozess und die soziale Integration der Aktivisten sicher.

1.3.1 Der Aufbau solidarwirtschaftlicher Projekte

Der Aufbau solidarwirtschaftlicher Projekte ist die soziale Basis des Transformationsprozesses. Er manifestiert die zu Grunde liegende solidarwirtschaftliche Bewegung, ohne die eine Transformation nicht möglich ist. Im Rahmen dieser Bewegung werden neue Handlungsweisen entwickelt und ausprobiert, die auf partizipativen und solidarischen Werthaltungen beruhen. In dem sich diese zu handlungsleitenden Kriterien verstetigen, die über die Bewegung hinaus Bedeutung erlangen, findet ein genereller sozialer Wandel und ein »Vordringen« dieser Kriterien in andere Sektoren der Ökonomie statt. Zum Aufbauprojekt solidarischer Ökonomie gehören u. a.:

- Unternehmen mit solidarischer Unternehmensverfassung.
- Solidarisch verfasste Produktions-, Konsum- und Reproduktionsgenossenschaften.
- Genossenschaftliche Banken, die Formen ethischer Geldanlagen und demokratisierte Fonds bereitstellen.
- Gemeinnützige Unternehmen (gGmbH) und Stiftungen, die solidarisches Wirtschaften fördern.
- Vereine, Verbände und (Nicht-Regierungs-)Organisationen, die Gründungs- und Umwandlungsberatungen durchführen.
- »Inseln« neuen Wirtschaftens z. B. im Rahmen von Komplementärwährungen, Tauschringen oder Zeitbanken.
- Eine breit angelegte Bildungsarbeit zu Themen lebensdienlicher und solidarischer Ökonomie.
- Breit verfügbare Informationen über existierende Projekte und Möglichkeiten (u. a. Kartierung vorhandener Initiativen und Betriebe).[173]

Auch wenn die konkreten solidarwirtschaftlichen Strukturen und Projekte oft den Charakter von prekären Enklaven in den Nischen des Systems haben, geschehen hier doch wichtige experimentelle Pionierarbeiten und Lernvorgänge für eine solidarwirtschaftliche Gesellschaft.

1.3.2 Der systemische und institutionelle Umbau von Wirtschaft und Gesellschaft

Parallel zum Aufbauprojekt, das zugleich einen Bewusstseins- und Kulturwandel in Gang setzt, wird auf politischer Ebene eine Änderung und Verbesserung sowohl der Rahmenbedingungen alternativen und solidarischen Wirtschaftens angestrebt als auch eine institutionelle Reform der vorherrschenden Wirtschaftsweisen. Wo immer dies in einzelnen Schritten heute schon gelingt, kann der moderne Waren- und Finanzkapitalismus in seiner Tendenz zur voll-

---

[173] Siehe z. B. »Atlas der Solidarischen Ökonomie in Nordhessen. Strategie für eine nachhaltige Zukunft«, Kassel University Press, 2008, hrsg. von Clarita Müller-Plantenberg, Alexandra Stenzel und Kristina Bayer (ESF-Projektteam Solidarische Ökonomie, Kartierung und Gründungsberatung)

ständigen Durchdringung aller gesellschaftlichen Bereiche gebremst und können Alternativen verfügbar gemacht werden.

Der institutionelle Umbau strebt strategisch und über die Einzelmaßnahmen hinaus eine Innovation zentraler Rechtsinstitute an, die von den grundlegenden Werten und Normen unserer Verfassung ausgeht. Die zentralen Elemente des institutionellen Umbaus, die in den voranstehenden Abschnitten dieses Bandes im Einzelnen beschrieben wurden, sind:

- Verankerung der Zielgrößen Nachhaltigkeit, Schutz der Gemeingüter und Demokratiegebot für die Wirtschaft in der Verfassung und somit als Grundlage aller nachfolgenden Gesetze.
- Reform des Unternehmens- bzw. Gesellschaftsrechts hin zu partizipatorisch- gemeinwohlorientierten Unternehmensverfassungen.
- Demokratisch legitimierte Beteiligung der öffentlichen Hand und gesellschaftlicher Anspruchsgruppen an den Aufsichtsorganen der Aktiengesellschaften.
- Reform des Bilanzrechts mit Berücksichtigung und Bilanzierung bisher externalisierter (Folge-)Kosten und Erstellung einer Nachhaltigkeits- und Gemeinwohlbilanz.
- Nachhaltigkeits- und gemeinwohlorientiertes Steuer- und Förderrecht, das den Unternehmen die entsprechenden positiven und negativen Anreize setzt und den Unternehmensgewinn als dominantes Kriterium ablöst.
- Rechtliche und steuerliche Anbindung von Wachstums- oder Schrumpfungszielen von Unternehmen an Nachhaltigkeits- und Gemeinwohlbilanzen.
- Ablösung sozialer Sicherung von wirtschaftlichen Wachstumszwängen durch ein System bedingungsloser Grundsicherung, z. B. über eine negative Einkommenssteuer.
- Eine Geld- und Zinsreform, die die inhärenten Wachstumszwänge und Wachstumsfallen der Kapital- und Zinswirtschaft überwindet (z. B. Zinslinearisierung, öffentliches Kapital, alternative Kreditmodelle).
- Reform des Eigentumsrechts, das den Schutz der Gemeingüter gewährleistet und die Sozialbindung des Eigentums – insbesondere großer Vermögen und Unternehmen – einlöst.
- Die Internationalisierung wirtschaftlicher Solidar- und Schutzrechte, die Ausbeutungen und Aneignungen durch multinationale Unternehmen erschwert.

- Ein nachhaltiger Umbau der Finanzmärkte. Hierzu gehört die Trennung von Geschäfts- und Investmentbanken und die Ausstattung nur der Geschäftsbanken mit zentral geschöpftem Geld, um renditeorientierten Investmentbanken die Verfügung über »öffentliches« Kapital zu entziehen.[174]

Dieser Katalog beschreibt strategisch ausgerichtete Reformen und Transformationsschritte in einzelnen gesellschaftlichen und ökonomischen Bereichen. Durch diese Schritte soll die Wahrscheinlichkeit der Transformation gegebener Strukturen und einer grundlegenden Veränderung des Systems erhöht werden (»Transformierende Reformen«) und es sollen in einzelnen Bereichen neue Systembedingungen geschaffen werden. Die systemischen und institutionellen Umbauelemente sind also Schritte auf dem Weg der Transformation, die noch im alten System beginnen, aber in der Tendenz auf ein neues soziales, ökonomisches und ökologisches System hin wirken.

1.3.3 Bewegungsarbeit und Mobilisierung

Die Vorbereitung und Umsetzung der politischen Mobilisierung muss auf vielen Ebenen ansetzen. Sie muss vor allem die strategischen Überlegungen in operativen Maßnahmen konkretisieren. Zentrale Pole des strategischen Denkens sind die Bürgerinnen und Bürger auf der einen und die politischen Führungsebenen auf der anderen Seite. Beide Ebenen benötigen die Medien des 21. Jahrhunderts als Multiplikator und Katalysator.

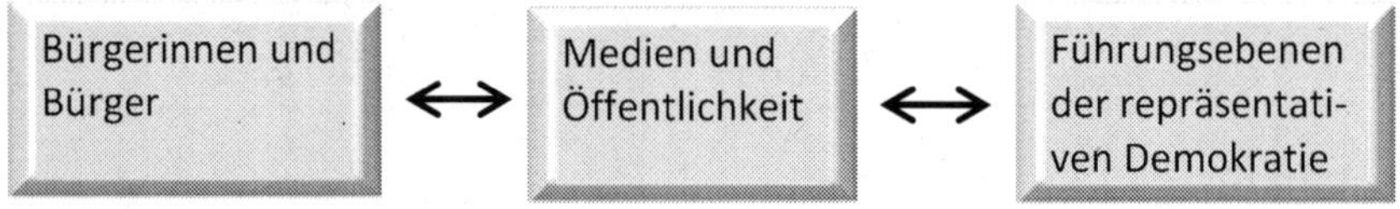

Abb. 26: Medien und Öffentlichkeit

Die gesellschaftlichen und politischen Eliten beherrschen die Spielregeln der Medienöffentlichkeit naturgemäß mit großer Virtuosität. Wo dies nicht der Fall ist, verschwinden sie von der öffentlichen Bühne. Eine Umsetzungs- und

---

[174] Des Weiteren sind hier zu nennen eine nationale sowie eine internationale Transaktionssteuer auf Kapitalbewegungen, aus der Folgeschäden kompensiert und solidarische Aufbauprojekte finanziert werden können, das Verbot aller Derivate, die nicht der direkten realwirtschaftlichen Absicherung nutzen, ein Verbot jeglicher sog. Leerverkäufe, die Einrichtung unabhängiger Aufsichts- und Rating-Organe auf internationaler Ebene und das Prinzip der vollen Haftung der Investmentbanken für Folgeschäden aus Wertpapiergeschäften.

Mobilisierungsstrategie muss diese Ausgangssituation berücksichtigen und aus ihr heraus die konkreten Schritte gestalten.

Eine **Bewegung für eine lebensdienliche Ökonomie** muss die Gesetzmäßigkeiten der Mediengesellschaft erkennen und nutzen:

- Die Bewegung muss ihre Ideen und Konzepte in breiten sozialen Milieus aktiv vertreten und veröffentlichen. Hierzu bieten sich zunächst Zeitungsartikel, Broschüren und Bücher an und mit zunehmender Bedeutung die Veröffentlichung und Diskussion in neuen Medien. Die Frage nach einer anderen und lebensdienlichen Wirtschaft darf nicht im Reservat einer Gegenöffentlichkeit verharren, sondern muss in den gesellschaftlichen Mainstream eindringen.
- Die Publikationen müssen »mediengerecht« gestaltet sein, so dass sie von einem durchschnittlichen Medienkonsumenten gelesen werden. D. h. sie müssen relativ kurz sein, in einer verständlichen Sprache und mit einer gewissen Zuspitzung. Die Analyse, die innerhalb – z. B. einer bewegungsnahen Akademie – betrieben wird, ist also von der Kommunikation nach außen in Stil und Form zu unterscheiden.
- Die Bewegung muss mit Hilfe der Medien auf sich aufmerksam machen. Dies gelingt durch gezielt öffentlichkeitswirksame Aktionen und Formen, wie sie Attac oder Greenpeace entwickelt haben.
- Die Bewegung muss das Internet als demokratisches Instrument der Diskussion und der Willensbildung nutzen (Blogs, Online-Abstimmungen, Online Unterschriftenlisten, E-Mail Ketten etc.).

Eine Bewegung, die wirkliche Veränderung will, muss als solche erkennbar sein. Sie benötigt einen Rahmen, ein »Gesicht«. Die Menschen müssen sich mit dieser Bewegung identifizieren und ihr Votum für eine lebensdienliche Ökonomie abgeben können. Dies setzt zum einen voraus, dass sie sich aktiv für diese Ökonomie einsetzen können oder wollen. Und dies setzt zum anderen politische Bündnisse und bewegungsnahe Parteien voraus, sowie gesellschaftliche Gruppen und Organisationen, die die Ziele dieser Bewegung in einen breiten gesellschaftlichen Diskurs hinein tragen.

1.4 Transformationsszenarien und Handlungsstrategien

Die Transformation von Wirtschaft und Gesellschaft hin zu einer lebensdienlichen statt eigennützigen Ökonomie kann an heute schon mögliche

Wirtschaftsformen und Handlungsweisen anknüpfen, in denen solidarwirtschaftliche Orientierungen wirksam werden. Die politisch gestaltete Marktgesellschaft erlaubt einen Pluralismus der Formen und bietet Nischen der herrschenden Ökonomie, in denen sich neue Handlungsweisen und anders strukturierte Kontexte in einfachen und zunächst prekären Formen entwickeln können.

Eine konkret umsetzbare Transformationsstrategie kann nicht davon ausgehen, dass Formen solidarischen Wirtschaftens erst möglich sind, wenn »der Kapitalismus« bzw. die Eigengesetzlichkeiten der Kapitalakkumulation überwunden sind, wenn es »den Kapitalismus« also nicht mehr gibt. Ein realistische Strategie muss stattdessen von einer bis auf weiteres parallelen oder »dualen" Existenz lebensdienlicher und gemeinnütziger Wirtschaftsformen auf der einen und marktkapitalistischer Formen auf der anderen Seite ausgehen. Die Logik eines Transformationsprojektes lässt sich dabei wie folgt beschreiben:

- Strukturen solidarischer Ökonomie [175] entwickeln sich parallel zur vorherrschenden Wirtschaftsweise mit Hilfe einer in entsprechenden Projekten aktiven solidarwirtschaftlichen Bewegung. Teil dieser Entwicklung ist die kontinuierliche, politisch durchgesetzte Verbesserung der Rahmenbedingungen lebensdienlichen und solidarisch-gemeinnützigen Wirtschaftens.
- Unabhängig von diesen Möglichkeiten wird es Krisen- oder »Kipp«-Situationen der dominant kapitalwirtschaftlichen Strukturen geben. Diese bergen umso größere Chancen, grundlegende Transformationsprozesse auszulösen, je mehr sich die solidarwirtschaftlichen Strukturen entwickelt haben und je mehr alternative Handlungsoptionen sie den Einzelnen und den Unternehmen eröffnen.[176]

---

[175] Zu diesen Strukturen gehören Genossenschaften, demokratische und genossenschaftliche Finanzinstitute, reformierte AGs, gGmbHs, gemeinnützige Stiftungen, Vereine bzw. Fördervereine, nicht profitorientierte Akteure wie Kirchen, Parteien, gemeinnützige Fonds, Solidarfonds u. ä. wie auch Nicht-Regierungs-Organisationen (NRO's), d. h. wirtschaftsunabhängige, gemeinnützige Organisationen und Bewegungen der Zivilgesellschaft.

[176] Auch »kleine« Schritte wie ein für alternatives Wirtschaften günstigeres Förder-, Bilanz- und Steuerrecht oder entsprechende Verbesserungen des Gesellschafts- und Genossenschaftsrechts können dabei im konkreten Fall eine sehr große Rolle spielen.

- Der »Kipppunkt«, also der Punkt, an dem echte Transformationsprozesse durchgreifend in Gang kommen, hängt davon ab, wie jeder Einzelne und die vielen, vor allem kleinen Unternehmen sich im »kritischen Moment« verhalten und entscheiden – sowohl mikroökonomisch, das heißt in jeder wirtschaftlichen Einzelentscheidung, als auch politisch.
- Ein »grundsätzlicher Wandel« ist in dieser Sicht nicht Voraussetzung solidarischer Ökonomie, sondern umgekehrt: Die Entstehung und Entwicklung solidarökonomischer Strukturen ist Voraussetzung für den »grundsätzlichen Wandel«, weil nur so die *notwendigen Alternativen* entstehen.

Dieses **duale Transformationsmodell** ist nach unserem Verständnis das einzige, mit dem heute gangbare konkrete Schritte hin zu einem grundsätzlichen Systemwandel begründet und beurteilt werden können. Dass es dabei den Systemwandel, auf den es abzielt, nicht schon voraussetzen kann, entspricht einfacher und praktischer Logik.

Im Rahmen des Kapitalismus gibt es Grenzen für tatsächlich lebensdienliches Wirtschaften. Dennoch versucht das solidarwirtschaftliche Transformationsprojekt die grundlegende Systemkritik mit einem beschreibbaren und in konkreten Schritten gangbaren Transformationspfad zu verbinden. Solche Schritte zu identifizieren und sich im Versuch einig zu werden, hierfür eine politische und ökonomische Bewegung zu mobilisieren, ist heute Aufgabe emanzipatorischer und verantwortungsvoller Politik.

1.4.1 »Kipppunkte« gesellschaftlicher Transformation

Wenn wir die renditegesteuerte Kapitalwirtschaft als ein System betrachten, das bislang durch alle Krisen seine Identität bewahrt hat, muss eine Transformationsstrategie die Frage stellen, unter welchen Bedingungen sich dieses stabile System in ein »grenzstabiles« System verwandelt. Zum Verständnis dieser Möglichkeiten können Erkenntnisse der kybernetischen Systemtheorie hilfreich sein. Dabei sollen gesellschaftliche Wandlungsprozesse aber nicht »mechanistisch« mit der Dynamik physikalischer oder rein technisch rückgekoppelter Systeme gleichgesetzt werden, da es bei sozialem Wandel immer auch um die bewussten und gewollten Aktivitäten handelnder Akteure geht.

Die systemtheoretischen und kybernetischen Ansätze[177] sollen vielmehr als Beschreibungsmodelle einer eigentümlichen Dynamik von Stabilität und Wandel dienen, die wir historisch immer wieder haben beobachten können und die uns vor Augen führt, wie das in vielen Zyklen scheinbar Ultrastabile sich plötzlich und unerwartet verwandeln kann.[178]

In durchgreifenden Veränderungsvorgängen von Systemen ist häufig ein Übergangspunkt oder **»Kipppunkt«** erkennbar. Dieser markiert den möglichen Übergang zu einem erreichbaren Zustand jenseits der derzeitigen systemischen Grenzen. Er fängt den »überbordenden« Ausschlag quasi auf und kann zu Neuem führen, statt das System wieder in die alten Fluktuationen zurückzuwerfen, wenn keine Alternativen erreichbar sind. Die folgende Skizze will diese Übergangsmöglichkeit »metastabiler« Systeme in vereinfachter Form veranschaulichen.

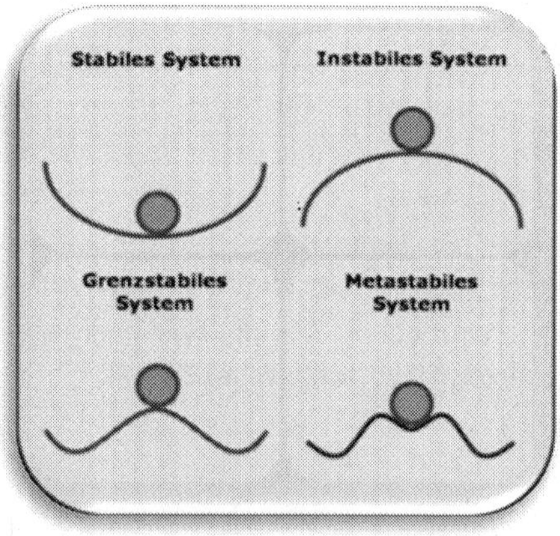

Abb. 27: »Kipppunkte« in metastabilen Systemen

---

[177] Die Kybernetik erforscht die grundlegenden Konzepte zur Steuerung und Regulation von Systemen, unabhängig von ihrer Herkunft. Als System wird dabei die Gesamtheit von Elementen, die so aufeinander bezogen sind und in einer Weise wechselwirken, dass sie als eine aufgaben-, sinn- oder zweckgebundene Einheit angesehen werden können und sich in dieser Hinsicht gegenüber der sie umgebenden Umwelt abgrenzen. Vgl. http://de.wikipedia.org/wiki/System und http://de.wikipedia.org/wiki/Kybernetik (14.07.2010)

[178] Die Kybernetik erforscht die grundlegenden Konzepte zur Steuerung und Regulation von Systemen, unabhängig von ihrer Herkunft. Als System wird dabei die Gesamtheit von Elementen, die so aufeinander bezogen sind und in einer Weise wechselwirken, dass sie als eine aufgaben-, sinn- oder zweckgebundene Einheit angesehen werden können und sich in dieser Hinsicht gegenüber der sie umgebenden Umwelt abgrenzen. Vgl. http://de.wikipedia.org/wiki/System und http://de.wikipedia.org/wiki/Kybernetik (14.07.2010)

In einem stabilen System kann die »Höhe« der Ränder als der Aufwand verstanden werden, der nötig ist, um das System zu stabilisieren bzw. in seiner Normalfluktuation zu halten. Die Frage ist, wie »hoch« die grenzstabilen Ränder oder »Dämme« des derzeitigen Systemzustandes sind und wie sie sich so umformen oder »absenken« lassen, dass die »Kugel« (also hier die vorherrschende Wirtschaftsweise) bei ausreichendem Tempo darüber »hinauswippt« und es zu einem grundlegenden Wandel oder Umschlag kommt.

Ein »Dammbruch« des gegenwärtigen Systems kann den Absturz in eine globale Menschheits-Katastrophe bedeuten. Die Zustandsfunktion kann aber auch andere »tieferliegende« Punkte geringeren Aufwands erreichen als das katastrophale Minimum eines zivilisatorischen »Zusammenbruchs«.

Die These einer systemischen Transformationsstrategie ist, dass es ein neues stabiles Minimum in einer partizipatorisch-solidarischen Sozialstruktur gibt, das dem bestehenden, instabil werdenden Minimum des globalen Kapitalismus »benachbart«, aber zu ihm alternativ ist. Strategisches Ziel einer Solidarischen Ökonomie ist es, einen nicht katastrophischen, sondern transformierenden Übergang zu erreichen.

Dafür gibt es zwei parallele Möglichkeiten: Die eine ist die ***Überwindung*** flach genug gewordener Barrieren durch geeignete sozio-ökonomische Initiativen, die die neue Struktur annähernd schon vorwegnehmen und dann kooperativ wachsen können, weil sie weniger Aufwand kosten. Die andere ist die ***Durchdringung*** der weiter bestehenden Barriere durch Bildung von Enklaven der neuen Struktur jenseits der alten. Diese können wachsen und zusammenwachsen, sobald der Gewinn geringeren Aufwands im Innern der Enklaven größer wird als der Verlust höheren Aufwands in den alten Strukturen.

Die beiden Strategien struktureller Transformation, die der Barrierenüberwindung wie auch die der Barrierendurchdringung, schließen sich nicht gegenseitig aus. Sie lassen sich verbinden und können synergetisch im Sinne einer »Doppelstrategie« verfolgt werden.

Dass es in geschichtlichen Krisensituationen **»Kipppunkte«** zu neuen Prämissen und Kriterien (Paradigmenwechsel) und zu einer neuen Kulturform geben kann, zeigen bekannte Beispiel wie die Reformation des 16. Jahrhunderts, das Durchschlagen des Kopernikanischen Weltbildes, die bürgerliche und die industrielle Revolution, die Perestroika in der Sowjetunion, die Wende in der ehemaligen DDR u. a.

Die Sicht auf Kipppunkte und einen **»Kairos«**, also einen kritischen Moment möglicher Entwicklungen, hilft den alternativen Bewegungen, ihre Minderheitssituation vor den Umschlagprozessen positiv einzuordnen, denn nicht die Masse, sondern die zukunftseröffnende Qualität dieser Bewegungen ist im Vorlaufprozess entscheidend. Ebenso hilft diese Sichtweise, historische Weichenstellungen wahrzunehmen und diese durch die Entwicklung von Alternativen, durch politischen Kampf und durch entsprechende Veränderungsstrategien in Richtung einer lebensdienlichen Ökonomie zu bewegen.

1.4.2 Szenarien des Übergangs

Es ist offen und nicht vorweg zu bestimmen, unter welchen Bedingungen und in welcher Weise ein Übergang zu einer grundlegend anderen Struktur möglicherweise stattfinden wird. Dies folgt aus den besonderen Eigenschaften der Krise, des kritischen Moments und der inhärenten Transformationsdynamik jeder Gesellschaftsordnung.

Werden es schleichende, unmerkliche Prozesse sein oder überraschend schnelle, gesellschaftlich umwälzende Veränderungen? Sind Formen friedlicher Revolutionen möglich oder drohen gewaltförmige Umwälzungen oder »Crash-Szenarien« multipler Zusammenbrüche ökologischer, ökonomischer und sozialer Strukturen mit dem Verlust jeglicher Steuerbarkeit und Kontrolle?

Sicherlich am wünschenswertesten wären sanfte Übergangsentwicklungen und eine schrittweise Systemtransformation durch demokratische Reformprozesse, da sie gewaltlos und ohne schwere Zusammenbrüche geschehen könnten. Doch ist dieses Szenarium wohl leider nicht das wahrscheinlichste: Aufgrund der dominanten wirtschaftlichen Machtstrukturen, der anhaltendenden Desorientierung und Ohnmacht der Politik und im Zuge restaurativer Krisenbewältigungen drohen diese Entwicklungsmöglichkeiten ihre Chancen zu verlieren.

Dennoch ist es richtig, im Sinne der benannten Doppelstrategie einerseits mit allen Kräften für eine solche evolutionäre und gewaltlose Transformation zu wirken. Doch ebenso wichtig ist es, sich auf disruptive Zusammenbrüche und vollständige Umwälzungen einzustellen und hier die entsprechenden Handlungsoptionen zur Verfügung zu haben. Das Agieren und Reagieren alternativer Gruppen und Bewegungen muss je nach Situation flexibel und erfinderisch sein. Dabei ist eine große Wachheit für die jeweiligen Entwicklungssymptome zu entwickeln, für die »Zeichen der Zeit« und für den »Kairos« möglicher »Kipppunkte«.

1.4.3 Grundaufgaben alternativer Aufbruchsbewegungen

So unterschiedlich sich die Situationen auch entwickeln können, so lassen sich doch aus der oben beschriebenen Fülle der Strategien zusammenfassend folgende **Grundaufgaben** für alternative Aufbruchsbewegungen erkennen:

- Es ist auf allen Ebenen der Öffentlichkeit eine vorlaufende Aufklärungs- und Bildungsarbeit über die Krise unserer Zeit und über ihre Bewältigungsmöglichkeiten zu betreiben.
- Dabei sind ökonomisch alternative Systementwürfe und Modelle zu erarbeiten, wie sie z. B. in diesem Buch skizziert werden, die als konkrete Umgestaltungsschritte »operationalisiert« und auf die politische Agenda gesetzt werden.
- Parallel sind konkrete Alternativprojekte, Inseln und Enklaven einer Solidarischen Ökonomie aufzubauen, in denen alternative Ansätze konkret erprobt werden, die gerade im Rahmen von Crash-Szenarien besondere Bedeutung erlangen: Bei Verlust staatlicher Steuerungsmöglichkeiten und unter den Bedingungen von Versorgungszusammenbrüchen können sie Handlungschancen in selbstgesteuerten regionalen Wirtschafts- und Subsistenzstrukturen erschließen und bieten Anknüpfungspunkte für ein Auffangen des systemischen Zusammenbruchs.
- Und schließlich ist eine breite politische Bewegungs- und Mobilisierungsarbeit zu fördern, die von unten her den nötigen »Schub« gibt und bei entsprechender Motivation und Orientierung am ehesten zu einem gewaltarmen transformierenden Übergang beitragen könnte.

Bei all dem ist es wichtig, die entscheidenden Hebel zu erkennen, mit deren Hilfe grundlegende Veränderungen potentiell herbeigeführt oder zumindest in ihrer Wahrscheinlichkeit erhöht werden können. Wenige »strategische« Forderungen, über die in einer alternativen Bewegung Einigkeit erzielt wird, sind in der Logik des hier beschriebenen Transformationsprojektes wichtiger als ein Vollständigkeit beanspruchender »Programmkatalog«, der mehr Details als Durchsetzungschancen aufweist. In der Perspektive der Transformation ist ein zu starkes »Ausdefinieren« und programmatisches »Festlegen« künftiger Wirtschaftsweisen zu vermeiden, wenn auf Basis grundlegend anderer Prinzipien und Handlungsprämissen eine neue systemische Eigendynamik entstehen soll.

Bernd Winkelmann

Zusammenfassung und Ausblick

Mit diesem Buch haben wir versucht, die Konturen einer postkapitalistischen solidarischen Ökonomie aufzuzeigen und zur Diskussion zu stellen. Dabei haben wir uns nicht in theoretischen Reflexionen erschöpft; wir sind vielmehr den klassischen erkenntnis- und handlungsorientierten Schritten von »Wahrnehmen, Urteilen, Handeln« gefolgt und zu den vorliegenden veränderungsorientierten Ergebnissen gekommen.

Zusammenfassend sollen hier noch einmal die **fünf Erkenntnisschritte** und ihre wichtigsten Inhalte aufgezeigt werden, die diesem Buch zu Grunde liegen:

1. **Wahrnehmung**: Hier haben wir die Grundparadoxien unserer gegenwärtigen zivilisatorischen Entwicklung aufgezeigt, die den vielen verwirrenden Einzelerscheinungen zu Grunde liegen: die Überpotenz der Menschen an Können, Macht und Reichtum einerseits und zugleich die Unfähigkeit, damit zum Wohl Aller und zur Erhaltung der natürlichen Lebensgrundlagen umzugehen.
2. **Ursachenanalyse**: Hier haben wir als Hauptursache unserer Krisenentwicklung die Leitprinzipien kapitalistischer Wirtschaftsweise und ihre Ideologien herausgearbeitet: das Kapitalmehrungs- und das Privatisierungsprinzip und die daraus folgenden Prinzipien der Konkurrenz, des Wachstumszwangs, der Exklusion, der Ausbeutung, Externalisierung usw. – dies verbunden mit dem irrationalen Glauben, dass im Zusammenspiel von Eigennutz und Konkurrenz der »Markt« wie von unsichtbarer Hand geleitet zum Wohl aller führe. Die daraus entwickelten Abschöpfungs- und Bereicherungsmechanismen kapitalistischen Wirtschaftens im Finanzwesen, in der Eigentumsordnung, im Unternehmertum bis in die Arbeits-, Sozial- und Steuerstrukturen hinein haben zu den Paradoxien und Deformationen unserer Zivilisationen geführt.
3. **Orientierung**: Um aus der »Sackgasse Kapitalismus« herauszukommen, bedarf es der Erkenntnis einer klaren alternativen Zielvorstellung. Für uns ist es das Leitbild einer Wirtschaft, in der nicht Kapitalmehrung, Privatisierung, Konkurrenz und expansives Wachstum an erster Stelle stehen, sondern Lebensdienlichkeit und Gemeinwohl, kooperatives Wirtschaften, ökologische

Nachhaltigkeit und eine solidarische Völkergemeinschaft. Grundlegend ist für uns ein Menschenbild, das den Menschen in erster Linie als Sozialwesen begreift, dem neben den egoistischen und Konkurrenzanlagen ebenso die Gaben und Bedürfnisse der Empathie, der Kooperation, Solidarität und Spiritualität gegeben sind.

4. **Alternativentwürfe**: Von diesen Prämissen ausgehend haben wir nach konkreten Strukturänderungen und neuen Ordnungsansätzen in den wichtigsten Handlungsfeldern der Wirtschaft gefragt: eine Finanz- und Eigentumsordnung, eine Unternehmensverfassung, eine Arbeits- und Entlohnungskultur, ein Sozial- und Steuersystem, ein Zusammenspiel von Global- und Regionalwirtschaft, in denen die Bereicherungs-, Abschöpfungs- und Externalisierungsmechanismen kapitalistischer Wirtschaftsweise durch kooperative, partizipatorische und nachhaltige Strukturen ersetzt werden.

5. **Handlungsmöglichkeiten**: Um die utopisch anmutenden Entwürfe in die Realität zu holen, haben wir nach konkreten Möglichkeiten der Transformation gefragt, nach Ansätzen und Strategien eines ökonomischen und gesellschaftlichen Wandels. Hier sehen wir inmitten der Krise durchaus eine wachsende Zahl politischer Handlungsmöglichkeiten und ein ermutigendes Aufbrechen zahlreicher Alternativbewegungen.

Nach der Katastrophe des 2. Weltkrieges gab es schon einmal einen breiten Konsens, dass die kapitalistische Wirtschaftsweise und ihre Ideologien genau zu dieser Katastrophe geführt haben und um des Friedens und Wohlergehens der Menschen willen überwunden werden müssen. Im Ahlener Programm der CDU von 1947 wurde es deutlich formuliert:

»Das kapitalistische Wirtschaftssystem ist den staatlichen und sozialen Lebensinteressen des deutschen Volkes nicht gerecht geworden. Nach dem furchtbaren politischen, wirtschaftlichen und sozialen Zusammenbruch als Folge einer verbrecherischen Machtpolitik kann nur eine Neuordnung von Grund auf erfolgen. Inhalt und Ziel dieser sozialen und wirtschaftlichen Neuordnung kann nicht mehr das kapitalistische Gewinn- und Machtstreben, sondern nur das Wohlergehen unseres Volkes sein«.

Es geht tatsächlich darum, eine der wohl schwersten Krisen der menschlichen Zivilisation zu überwinden: die Verirrung menschlichen Denkens in den Prinzipien und Ideologien einer Wirtschafts- und Lebensweise, die auf Gier und auf ein grundsätzliches Gegeneinander der Menschen aufgebaut ist. Und es geht darum, die ganz einfachen Voraussetzungen und Erfahrungen menschlichen Lebens neu zu begreifen und in wirtschaftliche Strukturen umzusetzen: dass Leben nur im Miteinander, im Teilen und Maßhalten und in Übereinstimmung mit den ökologischen Grundgesetzen dieser Erde zu gewinnen ist. Welches geschichtliche Ereignis wäre heute nötig, damit sich diese elementare Erkenntnis dauerhaft durchsetzt?

Literaturhinweise

Ackermann, Josef; Binswanger, Hans Christoph, *Es fehlt das Geld. Nun gut, so schafft es denn! Was uns »Faust« in der Krise zu sagen hat*, Interview im FAZ.net, 30.06.2009
Afheldt, Horst, *Wirtschaft, die arm macht*, 2003
Altner, Günter, *Die Welt als offenes System. Eine Kontroverse um das Werk von Ilya Prigogine*, Fischer, 1986
Altvater, Elmar, *Eine andere Welt mit welchem Geld? Über neoliberale Kritik der Globalisierungskritik, unbelehrte Ignoranz und Gesells Lehre von Freigeld und Freiland*, Manuskript, Wissenschaftlicher Beirat von Attac, 2004 http://www.amazon.de/Wirtschaft-macht-Sozialstaat-gespaltenen-Gesellschaft/dp/3888973449/ref=sr_1_1?s=books&ie=UTF8&qid=1328723630&sr=1-1
Altvater, Elmar; Nicola Sekler (Hrsg.), *Solidarische Ökonomie*, 2006
Amery, Carl, *Global Exit. Die Kirchen und der Totale Markt*, 2002
Azzellini, Dario, *Partizipation, Arbeiterkontrolle und die Commune: Bewegungen und soziale Transformation am Beispiel Venezuela*, Hamburg 2010
Bahro, Rudolf, *Die Logik der Rettung. Wer kann die Apokalypse aufhalten?*, 1989
Bauer, Joachim, *Prinzip Menschlichkeit. Warum wir von Natur aus kooperieren*, München 2008
Beck, Ulrich (Hrsg.), *Die Zukunft von Arbeit und Demokratie*, Frankfurt a. M. 2000
Beckert, Jens; Diaz-Bone, Rainer; Ganßmann, Heiner (Hrsg.), *Märkte als soziale Strukturen*, Frankfurt 2007
Beelitz, Wolfgang; Klute, Jürgen; Schneider, Hans-Udo, *Zukunft der Arbeit in einem neuen Gesellschaftsvertrag*, 2004
Bender, Harald, *Die Zeit der Bewegung. Strukturdynamik und Transformationsprozesse*, Beiträge zur Theorie sozialer Bewegungen und zur Analyse kollektiven Handelns Frankfurt 1997
Bender, Harald, Ereignishaftigkeit und Emergenz, in: ders., 1997, S. 86-122
Benz, Lütz u. a., *Governance – ein Handbuch*, Wiesbaden 2006
Betz, Thomas G., *Wie man Geld macht. Zur Bedeutung der Frage der Geldschöpfung im Rahmen von Geld- und Zinskritik*, Manuskript, Berlin 2009
Binswanger, Hans Christoph, *Die Wachstumsspirale*, Marburg 2006
Binswanger, Hans Christoph, *Vorwärts zur Mäßigung*, Hamburg 2009
Binswanger, Hans Christoph, *Die Wachstumsspirale. Geld, Energie und Imagination in der Dynamik des Marktprozesses*, Marburg 2006
Blanchard, Ken, *Go Team: Teamarbeit auf höchstem Niveau*, Offenbach 2010
Blüm, Norbert, *Ehrliche Arbeit*, 2011
Bolz, Norbert; Bosshart, David, Kult-Marketing. Die neuen Götter des Marktes, 1995
Breidenstein, Gerhard, *Hoffen inmitten der Krisen. Von Krankheit und Heilung unserer Gesellschaft*, 1990
BUND und Brot für die Welt, *Zukunftsfähiges Deutschland in einer globalisierten Welt. Ein Anstoß zur gesellschaftlichen Debatte.* Eine Studie des Wuppertal Instituts, 2008

Bundesregierung Deutschland, Armuts- und Reichtumsbericht der, 2008
Butterwegge Christoph; Lösch, Bettina; Ptak, Ralf, *Kritik des Neoliberalismus*, Wiesbaden 2008
Capra, Fritjof, *Wendezeiten. Bausteine für ein neues Weltbild*, 1990
Creutz, Helmut, *Dauerbrenner Geldschöpfung*, in: Humane-Wirtschaft.de, 03/2010
Deutsche Bundesbank, *Das Giralgeld*, in: Geld und Geldpolitik, Frankfurt 2010, S. 52-75
Ditfurth von, Hoimar, *So laßt uns denn ein Apfelbäumchen pflanzen. Es ist soweit*, Hamburg, Zürich 1985
Duchrow, Ulrich, *Alternativen zur kapitalistischen Weltwirtschaft. Biblische Erinnerungen und politische Ansätze zur Überwindung einer lebensbedrohenden Ökonomie*, 1994
Duchrow, Ulrich; Bianchi, Reinhold; Krüger, Rene; Petracca, Vincenzo, *Solidarisch Mensch werden. Psychische und soziale Destruktionen im Neoliberalismus – Wege zu ihrer Überwindung*, 2006
Duchrow, Ulrich; Hinkelammer; Franz Josef, *Leben ist mehr als Kapital. Alternativen zur Diktatur des Eigentums*, 2002
Duchrow, Ulrich; Segbers, Franz, Friede mit dem Kapital? Wider die Anpassung der Evangelischen Kirche an die Macht der Wirtschaft, 2010
Dürr, Hans-Peter, *Warum es ums Ganze geht*. Frankfurt 2011
Dullien, Sebastian, *Der gute Kapitalismus*, Friedrich Ebert Stiftung, 2009
Eichhorn, Wolfgang ; Solte, Dirk, *Das Kartenhaus des Finanzkapitalismus*, Frankfurt am Main 2009
Engler, Wolfgang, *Bürger, ohne Arbeit. Für eine radikale Neugestaltung der Gesellschaft*, 2005
Fabricius, Wolfgang, *Solidarische Ökonomie auf der Basis von Reproduktionsgenossenschaften*, 2008
Faraclas, Nicholas (Hrsg.), *Subsistenz und Widerstand. Alternativen zur Globalisierung*, 2003
Felber, Christian, *50 Vorschläge für eine gerechte Welt. Gegen Konzernmacht und Kapitalismus*, 2006
Felber, Christian, *Neue Werte für die Wirtschaft. Eine Alternative zu Kommunismus und Kapitalismus*; 2008
Felber, Christian, *Kooperation statt Konkurrenz*, Wien 2009
Felber, Christian, *Gemeinwohlökonomie*, Wien 2011
Fischbeck, Hans-Jürgen, *Das bestehende Geldsystem und der Finanzkapitalismus – Überlegungen zu einem Geldsystem für eine solidarische Ökonomie*, Manuskript, Akademie für Solidarische Ökonomie, 2011
Fischer, Joschka, *Für einen neuen Gesellschaftsvertrag. Eine politische Antwort auf die globale Revolution*, 1998
Flassbeck, Heiner, *Die Marktwirtschaft des 21. Jahrhunderts*, München 2010
Fromm, Erich, *Haben oder Sein*, 1979
Fukuyama, Francis, *The End of History and the Last Man*, Chicago 1992

Galuska, Joachim (Hrsg.), *Pioniere für einen neuen Geist in Beruf und Business. Die spirituelle Dimension im wirtschaftlichen Handeln*, Zwickau 2004

Gebser, Jean, *Ursprung und Gegenwart. Eine Kulturgeschichte der Menschheit*. Deutscher Taschenbuch Verlag, 1986

Geißler, Heiner, *Ou Topos. Suche nach dem Ort, den es geben müsste*, 2009

Gensichen, Hans Peter, *Nur die Armut wird uns retten. Geteilter Wohlstand in einer Gesellschaft des Weniger*, 2009

Giegold, Sven/Embshoff, Dagmar (Hrsg.), *Solidarische Ökonomie im globalisierten Kapitalismus*, Hamburg 2008

Glötzl, Erhard, *Die Verwirrungen um die vermeintliche Giralgeldschöpfung der Geschäftsbanken*, Manuskript, Linz 2000

Gorbatschow, Michail, *Perestroika. Die zweite russische Revolution*, 1987

Griffith-Jones, Ocampo und Joseph Stiglitz (Hrsg.), *Time for a Visible Hand. Lessons from the 2008 World Financial Crisis, Oxford 2010*

Groll, Franz, *Von der Finanzkrise zur solidarischen Gesellschaft*, 2009

Halhead, Vanessa, *Dorfbewegungen in Europa – verallgemeinerte Erfahrungen*, Berlin 2006

Hasselmann, Erwin, *Geschichte der deutschen Konsumgenossenschaften*, Hamburg 1971

Hayek, August, *Recht, Gesetzgebung und Freiheit*, Bd. 3, München 1996

Helfrich, Silke, *Wem gehört die Welt?* München 2009

Hengsbach, Friedhelm, *Wirtschaftsethik. Aufbruch, Konflikte, Perspektiven*, 1993

Henkel, Hans-Olaf, *Die Ethik des Erfolgs. Spielregeln für die globalisierte Gesellschaft*, 2004

Heubach, Maximilian, *Koordinatenwechsel*, Waiblingen 2011

Hörmann, Franz; Pregetter, Otmar, *Das Ende des Geldes*, Etsdorf am Kamp (Austria) 2011

Hörmann, Franz; Pregetter, Otmar, *Das Ende des Geldes*, Etsdorf (Austria) 2011

Huber, Victor Aimé, *Die Selbsthilfe der arbeitenden Klasse durch Wirtschaftsvereine und innere Ansiedlung*, 1848

Hüther, Gerold, *Bedienungsanleitung für ein menschliches Gehirn.* Göttingen 2010, 10. Auflage

Issing, Ottmar, *Einführung in die Geldtheorie*, 15. Auflage, München 2011

Jahrbuch Gerechtigkeit I, *Armes reiches Deutschland*, 2005

Jahrbuch Gerechtigkeit II, *Reichtum, Macht, Gewalt. Sicherheit in Zeiten der Globalisierung*, 2006

Jakubowicz, Dan, *Genuss und Nachhaltigkeit. Handbuch zur Veränderung des persönlichen Lebensstils*, 2002

Jonas, Hans, *Prinzip Verantwortung*, 1979

Jungk, Robert, *Der Jahrtausendmensch. Bericht aus den Werkstätten der neuen Gesellschaft*, Bertelsmann Verlag, 1973

Kessler, Wolfgang, *Weltbeben. Auswege aus der Globalisierungsfalle*, 2004

Kessler, Wolfgang, *Aufbruch zu neuen Ufern. Ein Manifest für eine sozial-ökologische Wirtschaftsdemokratie*, 1990

Klepsch, Gottwald (Hrsg.*), Tiefenökologie. Wie wir in Zukunft leben wollen*, 1995

Könne, Arno; Kreutz, Daniel; Meyer, Otto, *Es geht anders! Alternativen zur Sozialdemontage*, 2005

Küng, Hans, *Anständig wirtschaften. Warum Ökonomie Moral braucht*, 2010

Künkler, Tobias, *Lernen in Beziehung*, Bielefeld 2011

Kurz, Robert, *Antiökonomie und Antipolitik. Zur Reformulierung der sozialen Emanzipation nach dem Ende des »Marxismus«* www.exit-online.org

Lassalle, Hugo M. Enomiya, *Am Morgen einer besseren Welt. Der Mensch im Durchbruch zu einem neuen Bewusstsein*, Herderbücherei, 1984

Laszlo, Ervin, *Argumente für einen Neuen Geist in der Wirtschaft in Joachim Galuska »Pioniere für einen neuen Geist in Beruf und Business«*, 2004

Leggewie, Claus, *Die Globalisierung und ihre Gegner*, 2003

Linz, Manfred, *Was wird aus der Wirtschaft? Über Suffizienz, Wirtschaftswachstum und Arbeitslosigkeit*, 2006

Lüpke von, Geseko, *Die Alternative. Wege und Weltbild des Alternativen Nobelpreises*, 2003

Luhmann, Niklas, Soziale Systeme. Grundriss einer allgemeinen Theorie, Suhrkamp, 1987

Marx, Karl, *Zur Kritik der Politischen Ökonomie*, in: Marx Engels Werke (MEW) 13

Marx, Karl, *Das Kapital, Bd. 3 Der Gesamtreproduktionsprozeß des Kapitals*, in: Marx Engels Werke (MEW) 25

Marx, Karl u. Engels, Friedrich, *Das Kommunistische Manifest,* in: Marx Engels Werke (MEW) 4

Mayer, Lothar, *Ein System siegt sich zu Tode. Der Kapitalismus frisst seine Kinder,* Publik-Forum 1992

Meadows, Dennis, *Grenzen des Wachstums. Das 30-Jahre-Update, Signal zum Kurswechsel*, 2009

Miegel, Meinhard, *EXIT. Wohlstand ohne Wachstum*, Berlin 2010

Moewes, Günther, *Geld oder Leben. Umdenken und unsere Zukunft nachhaltig sichern*, 2004

Monetative Initiativerklärung Geldschöpfung in öffentliche Hand http://www.monetative.org/?page_id=61 06.02.2012, 16:38

Müller-Plantenberg, Clarita und Stenzel, Alexandra, (Hrsg.), *Atlas der Solidarischen Ökonomie in Nordhessen. Strategie für eine nachhaltige Zukunft*, Kassel University Press, 2008

OECD, *Sick on the job? - Myths and realities about mental health and work*, Paris 2012

Ostrom, Elinor, *Die Verfassung der Allmende*, 1999

Ostrom, Elinor, *Was mehr wird, wenn wir teilen*, München 2011

Ostrom, Elinor, *Governing the Commons. The Evolution of Institutions for Collective Action*, 1990

Ötsch, Walter Otto, *Mythos Markt*, Marburg 2009

Ötsch, Walter, *Mythos Markt – Marktradikale Propaganda und ökonomische Theorie*, Marburg 2009

Paech, Niko, *Nachhaltigkeit zwischen ökologischer Konsistenz und Dematerialisierung: Hat sich die Wachstumsfrage erledigt?* In Natur und Kultur 6/1 2005

Pax Christi (Hrsg.), *Der Gott Kapital. Anstöße zu einer Religions- und Kulturkritik*, 2006

Polanyi, Karl, *The Great Transformation*, (Suhrkamp) Frankfurt am Main 1978

Precht, Richard David, *Die Kunst, kein Egoist zu sein*, 2010

Radermacher, Franz Josef, *Globalisierung gestalten. Die neue zentrale Aufgabe der Politik*, Berlin 2006

Radermacher, Franz Josef, *Balance oder Zerstörung. Ökosoziale Marktwirtschaft als Schlüssel zu einer weltweiten nachhaltigen Entwicklung*, 2004

Radermacher, Franz Josef, *Global Marshall Plan. Ein Planetary Contract. Für eine Ökosoziale Marktwirtschaft*, 2004

Reheis, Fritz, *Die Kreativität der Langsamkeit. Neuer Wohlstand durch Entschleunigung*, Darmstadt 2008

Reheis, Fritz, *Wo Marx Recht hat*, Darmstadt 2011

Reheis, Fritz, *Entschleunigung. Abschied vom Turbokapitalismus*, München 2004

Richter, Edelbert, *»Reform« als Restauration und hegemoniale Nostalgie*, VSA-Verlag 2005

Russel, Peter, *Die erwachende Erde. Unser nächster Evolutionssprung*, Wilhelm Heyne Verlag 1991

Roth, Steffen, *Markt ist nicht gleich Wirtschaft – These zur Begründung einer allgemeinen Marktsoziologie*, Heidelberg 2010

Schäuble, Wolfgang, *Sind wir zu satt für Gott?* In: Christ und Welt. Ausgabe 51/2011

Scheer, Hermann, *Energ-ethischer Imperativ*, 2010

Scherhorn, Gerhard, *Geld soll dienen, nicht herrschen. Die unaufhaltsame Expansion des Finanzkapitals*, 2009

Schewe, Gerhard, *Unternehmensverfassung*, Berlin, Heidelberg 2009

Schmidt, Susanne, *Markt ohne Moral. Das Versagen der internationalen Finanzelite*, 2010

Schramm, Stefanie, *Kann man Glück lernen?* In : »Die Zeit« vom 29.12.2011

Schumacher, E.F., *Das Ende unserer Epoche*, Hamburg 1980

Schumann, Harald; Hans Peter Martin, *Die Globalisierungsfalle. Der Angriff auf Demokratie und Wohlstand*, 1997

Senf, Bernd, *Der Tanz um den Gewinn. Von der Besinnungslosigkeit zur Besinnung der Ökonomie. Ein Aufklärungsbuch*, Kiel, 2. Aufl., 2005

Senf, Bernd, *Der Nebel um das Geld. Zinsproblematik – Währungssysteme – Wirtschaftskrisen*, Kiel, 8. Aufl. 2005

Šik, Ota, *Humane Wirtschaftsdemokratie. Ein Dritter Weg*, Hamburg 1979

Soros, George, *Die offene Gesellschaft. Für eine Reform des globalen Kapitalismus*, 2001

Surowiecki, James, *Die Weisheit der Vielen: Warum Gruppen klüger sind als Einzelne*, Leipzig 2007

Tomasello, Michael, *Warum wir kooperieren*, Berlin 2010
Vester, Frederic, *Neuland des Denkens. Vom technokratischen zum kybernetischen Zeitalter*, 1984
Vogl, Joseph, *Das Gespenst des Kapitals*, Zürich 2011
Voß, Elisabeth, *Wegweiser Solidarischer Ökonomie. Anders Wirtschaften ist möglich!*, 2010
Weizsäcker von, Ernst Ulrich; Hatgroves, Karlson; Smith, Michael, *Faktor Fünf: Die Formel für nachhaltiges Wachstum*, 2010
Weizsäcker von, Ernst Ulrich, *Faktor vier. Doppelter Wohlstand – halbierter Naturverbrauch*, 1997
Werner, Götz W., *Ein Grund für die Zukunft: das Grundeinkommen*, 2006
Winkelmann, Bernd, *Damit neu werde die Gestalt der Erde. Politische Spiritualität im Umbruch unserer Zeit*, 1997
Winkelmann, Bernd, *Friedliche Revolution 1989/90. Das Wirken christlicher Basisgruppen in der DDR*, 2009
Zinn, Karl Georg, *Rezeptionslücken des Keynesianismus*, Hamburg 2008
Zippel, Ralf, *Anreizgestaltung bei Gruppen und Teamarbeit in Unternehmen*, Norderstedt 2011